Richard Rohr

Die Liebe leben

RICHARD ROHR

Die Liebe leben

Was Franz von Assisi anders machte

Aus dem Amerikanischen
von Ulrike Strerath-Bolz

FREIBURG · BASEL · WIEN

Titel der amerikanischen Originalausgabe
Eager to Love: The Alternative Way of Francis of Assisi,
Published by Franciscan Media, Cincinnati

www.herder.de

Satz: Fotosatz Moers, Viersen
Herstellung: CPI books GmbH, Leck

Printed in Germany

ISBN 978-3-451-31279-3

Inhalt

Und so dreht sich das Rad, bringt Licht vom Himmel ins irdische Leben und gibt das Leben dem Licht zurück. So vereint es die abwärts gerichtete Agape und den aufwärts gerichteten Eros, Abstieg und Aufstieg, Mitgefühl und Weisheit, mit jedem Atemzug, den wir nehmen.[1]
Ken Wilber

VORWORT

Etwas Altes und etwas Neues

> Die Sehnsucht nach einem neuen Weg bringt den Weg nicht hervor. Nur das Beenden des alten Weges kann das erreichen.
> Wir können nicht am Alten festhalten und gleichzeitig behaupten, dass wir etwas Neues wollen.
> Das Alte trotzt dem Neuen;
> das Alte verleugnet das Neue;
> das Alte schreit das Neue nieder.
> Es gibt nur eine Möglichkeit, Neues hervorzubringen. Wir müssen Platz dafür schaffen.[2]
> *Neale Donald Walsh*

Franz von Assisi war ein Meister darin, Platz für Neues zu schaffen und loszulassen, was müde oder leer war. Wie schon sein erster Biograf sagte: »Er war immer neu, immer frisch, fing immer wieder neu an.«[3] Sein Genie bestand nicht zuletzt darin, dass er bereit war für das Neue, das von Gott kam, und deshalb den frischen, neuen Haltungen in sich selbst traute. Sein Gott war nicht müde, also war er es auch nicht. Sein Gott war nicht alt, und deshalb blieb Franziskus immer jung.

Immer wieder entstehen neue Begriffe, frische Symbole, neue Rahmen und Stilrichtungen, aber Franziskus muss gewusst oder doch intuitiv gespürt haben, dass es nur eine einzige dauerhafte spirituelle Einsicht gibt, aus der alles andere folgt: Die sichtbare Welt ist eine bewegliche Tür zur unsichtbaren Welt, und die unsichtbare Welt ist viel größer als die sichtbare. Ich nenne diese mystische Einsicht »das

Mysterium der Inkarnation«, der letzten Vereinigung von materieller und spiritueller Welt. Oder ganz einfach Christus.[4]

Unsere äußere Welt und ihre innere Bedeutung müssen zusammenkommen, damit Ganzheit und Heiligkeit entstehen können. Das Ergebnis sind tiefe Freude und ein klingendes Gefühl von Zusammenhang und Schönheit. Im Leib Christi manifestierte sich diese eine universelle Wahrheit: Die Materie ist seit jeher der Ort, an dem sich der Geist verborgen hält und sich neu entdecken lässt. Vielleicht meint Jesus genau das, wenn er sagt: »Ich bin die Tür« (Johannes 10,7). Franziskus und seine Begleiterin Clara lebten dieses Mysterium bis hin zur letzten, liebenden Konsequenz. Oder besser gesagt: Sie wurden davon gelebt. Sie wussten wohl, dass das Jenseits nicht wirklich jenseits liegt, sondern im Hier und Jetzt.

In diesem Buch will ich mit Ihnen einen der attraktivsten, verlockendsten und zugänglichsten Rahmen und Wege zum Göttlichen teilen. Er wird als der »Franziskanische Weg« bezeichnet, nach dem Mann, der ihn als Erster beschritten hat, Francesco de Bernardone, der von 1182 bis 1226 im italienischen Assisi lebte. Im Unterschied zu den meisten anderen Büchern über den hl. Franziskus und seine Lehre werde ich hier nicht mit den üblichen biografischen Daten oder mit dem oft scherzhaft so genannten »Vogeltränke-Franziskus« beginnen. Dieses Bild ist schön und oft auch tröstlich, ein guter Einstieg, aber am Ende zu harmlos und oft auch unecht. Die meisten von uns sind mit den Grundzügen seiner Lebensgeschichte vertraut, und es gibt in den Katalogen der Library of Congress keinen anderen Menschen mit mehr Einträgen. Gute Biografien finden Sie also leicht.

Die Ironie, mit der ich beginnen will, ist folgende: Franziskus und Clara waren zwei Aussteiger, die sich dem Erfolgs-, Kriegs- und Wirtschaftsdenken im Assisi des 13. Jahrhunderts total verweigerten. Und nun stützen sie seit 800 Jahren die Wirtschaft dieser Stadt, die auf all den zahlreichen Pilgern und Touristen beruht, die in diese schöne mittelalterliche Stadt strömen. Seit Jahrhunderten sind die Familien Bernardone und Offreduccio sehr stolz auf ihre Kinder, aber das galt auf keinen Fall zu Lebzeiten dieser Kinder. Francesco und Chiara wurden später der hl. Franziskus und die hl. Clara, was seine guten und schlechten Seiten hat. Wie Dorothy Day über offizielle Heilige sagt: »Wir sind einfach zu schnell mit ihnen fertig.« Wenn wir uns mit dem hübschen Vogeltränke-Franziskus zufrieden geben, kommen wir kaum weiter und werden seiner eigenen gesellschaftlichen Realität auch nicht gerecht.

Franziskus bekommt oft die Funktion eines idealisierten, freien, glücklichen Vorbilds für spirituell Suchende, von den Hippies bis zu frommen Konservativen, von Sozialisten bis zu Liberalen. Aber dabei handelt es sich nicht immer um den echten Franziskus. Natürlich bringt dieses Buch auch Zitate und Anekdoten aus seinem Leben, aber es konzentriert sich im Wesentlichen auf seine bleibende Bedeutung, seine Nachwirkung, sein Erbe – bis hin zum heutigen Papst Franziskus – und weniger auf sein romantisches Leben und unsere eigenen Projektionen und Phantasien.

Zunächst wird es darum gehen, die immer noch andauernde Wirkung und das Neue zu untersuchen, das von Franziskus ausging. Dann werden wir sein revolutionäres Leben vielleicht mit noch mehr Staunen betrachten. Wie Søren Kierkegaard sagte: »Wir führen unser Leben vorwärts, aber wir verstehen es rückwärts.« Genau das will ich in diesem Buch in Bezug auf Franziskus und Clara versuchen. Ein Blick auf die vielen dauerhaften Verbindungen, die Franziskus in seinem Leben knüpfte zeigt, wie sehr er uns helfen kann, auf den ursprünglichen, aber seit langer Zeit verloren gegangenen Weg zurückzukehren, den wir Evangelium nennen. Wir wollen versuchen, Franziskus zu verstehen, indem wir sein Leben vor dem Hintergrund dessen betrachten, was seine und Claras Nachfolger hervorbrachten, indem sie immer wieder entdeckten, was man nur als »radikale Vereinfachung« bezeichnen kann. Ich denke an Leute wie Thérèse von Lisieux, Charles de Foucauld, Dorothy Day, Seraphim von Sarow und Niklaus von Flüe (Bruder Klaus), an viele tausend katholische und evangelische Missionare, an Mutter Teresa und jetzt auch an Papst Franziskus. Der Weg des Franz von Assisi lässt sich nicht auf den formellen Franziskanismus beschränken, einfach weil er letztlich dem Evangelium entspricht, in einer sehr destillierten, ehrlichen Form.

Ich möchte hier illustrieren, was Franziskus verändert und anders gemacht hat und was sich aus seiner einzigartigen Ganzheit ergeben hat. Wir werden sehen, dass Franziskus ein sehr traditioneller und gleichzeitig ein sehr neuer Heiliger war und dass er bis heute ein solches Paradox darstellt. Er stand barfuß auf der Erde und berührte doch den Himmel. Er war in seiner Kirche tief verwurzelt und hatte doch einen Zug zum Kosmos. Er lebte glücklich in der sichtbaren Welt und litt und jubelte doch auch in der Welt, die andere für unsichtbar hielten. Er war auf jede erdenkliche Weise gleichzeitig in zwei Welten zu Hause und vereinte sie in sich.

Wie alle Heiligen hatte er Freude an seiner absoluten Kleinheit und seiner absoluten Verbundenheit mit dem Göttlichen. Natürlich sind diese beiden Dinge voneinander abhängig. Er und Clara starben in das Leben hinein, das sie liebten, statt in der Angst vor einem Tod zu leben, der ihr Leben beenden könnte. Sie waren beide in höchstem Maße bereit zur Liebe und sie wussten irgendwie, dass der Tod des Alten und Unnötigen dazugehörte, wenn sie diese Liebe in der Tiefe leben wollten. Die meisten von uns erkennen das offensichtlich nicht – und wehren sich gegen jede Veränderung.

Aber Franziskus' Heiligkeit war wie jede Heiligkeit einzigartig und weder eine Kopie, noch eine reine Imitation. In seinem Testament schreibt er: »Niemand hat mir gesagt, was ich tun sollte«, und ganz am Ende seines Lebens hat er gesagt: »Ich habe das Meine getan, jetzt müsst ihr das Eure tun.« Welche Erlaubnis, welch eine Freiheit und welch einen Raum gab er damit seinen Nachfolgern! Bonaventura wiederholte dieses Verständnis von einzigartiger, persönlicher Berufung, als er lehrte: »Jeder und jede von uns wird von Gott auf eine besondere, unvergleichliche Weise geliebt, wie sich auch Braut und Bräutigam lieben.«[5] Franziskus und Clara wussten, dass die Liebe Gottes zu jeder einzelnen Seele einzigartig und maßgeschneidert ist. Deshalb fühlen sich alle »Geretteten« so sehr geliebt und auserwählt und wie Gottes Lieblingskinder, ähnlich wie so viele Menschen in der Bibel. Gottes Nähe ist immer individuell und maßgeschneidert und kommt uns eben deshalb so nah.

Haben Sie gemerkt, dass Franz von Assisi fast nie mit einem Buch in der Hand abgebildet wird wie so viele andere Heilige, die eher als Lehrer wahrgenommen werden? Oder mit einem Kirchengebäude im Arm wie so viele große Kirchenmänner, oder mit seiner Ordensregel wie Benedikt oder Basilius? Auf seinen Abbildungen leuchtet er, tanzt in Ekstase gemeinsam mit Tieren oder mit erhobenen Armen. Sein befreiter Körper, der mit allem in Berührung ist, wird zur wichtigsten Botschaft. Auf vielen Bildern hat er nicht einmal einen Heiligenschein wie so viele andere. Er sieht so eindeutig verwandelt aus, dass es scheint, als würden wir die Vergewisserung, dass er unter den Heiligen weilt, gar nicht mehr brauchen. Wenn Sie mir nicht glauben, überprüfen Sie es selbst in den Museen! Franziskus' Leib, Leben und Botschaft scheinen aus sich heraus zu leuchten. Schon sein Name ist voller Strahlkraft und Glück: Francesco, Franz, François, Francisco, »little brother Francis«.

Jesus selbst, Paulus, sein bilderstürmender Vermittler, aber auch Franziskus und Clara machten Platz für Neues, indem sie ganz und gar bereit waren, das Alte loszulassen. Das ist ein sehr seltenes Muster in der Geschichte der verfassten Religion, die nur allzu oft an den kleinen, bequemen Traditionen hängt. Alle diese wegweisenden Leute hatten den Mut und die Klarheit zu unterscheiden, was ewige Weisheit und was realitätsfern, vergänglich und lediglich kulturell oder gar destruktiv war. Sie entsprachen dem, was sich Jesus unter einem »Nachfolger des Gottesreiches« vorstellte. Er spricht von diesen Menschen als »einem Hausherrn, der Neues und Altes aus seinem Schatz hervorholt« (Matthäus 13,52). Johannes der Täufer beschreibt Jesus als eine »Wurfschaufel«, die Spreu und Weizen voneinander trennt (Matthäus 3,12), statt einfach anzunehmen, dass die eigene Religion der Weizen ist und alle anderen die Spreu.

Echte spirituelle Unterscheidungskraft ist nie so einfach, wie es das Ego gerne hätte. Sie leitet uns zu echter Seelenarbeit an, wie sie auch Franziskus und Clara mit Entschlossenheit und Ehrlichkeit geleistet haben, fast ohne Ratgeber, kirchliche Anerkennung oder Ermutigung von außen. Stellen Sie sich das einmal vor! Trotzdem erlangten sie allmählich und vollständig das Vertrauen und die Bewunderung ihrer Zeitgenossen, obwohl sie die meisten kulturellen und sogar kirchlichen Regeln verletzten. Es gibt allerdings keine Aufzeichnungen darüber, dass auch ihre Väter ihnen irgendwann recht gegeben hätten.

Die franziskanische Ausprägung des Christentums ist allerdings keine umstürzlerische Aufgabe traditioneller christlicher Bilder, der Geschichte oder der Kultur, sondern eine positive Entscheidung für die tiefen, leuchtenden und dauerhaften Gottesbilder, die unter den allzu einfachen Formeln *verborgen liegen.* Es ist keine Fastfood-Religion, sondern langsam verdauliche, gesunde Nahrung. Weder Jesus noch Franziskus ließen zu, dass das Alte dem Neuen im Wege stand, aber wie alle großen religiösen Geister enthüllten sie, was das Alte immer schon gesagt hatte. Neben den vielen klugen Dingen, die man bei dem heutigen Glaubenssucher Christian Wiman finden kann, steht auch dieser unglaublich weise Satz: »Der Glaube selbst muss manchmal von seinen gesellschaftlichen und historischen Verkrustungen befreit werden und im Herzen des Menschen zu seiner ersten, noch kirchenfreien Inkarnation zurückgeführt werden.«[6]

Franziskus benannte und lebte diese erste, kirchenfreie Inkarnation des Glaubens im Herzen des Menschen, aber er wusste auch, dass gerade diese halbkluge, organisierte Kirche ihr gemeinsames Mysterium an ihn weitergegeben und für künftige Generationen aufbewahrt hatte. Er war demütig und geduldig genug, um zu wissen, dass alle Wahrheit geteilte Wahrheit ist und dass es Organisationen braucht – bei all ihren Schwächen –, um die Wahrheit mitteilbar, historisch und gemeinschaftstauglich zu machen. Er wusste um die Demut *(kenosis)* und Geduld der Inkarnation. Selbst ein kleines Stückchen Wahrheit ist mehr als genug für einen Heiligen.

Gerade weil sowohl Jesus als auch Franziskus im wahrsten Sinne des Wortes »Konservative« waren, bewahrten sie, was bewahrenswert war – den Kern, das transformative Leben des Evangeliums – und ließen nicht zu, dass sich jene Zufälligkeiten in den Weg stellten, an denen falsche Konservative so sehr hängen. Am Ende wirkten sie dann ziemlich »progressiv«, radikal, ja gefährlich für den Status quo. Aber das ist das durchgehende biblische Muster, von Abraham über Mose, Jeremia und Hiob bis hin zu Johannes dem Täufer, Maria und Josef. Große Seher enden mit ihrem Mut und ihrer Weisheit immer bei dem, was auch Jesus gesagt hat: »Das Gesetz sagt, und ich sage es auch …« (Matthäus 5,20–48).

Franziskus sagte das sogar zu einem Kardinal, der eine frühe Zusammenkunft der Brüder überprüfte: »Ich will nichts mehr von der Regel des hl. Augustinus, des hl. Bernhard oder des hl. Benedikt hören. Der Herr hat mir gesagt, dass er mich zu einem neuen Narren machen will.«[7] Großartig! Dieser Mann nimmt gleich auf mehreren Ebenen den Mund ziemlich voll. Hat er seine großen Vorgänger unter den Heiligen zurückgewiesen oder war er tatsächlich so sicher, dass er das Seine tun musste, auch wenn er dabei aussah wie ein Idiot, wie er selbst einmal sagte? Große Heilige sind mutig und kreativ, sie sind »Ja-und«-Denker, nichtduale Denker, die sich nicht in der kleinen Welt des »Entweder-oder« einsperren lassen. Es sei denn, es ginge um Liebe und Mut: Da sind sie »Alles oder nichts«-Denker.

Die biblischen Propheten waren schon ihrer Definition nach Seher und Sucher des ewigen Mysteriums, eine Tätigkeit, die dem alten Blick und allem Sicherheitsdenken stets gefährlich neu und häretisch erscheint. Die Propheten lebten am inneren Rand des Judentums. Johannes der Täufer lebte ebenso am inneren Rand des Tempeljudentums, und Paulus tat das Gleiche, als er Petrus und dem neuen christlichen Establishment in Jerusalem scharf zu widersprechen wagte (Galater 2,1–14). Franziskus und Clara führten dieses klassische Muster in ihrer Heimatstadt fort, als sie physisch aus der

Oberstadt und damit aus der Oberschicht von Assisi in die Unterschicht, zu den »minores« zogen.[8]

Dort mussten sie nichts beweisen oder verteidigen, und sie hatten beste Chancen auf frische, ehrliche Erfahrungen – und auf die Entdeckung ihrer wahren Mitte. Es ist eine ironische Wahrheit, dass wir an die Ränder gehen müssen, um die Mitte zu finden. Aber Propheten, Eremiten und Mystiker wissen das. Nur dort waren und sind sie in der Lage, auch an den Rand ihres eigenen Lebens zu kommen, ohne nach dem Oberflächlichen zu suchen oder die Oberfläche zu schützen. Nur dort stürzen sie ab bis zum Kern und zur Mitte ihrer eigenen Seele und ihrer eigenen Erfahrungen.

Lassen Sie sich von Franziskus und Clara zeigen, wie man in das eine, einzige Leben hineinstirbt, das Leben, das zu lieben wir lernen müssen. Sie werden sehen, dass es sich um eine kontinuierliche Bewegung handelt: Sie lernen Ihr Leben zu lieben und gestatten sich dann, voll und ganz hineinzusterben. Und sie sterben nie davon weg. Wenn der Tod mit echter Freude in das Leben integriert wird, dann sind Sie bereits im Himmel, und dann sind Angst und Hölle gar nicht mehr möglich. Das ist der franziskanische Weg. Das Evangelium ist keine Feuerversicherung für die nächste, sondern eine Lebensversicherung für diese Welt. Franziskus und Clara haben die üblichen Verkleidungen von Himmel und Hölle durchschaut,[9] und sie sind offenbar ganz allein darauf gekommen. Meine Hoffnung und mein Wunsch sind, dass Sie mithilfe dieses Buchs Ihren eigenen Himmel ebenfalls erkennen können. Und zwar *jetzt!*

KAPITEL 1

Was meinen wir, wenn wir »Mystik« sagen?

Es ist wie bei den Liebenden:
Wenn es richtig ist, kann man nicht sagen,
wer wen küsst.[10]
Gregory Orr

Das Traurige an der Mystik ist die Tatsache, dass das Wort selbst so sehr mystifiziert worden ist. Als wäre Mystik nur etwas für ganz wenige Auserwählte. Für mich bedeutet das Wort einfach »experimentelles Wissen spiritueller Dinge«, im Gegensatz zum Wissen aus Büchern, aus zweiter Hand oder aus der kirchlichen Lehre.[11]

Ein Großteil der organisierten Religion hält uns unwillkürlich vom mystischen Weg fern, indem sie uns rät, fast ausschließlich auf äußere Autoritäten, die Heilige Schrift, Tradition oder verschiedene Arten von Experten zu vertrauen – also auf die Gefäße –, und uns nichts über die Bedeutung der eigentlichen inneren Erfahrung sagt – also über den Inhalt. Tatsächlich sind wir fast alle eindringlich davor gewarnt worden, jemals auf uns selbst zu vertrauen. Katholiken sollen zuerst und zuletzt der kirchlichen Hierarchie vertrauen. Mainstream-Protestanten hören immer wieder, dass die innere Erfahrung gefährlich, nicht schriftgemäß und unnötig sei.

In beiden Fällen werden Menschen von einer echten Gotteserfahrung ferngehalten und zu passiven (und oft genug passiv-aggressiven) Leuten gemacht. Und was noch viel trauriger ist: Viele Menschen sind zu dem Schluss gekommen, es gebe gar keinen Gott, den zu erfahren sich lohnen würde. Wir haben gelernt, unseren eigenen Seelen zu misstrauen – und damit dem Heiligen Geist. Das steht in krassem Widerspruch zu Jesus, der sagt: »Geh hin in Frieden, dein Glaube hat dir geholfen.« Und er sagte das zu Leuten, die ihn nicht zuvor dogmatisch bestätigt hatten, die nicht der Ansicht waren, er sei Gott, die keiner moralischen Überprüfung standgehalten hatten und oft auch nicht zur »korrekten« Gruppe gehörten. Er sagte das zu Leuten, die ihm einfach vertrauten, mit offenem Herzen und aus ihrer eigenen hungrigen Erfahrung heraus, dass Gott sich in diesem konkreten Augenblick um sie kümmerte.

Pfingstler und Charismatiker sind heute eine wichtige Ausnahme von dieser Regel, dass man religiöse Erfahrungen vermeidet, und ich glaube, ihre »Geisttaufe« ist ein echtes, gültiges Beispiel für die Anfänge mystischer Begegnung. Leider fehlen ihnen zu einer reifen Mystik eine solide Theologie, ein Grundwissen in Entwicklungspsychologie und soziales Engagement, das ihre Füße auf dem Boden der inkarnierten Welt hält. Und deshalb führt ihre authentische, aber allzu egozentrische Erfahrung zu einer oberflächlichen, allzu konservativen Theologie und dann auch noch zu rechter Politik. Trotzdem sind der Kern und die Wahrheit der Erfahrung immer noch da, sie liegen gleich unter der Oberfläche.[12]

Die Ironie in allen Versuchen, sich allzu sehr auf Äußerlichkeiten zu verlassen, liegt darin, dass die Menschen am Ende doch trotzdem ihrer eigenen Erfahrung glauben. Wir alle betrachten die Welt notwendigerweise durch die Brille unseres eigenen Temperaments, unserer frühen Konditionierung, unserer Gehirnfunktionen, unserer gesellschaftlichen Rolle und Stellung, unserer Bildung, unserer persönlichen

Bedürfnisse und unserer kulturellen Vorurteile und Vorstellungen. Ja, unsere Erfahrungen unterliegen tatsächlich leicht allen möglichen Missverständnissen, weil wir von unserem »Moment« ausgehend vermuten, alle anderen müssten zum gleichen »Moment« kommen. Das liefert uns einen guten Grund, dem Narzissmus anderer Menschen noch mehr zu misstrauen. Noch häufiger kommt es vor, dass Menschen glauben, ihre Erfahrungen kämen zu 100 Prozent von Gott, ohne irgendwelche Filter, die ihre eigenen Pläne und ihr eigenes Ego ausblenden. Sie vergessen, was Paulus gesagt hat, um uns an die Demut zu erinnern: »Stückwerk ist unser Erkennen und Stückwerk unser Prophezeien« (1. Korinther 13,9).

Um uns aus dieser Falle zu befreien, wird in unserer Zeit der früher eher seltene Dienst der geistlichen Begleitung wiederentdeckt und neu geschätzt, vor allem unter Laien. Es handelt sich um eine bewährte Möglichkeit, die persönliche Erfahrung an der Heiligen Schrift zu prüfen, am gesunden Menschenverstand, an Vernunft, guter Psychologie und Tradition. Damit meine ich nicht irgendeine »Das haben wir immer schon so gemacht«-Tradition, sondern die immer wiederkehrende »ewige Tradition«. Alle diese Prüfsteine zusammengenommen ergeben die beste Chance, »Gottes Willen« zu hören und ihm zu vertrauen. Wir haben in dieser Hinsicht den Jesuiten viel zu verdanken, obwohl es inzwischen auch andere ausgezeichnete Schulen der geistlichen Begleitung gibt.

Ich glaube, Sie werden feststellen, dass die franziskanische Mystik ein besonders vertrauenswürdiger und schlichter – allerdings nicht unbedingt einfacher – Weg ist, vor allem, weil sie sich nicht von lehrhaften Abstraktionen, Moralismen und falscher Askese mystifizieren lässt auch wenn einige Franziskaner durchaus dazu tendieren. Der franziskanische

Weg ist tatsächlich eine »Bürgersteig-Spiritualität« für die Straßen dieser Welt, ein höchst gangbarer, attraktiver Weg für alle, die sich auf die Suche machen wollen. Sie müssen nicht zölibatär oder gar abgeschieden leben, sie müssen nicht hoch gebildet oder in irgendeiner Weise ihren Nächsten überlegen sein – das zeigen die vielen säkularen Franziskaner. Tatsächlich könnten alle diese Eigenschaften der echten Erfahrung im Wege stehen. Ein zölibatär lebender Eremit kann vollkommen dualistisch denken und ein qualvolles Innenleben haben, mit dem er auch andere quält. Ein viel beschäftigter Journalist oder eine Hausfrau, beide mit einem nicht-dualen Herzen und Geist begabt, können andere Menschen erleuchten, ihre Familien und alle, mit denen sie in Berührung kommen. Und das, ohne religiös daherzureden. Denken Sie an Nelson Mandela, Mary Oliver oder Wendell Berry.

Ich will den franziskanisch-mystischen Weg zum Göttlichen hier besonders beschreiben und die Unterschiede zu anderen Wegen aufzeigen, damit Sie die Einzigartigkeit von Franziskus' Genie besser schätzen lernen. Er hat sich auf die wirklich wichtigen Dinge beschränkt und vermieden, was zu seiner Zeit ebenso wie heute auf die Beschäftigung mit Nichtigkeiten hinauslief. Selbst Thomas von Aquin hat gesagt, dass Jesus nur »sehr wenige« Gebote gelehrt hat. Alle möglichen Ablenkungen, die ich hier erwähne, müssen ihm wie Versuchungen vorgekommen sein, ähnlich wie es dem jungen Buddha erging. Franziskanisch gesehen, ist die Trennung von der Welt die Versuchung des Mönchs. Askese ist die Versuchung der Wüstenväter und -mütter, Moralismus und Zölibat sind die katholischen Versuchungen, Intellektualität ist die Versuchung des Seminars, private Frömmigkeit und unfehlbarer Glaube sind die protestantischen Versuchungen. Und die häufigste Versuchung für uns alle besteht darin, dass wir die Zugehörigkeit zur richtigen Gruppe und das Praktizieren der richtigen Rituale als Ersatz für jede persönliche, lebensverändernde Begegnung mit dem Göttlichen benutzen.

Franziskus' spirituelles Genie bestand nicht zuletzt darin, alle diese üblichen Versuchungen zu vermeiden und zu überwinden. Und mehr noch: All dies gelang ihm, während er gleichzeitig seine Zugehörigkeit zu den Gruppen pflegte, die er liebte. Er wusste, dass man ein Basislager braucht, um Glauben, Hoffnung und tätige Nächstenliebe zu erproben. Wir brauchen lebendige Gemeinschaften, um Verantwortung zu übernehmen, geistlich zu wachsen und ehrlich zu bleiben. Franziskus war kein moderner Individualist.

Ich glaube nicht, dass wir Franziskaner ihm in dieser Vermeidung von Versuchungen immer gut gefolgt sind. Und natürlich erliegt nicht jedes Mitglied der Gruppen, die ich gerade erwähnt habe, auch tatsächlich den jeweiligen Versuchungen. Ich will mit der Erwähnung der verschiedenen Wege nur einen wichtigen Punkt klären und niemanden kritisieren, weder Mönche, noch Protestanten oder Akademiker. Aber die Charakterisierungen helfen uns zu sehen, wie Franziskus sich den Weg durch all diese Nichtigkeiten bahnte, im Wesentlichen geführt durch seine Intuition und den Heiligen Geist. Sein Genie bestand zu einem Großteil darin, dass er seiner eigenen inneren Erfahrung vertraute, was Katholiken normalerweise eher verwehrt war. Sie erinnern sich, was er in seinem Testament schrieb? »Niemand hat mir gesagt, was ich tun sollte.«[13]

Franziskus wusste: Wenn man akzeptieren kann, dass das Endliche das Unendliche manifestiert, und dass die Materie die Tür zum Spirituellen bildet, was als Grundprinzip hinter allem steht, was wir als Inkarnation bezeichnen, dann haben wir alles, was wir brauchen, hier und jetzt zur Hand – in dieser Welt. *Dies* ist der Weg zu jenem! Der Himmel schließt die Erde ein. Zeit öffnet uns für die Zeitlosigkeit, Raum öffnet uns für die Raumlosigkeit, wenn wir sie als Türen nehmen – was sie ganz eindeutig sind. Es gibt keine Trennung zwischen heilig und profan, weder bei Dingen, noch bei Orten oder Augenblicken. Es gibt nur heilige und entheiligte Dinge, Orte und Augenblicke – und wir allein sorgen für ihre Entheiligung, mit unserer Blindheit und unserem Mangel an Ehrfurcht. Das Universum ist eins, und es ist heilig, und wir sind alle ein Teil davon. Besser und schlichter kann eine spirituelle Vision nicht sein.

Die Erkenntnis, dass das Konkrete uns für das Universelle öffnet, ist möglicherweise der einzige ganz und gar vertrauenswürdige oder denkbare Weg, schon weil wir Menschen mit unserer sinnlichen Wahrnehmung so funktionieren. Abstrakte Ideologien bringen uns nicht sehr weit, und ein Großteil der üblichen Religion ist eher Ideologie als echte Begegnung mit der göttlichen Gegenwart. Aber wir müssen alle mit unseren konkreten Erlebnissen anfangen und von dort aus weitermachen. Was bleibt uns anderes übrig? Gute geistliche Lehrer können Ihnen sagen, welche Ihrer Erfahrungen einen zweiten Blick wert sind und was vielleicht eher ein Umweg oder eine Sackgasse ist. Wenn Religion zur reinen Ideologie oder auch zur reinen Theologie verkommt, entwickelt sie universelle Theorien und hebt ab. Wie Papst Franziskus sagt: Die

Menschen auf der ganzen Welt lehnen diese ideologische, von oben nach unten gedachte Form der Religion ab, und sie haben recht damit, denn das ist nicht der Weg Christi.

Bei Franziskus sind alle scheinbaren Begrenzungen von Raum und Zeit ein für alle Mal aufgehoben, weil er das Mysterium der Inkarnation absolut ernst nimmt und allmählich in aller logischen Konsequenz erweitert. Das Christus-Mysterium ist alles andere als vage oder abstrakt, es ist immer konkret und spezifisch. Wenn wir bei dem bleiben, was uns tagtäglich begegnet, sehen wir, dass alles eine göttliche Offenbarung ist, vom Felsbrocken bis zum Space Shuttle. Dann gibt es keine blinden Flecken mehr in der göttlichen Offenbarung, weder in unseren eigenen Augen, noch in unserem Rückspiegel. Unsere einzige Blindheit ist unser Mangel an Faszination, Demut, Neugier, Staunen und Bereitschaft, uns weiterlocken zu lassen.[14]

Was du siehst ist, was du bist

Franziskanische Spiritualität geht von einer echten Gleichwertigkeit und Gegenseitigkeit zwischen dem Sehenden und dem Gesehenen aus. Es gibt eine Symbiose zwischen dem Geist und dem Herzen des Sehenden und dem, was sie aufnehmen. Franziskus hatte eine einzigartige Fähigkeit, andere – Tiere, Planeten und Elemente – Bruder und Schwester zu nennen, weil er selbst ein kleiner Bruder war. Er gestand anderen Lebewesen und Dingen Gegenseitigkeit, ein Sein als Subjekt und Person und Würde zu, weil er seine eigene Würde als Sohn Gottes in Ehren hielt. Und genauso gut hätte es auch umgekehrt sein können. Die Welt der Dinge war ein durchsichtiger Spiegel für ihn – das, was manche unter uns ein ganz und gar »sakramentales« Universum nennen würden.[15]

Von allem Sein kann man mit Fug und Recht mit »einer Stimme« (Univozität) sprechen, wie Johannes Duns Scotus es später formulierte (siehe Kapitel 13). Was ich bin, das bist auch du und das ist auch die ganze Welt. Die Schöpfung ist eine einzige riesengroße Symphonie des gegenseitigen Mitgefühls. Oder wie schon Augustinus gesagt hat: »Am Ende gibt es nur noch den liebenden Christus selbst.«[16]

Um zu dieser dreidimensionalen Vision zu kommen, muss ich wissen, dass ich, wenigstens teilweise, das bin, was ich suche. Tatsächlich bringt mich erst dieser Umstand zum Suchen.[17] Aber die meisten haben diese gute Nachricht noch gar nicht gehört. Wir können Gott erst dann »da draußen« finden, wenn wir ihn »hier drinnen« gefunden haben, in uns selbst. Davon spricht Augustinus in seinen *Confessiones* immer wieder. Aber wenn wir das tun, dann sehen wir ihn auf ganz natürliche Weise in anderen und in der ganzen Schöpfung. Was du suchst ist, was du bist. Die Suche nach Gott und nach unserem wahren Selbst sind letztlich ein und dieselbe Suche.[18] Das Gebet, das Franziskus die ganze Nacht gebetet hat – »Wer bist du, o Gott, und wer bin ich?« – ist wahrscheinlich das perfekte Gebet, weil es das ehrlichste Gebet ist, das wir zu bieten haben.

Bleibt in der Liebe

Ein Herz, das durch diese Erkenntnis der Einheit verwandelt ist, weiß, dass nur die Liebe »hier drinnen« auch die Liebe »da draußen« entdecken und genießen kann. Angst, Enge und Verbitterung werden von geistlichen Lehrern als die Formen innerer Blindheit angesehen, die überwunden werden müssen. Diese Gefühle bringen uns nicht weiter, und sie bringen uns schon gar nicht an einen guten Ort. Deshalb sind alle Mystiker positiv gestimmte Menschen – sonst sind sie keine echten Mystiker. Ihr geistlicher Kampf besteht genau darin, all ihre negativen Gefühle und Ängste zu erkennen und Gott zu übergeben. Das große Paradox besteht darin, dass ein solcher Sieg ganz und gar Geschenk Gottes ist und dass man ihn trotzdem sehr stark wollen muss (Philipper 2,12 f.).

Die zentrale Praxis in der franziskanischen Mystik sieht deshalb so aus, dass wir »in der Liebe bleiben müssen«, ganz klar ein Gebot (Johannes 15,9), wenn nicht *das* Gebot Jesu. Nur wenn wir bereit, ja, begierig bereit zur Liebe sind, können wir die Liebe und Güte in der Welt um uns herum sehen. Wir müssen selbst in Frieden bleiben, dann sehen und finden wir den Frieden. Wenn wir in der Schönheit bleiben, können wir die Schönheit überall ehren. Dieses Konzept des Bleibens und Verharrens (Johannes 15,4 f.) befreit die Religion aus allen esoterischen Lehren von Äußerlichkeit, in denen sie sich viel zu lange verirrt hatte. Es gibt nur einen geheimen moralischen Befehl, Gott zu kennen oder ihm zu gefallen oder gerettet zu werden, wie manche sagen: Wir müssen selbst in Geist, Herz, Leib und Seele liebende Menschen werden. Dann sehen wir, was wir sehen müssen. Diese Lehre ist so zentral, dass sie im Titel dieses Buches vorkommt: Wir müssen sehr bereit zur Liebe sein – jeden Tag.

Eine heilige Welt

In der franziskanischen Mystik gibt es keine Unterscheidung zwischen heilig und profan. Wie ich schon sagte: Die ganze

Welt ist heilig. Mit anderen Worten: Sie können immer beten, und alles, was geschieht, ist potenziell heilig, wenn Sie das zulassen. Unser Job als Menschen besteht darin, unsere Bewunderung für andere und unsere Anbetung Gottes ganz und gar bewusst und absichtlich zu betreiben. Das ist der Sinn unseres Lebens. Oder wie es der französische Bruder Eloi Leclerc Franziskus so schön in den Mund gelegt hat: »Wenn wir nur wüssten, wie wir anbeten sollen, dann könnten wir mit der Ruhe der großen Flüsse durch die Welt reisen.«[19]

Für diejenigen, die gelernt haben zu sehen und anzubeten, ist alles »geistlich«, und das führt ironischerweise irgendwann zu dem, was Dietrich Bonhoeffer so mutig als »religionsloses Christentum« bezeichnet hat. Lassen Sie sich davon nicht erschrecken! Er meinte damit, dass sich viele Menschen, auch in seiner Zeit, den Dreißigerjahren, über die Staffagen der Religion zur darunter liegenden, tieferen christlichen Erfahrung hin bewegten. Wenn wir annehmen können, dass Gott in allen Situationen anwesend ist und selbst schlimme Situationen für etwas Gutes nutzt, dann wird alles zu einer Gelegenheit für das Gute und für Gott und liegt damit ganz nahe am Kern aller Religion. Die Mitte ist überall.

Gottes Plan ist so perfekt, dass selbst Sünde, Tragödie und schmerzhafter Tod benutzt werden, um uns zur Einheit mit Gott zu führen. Gott ist klug genug, das Problem zu einem Teil der Lösung zu machen. Wir müssen nur lernen, richtig, vollständig und damit wahrhaftig zu sehen. Vor Kurzem habe ich ein Familienvideo gesehen, das die letzten Momente der geliebten Tochter, einem Mädchen im Teenageralter, zeigte, die an Krebs starb. Sie verabschiedete sich liebevoll von ihrer Familie, und alle weinten und waren gleichzeitig voller Freude, getragen von einem tiefen Glauben an das ewige Leben und die Liebe. Eine so ganz und gar menschliche Liebe tut dieser Familie langfristig wahrscheinlich mehr Gutes als viele Jahre formaler religiöser Erziehung. Ich kenne das aus vielen persönlichen Erfahrungen. Das ist »religionsloses Christentum« – möglicherweise die religiöseste Form überhaupt.

Paradoxa an den Rändern

Franziskanische Spiritualität setzt kühn ein großes Ausrufezeichen hinter die Worte Jesu, dass »die letzten die ersten sein werden und die ersten die letzten«, und hinter Paulus Worte: »Wenn ich schwach bin, dann bin ich stark!« Die Umkehrung von oben und unten ist der Kern unserer Botschaft und leitet uns dazu an, tiefer und breiter zu sehen. Das öffnet uns die Augen für Gottes Geschenk seiner selbst weit draußen an den Rändern, wo die meisten von uns Gott nicht sehen können oder wollen: bei den anderen Religionen, bei den Außenseitern und Sündern und an den Rändern unseres eigenen Sehens, bei denen, die gegen uns sind – unseren sogenannten Feinden. Tatsächlich finden sich Wahrheit, Liebe und Schönheit in ihrer schönsten Form auf der untersten, schwächsten und konkretesten Ebene: in einem Frosch, einem Flüchtling oder einem Menschen, den andere als Verrückten bezeichnen würden. Aber um so sehen zu können, müssen Sie Gottes göttliche Freiheit akzeptieren. Sie müssen zu Ihrer ganzen Größe heranwachsen, um Gott in seiner ganzen Größe zu finden (Epheser 4,13). Kleine Seelen können den großen Gott nicht kennenlernen, und große Seelen geben sich mit einem kleinen oder kleinlichen Gott niemals zufrieden. Sie müssen sich Ihrer selbst bewusst werden, dann haben auf einmal alle Dinge ihre ganz eigene Schönheit.

Ironischerweise führt die scheinbare Abwesenheit zur tiefsten Erkenntnis der Gegenwart, weil sie so sehr ersehnt und gebraucht wird. Die ganze Welt ist Sakrament und vermittelt die Botschaft, aber sie ist so versteckt, dass nur die Demütigen und Ehrlichen – und die Leidenden – sie finden können. Bonaventura sagte, eine ungebildete Waschfrau könne, ohne es zu wissen, Gott viel näher sein als ein Doktor der Theologie, wie er einer war.

Franziskus' eigene intuitive Weisheit kam nicht von außen oder von oben, sondern tief aus seinem Innern, weil er zuließ, dass sein Herz zerbrochen und arm wurde, vor allem als seine Vision für die Brüder noch zu seinen Lebzeiten aufgegeben wurde. An einer solchen Stelle kann Gott am lautesten sprechen. Das ist nun in der Tat ein durchgehendes Thema der Bibel,[20] und seinen Höhepunkt erreicht es in der Anfangszeile Jesu: »Selig sind die Armen im Geist« (Matthäus 5,3).

Bemerkenswert ist auch, dass Franziskus in der Lage war, seiner eigenen beschränkten, formal ungebildeten und schlichten menschlichen Erfahrung zu trauen, um sich das Wissen anzueignen, das er dann mit einer so ruhigen Gewissheit in sich trug. Sehr früh, als die Brüder beispielsweise schon eingeladen wurden, mit Bischöfen zu speisen und Kardinälen als Hofkapläne zu dienen, lehnte er diese großzügigen Einladungen ab und sagte: »So werdet ihr vom Mutterleib weggezogen.«[21] Wenn er das wirklich gesagt hat, dann war er entweder gemeinschaftsfeindlich eingestellt, entsetzlich heilig, oder ihm war auf eine ganz ruhige Weise klar, was seine Gotteserfahrung im Kern verlangte. Für Franziskus und Clara gibt es keine Gotteserfahrung aus zweiter Hand. Das beste Fenster zum Wissen ist der Riss, der alles durchzieht, wie Leonard Cohen geschrieben und gesungen hat – »there is a crack in everything.«[22] Franziskus wollte, dass wir nah bei den Rissen im Vorhangstoff der Gesellschaft bleiben und es uns nicht im sicheren kirchlichen Zentrum bequem machen. Wir Franziskaner sollten keine Prälaten der Kirche werden, und wir sollten uns dort auch nicht zu sehr anbiedern. Man neigt nun einmal dazu, so zu denken wie die, mit denen man Partys feiert.

Mein Gott und alle Dinge

Schließlich und endlich wird jede Versuchung zum Elitedenken oder zum Individualismus in der franziskanischen Mystik dadurch überwunden, dass er unnachgiebig auf seiner Identifikation mit dem Kreuz besteht, auf Solidarität mit den Armen und mit dem menschlichen Leiden im Allgemeinen. Solidarität mit den Leidenden in der Welt und auch mit dem Leiden Gottes ist sein Ausgangspunkt, nicht irgendeine Suche nach privater moralischer Perfektion. Das hält die kontemplative Reise fern von reiner Innenschau, süßlicher Frömmigkeit, privater Erlösung und jeder gemeinschaftsfeindlichen oder privatisierten Botschaft, durch die ich mir vorstelle, ich könnte zu Gott gelangen, ohne mit allem anderen vereint zu sein. Deshalb lautet das franziskanische Motto: »Deus Meus et Omnia« – Mein Gott und alle Dinge.

Franziskus musste so unerbittlich sein, was die Armen und die Armut anging, weil er wusste, dass eine isolierte, von anderen abgetrennte »Spiritualität« ohne Dienst und konkrete Liebe Menschen oft in eine riesige Aufblähung des Egos und in die Verblendung führt. Der Wunsch, für heilig, besondersgut, sicher oder moralisch gehalten zu werden, übt eine große narzisstische Verlockung auf das menschliche Ego aus. Diese falschen Motivationen sind der sicherste Weg, Gott zu verpassen, während man viel über Gott redet und jede Menge ritualisiertes Verhalten einübt.

Die große Ironie des Glaubens besteht darin, dass eine echte Gotteserfahrung uns tatsächlich das Gefühl vermittelt, etwas Besonderes, ein erwähltes Lieblingskind zu sein. Aber wir sehen eben auch, dass das genauso für alle anderen gilt. Wenn das eintritt, können wir sicher sein, dass die Erfahrung echt ist. Es dauert nur eine Weile, dorthin zu kommen. Es tut uns weh, genauso wie den anderen. Ihre einzige Größe besteht in der Teilhabe an der Größe der Gemeinschaft der Heiligen. Ihre Mitgliedschaft in der Gemeinschaft der Sünder ist die Bürde, die Sie nun geduldig tragen können, weil andere sie mit Ihnen tragen. Wenn es so weit ist, dann sind Sie Teil dessen, was Thomas Merton den großen Tanz nennt. Sie müssen nicht mehr persönlich alles richtig machen, Sie müssen nur in Verbindung bleiben.

Mystik für den Alltag

Franziskanische Mystik ist also echte Mystik aber mit einer besonderen Neigung und Bereitschaft, Menschen nicht nur zur inneren Erfahrung, sondern zur Möglichkeit täglicher, regelmäßiger Erfahrungen zu führen. Zu Erfahrungen der Tiefe und Schönheit des Gewöhnlichen, gerade dort, wo es das scheinbar Negative aufnimmt und unser Leben an den Rand bewegt, wo Dinge wie Scheitern, Tragödien und Leiden sich abspielen. Sie sind wie Abkürzungen auf unserem Weg zu Gott. Und jeder von uns kann sie beschreiten, wenn er seine eigene Armut ehrlich anschaut.

Es gibt nichts, was Gott nicht benutzen kann und wird, um uns zur Einheit zu bringen. Selbst die Sünde kann dazu dienen, daher der Begriff der »felix culpa«. Hier haben wir die ganze Herrlichkeit, Wirksamkeit und Universalität des Evangeliums in seiner Schlichtheit und klaren Größe vor uns. Kurz gesagt: Franziskus demokratisiert die spirituelle Reise und lässt uns erfahren, dass wir sie auch außerhalb von Klöstern, Zölibat, Moral und falscher Askese antreten können. Das ist in den meisten christlichen und nicht-christlichen Formen der Spiritualität nicht so offensichtlich. Genau deshalb hat G. K. Chesterton Franziskus wohl als »der Welt einzigen wirklich aufrichtigen Demokraten« bezeichnet.[23]

Wenn »Christus der erste Gedanke im Geist Gottes«, ist wie Johannes Duns Scotus sagt, wenn das Christusmysterium schon im Urknall enthüllt wird, dann ist die Schöpfung seit Anbeginn von Gnade durchdrungen. Dann ist die Gnade keine spätere Hinzufügung, keine Belohnung für die Würdigen oder Kirchenleute, kein Siegespreis für die Perfekten. Diese Vorstellung baut das spirituelle Universum, in dem wir aufgewachsen sind, komplett um. Dort war Gnade eine Zugabe, ein Lückenfüller, eine Sache der Kirche, ein Preis für Perfektion und auch das nur gelegentlich.

Haben Sie in den Evangelien schon bemerkt, dass die Apostel, selbst nachdem der Auferstandene zwei Mal erschienen ist, wieder zu ihrer ursprünglichen Arbeit zurückkehren, dem Fischen (Johannes 21,3)? Sie schließen sich nicht der Priesterschaft an, bewerben sich nicht um eine Stelle beim Tempel, gehen nicht auf Exerzitien oder ins Kloster. Sie verlassen ihre Frauen nicht, legen sich keine Titel zu, lassen sich nicht taufen oder tragen spezielle Kleidung, von ihrer Arbeitskleidung einmal abgesehen (Matthäus 10,9 f.). Wenn das Innere wirklich ganz und gar verwandelt wird, brauchen Sie keine symbolische äußere Bestätigung, keine besonderen Hüte oder schicke Insignien, wobei ich sagen muss, mir gefällt das Pallium des Papstes und der Erzbischöfe, das aus Schafwolle gemacht ist und über den Schultern getragen wird, um sie jederzeit daran zu erinnern, dass sie die schwachen Schafe tragen müssen.

Bemerkenswert ist auch, dass der auferstandene Christus selbst nicht als übernatürliche Gestalt auftritt, sondern in einem Fall mit dem Gärtner verwechselt wird, in einem anderen mit einem Mitreisenden auf der Straße und schließlich mit einem Fischer, der den anderen gute Ratschläge gibt. Er sieht nach der Auferstehung offenbar genauso aus wie alle anderen (Johannes 20,15; Lukas 24,13–35; Johannes 21,4), selbst als er seine Wunden zeigt. In den Evangelien und in der franziskanischen Spiritualität können wir alle wieder »fischen« gehen, wenn wir Gott wahrhaftig begegnet sind, können unsere demütigenden Wunden bewusst tragen, jetzt aber fast wie einen Orden. Tatsächlich sorgen gerade unsere eigenen Wunden dafür, dass wir andere heilen wollen und können. Henri Nouwen sagte dazu zutreffend: Die einzigen echten Heiler sind die Verwundeten. Die meisten guten Therapeuten werden Ihnen dasselbe sagen.

Echte Mystik erlaubt uns aber, unsere Netze auf der anderen Seite des Bootes auszuwerfen und andere Erfolgserwartungen zu entwickeln, während wir gleichzeitig ganz klar sehen, dass wir bereits auf einem großen, tiefen, mit Leben erfüllten Teich dahintreiben. Das mystische Herz weiß, dass immer ein Kollege in der Nähe ist, der uns gute Ratschläge geben kann. Er steht am Ufer und winkt, am Rand unseres ganz gewöhnlichen Lebens (Johannes 21,5), in jedem unreligiösen Augenblick, bei jeder »säkularen« Beschäftigung, und er spricht immer noch zu arbeitenden Männern und Frauen, die wie die ersten Jünger weder wichtig noch einflussreich sind, weder besonders heilig noch ausgebildete Theologen oder überhaupt gebildete Leute. Dies ist die mystische Tür zur franziskanischen Spiritualität. Und sie ist überhaupt keine schmale Pforte, sondern sie steht weit und einladend offen.

Wobei wir, wie Jesus, ehrlich sagen sollten, was diese Tür schmaler macht und verschließen kann: unser angeborener, weit verbreiteter Widerstand gegen das Leiden (Lukas 13,2). Ja, die Tür steht weit offen, aber die Umstände, unter denen wir hindurchgehen, sind ebenfalls klar. Sowohl Jesus als auch Franziskus mussten von der Notwendigkeit des Leidens sprechen, weil sie wussten, dass alles in uns darauf angelegt ist, das Kreuz der Verwandlung zu vermeiden. Für beide ist das Leiden der Königsweg zum Verständnis geistlicher Dinge, und erst diese Botschaft ebnet das Feld der Spiritualität – weil alle Menschen auf die eine oder andere Weise leiden. Das haben wir alle gemeinsam. Also wollen wir uns diesen Punkt jetzt genauer ansehen.

KAPITEL 2

Ein glücklicher Weg nach unten – die innere Autorität derer, die Leiden kennen

> Könnte die Autorität der Leidenden die unterschiedlichen Kulturen und sozialen Welten zusammenbringen?
> *Johann Baptist Metz*[24]

Ich glaube, diese tiefsinnige Bemerkung des deutschen Theologen Johann Baptist Metz fasst den religiösen Durchbruch prägnant und präzise zusammen, den Christus der Menschheit angeboten hat. Sie ist auch ein guter Ausgangspunkt für das Verständnis des besonderen franziskanischen Blicks auf die Welt. Die wahre Autorität des Evangeliums, die Vollmacht, Dinge und Menschen zu heilen und zu erneuern, findet sich nicht in einem hierarchisch stukturierten Gottesdienst, einer theologischen Diskussion, einem perfekten Gesetz oder einer rationalen Erklärung. Der Gekreuzigte hat der Welt gezeigt, dass die wahre Autorität, die Menschen lenkt[25] und die Welt verändert, eine innere Autorität ist. Sie geht von Menschen aus, die etwas verloren oder losgelassen haben und auf einer neuen Ebene wiedergefunden worden sind. Das Zwölf-Schritte-Programm der Anonymen Alkoholiker kommt heute zu ganz ähnlichen Schlüssen.

Ich spreche gleich zu Beginn dieses Buchs von diesem Mysterium, weil ich glaube, dass Franziskus und Clara genau diese innere Autorität besaßen und sie immer noch zu ihrer wichtigen Botschaft für die Welt gehört. Sie haben alle Angst vor dem Leiden verloren und losgelassen; jedes Bedürfnis nach Macht, Prestige und Besitz; jeden Drang des kleinen Selbst nach Bedeutung. Und sie sind auf der anderen Seite mit einem lebenswichtigen Wissen wieder herausgekommen: Sie wussten, wer sie in Gott wirklich waren. Ihr Haus war auf Fels gebaut, wie Jesus sagt (Matthäus 7,24).

Eine solche Fähigkeit zur Veränderung und Heilung von Menschen ist oft die Frucht des Leidens und verschiedener Arten von Armut, denn das falsche Selbst gibt den Kampf nicht auf bis es stirbt.[26] Wenn Leiden immer dann auftritt, wenn wir die Kontrolle verlieren (meine Definition), dann wird auch klar, warum ein gewisses Maß an Leiden absolut notwendig ist, um uns zu zeigen, wie wir jenseits der Illusion von Kontrolle leben können und warum wir Gott die Kontrolle überlassen sollten. Dann werden wir zu nützlichen Werkzeugen, weil wir unsere Kraft mit Gottes Kraft teilen können (Römer 8,28).

Diese Einsicht steht ganz und gar im Widerspruch zu unserer Intuition, aber sie erklärt auch, warum diese beiden mittelalterlichen Aussteiger versucht haben, uns zu ihrem glücklichen Weg nach unten einzuladen, bis hin zu jenem Ort der »Armut«, wo die Menschheit letztlich ohnehin existiert. Sie sprangen freiwillig in das Feuer, vor dem die meisten von uns flüchten, mit dem totalen Vertrauen, dass der Kreuzweg Jesu nicht falsch sein konnte. Sie vertrauten darauf, dass sein Weg ein Weg der Solidarität und der Gemeinschaft mit der großen Welt sei, die vergeht und stirbt, wenn auch mit großen Widerständen. Diesen Widerstand verwandelten sie in ein großes, proaktives Willkommensgebet. Durch Gottes Gnade konnten sie der Vergänglichkeit vertrauen, aber auch dem Ort, an den alles »verging«. Sie warteten nicht auf eine Befreiung irgendwann nach dem Tod, sondern griffen hier und jetzt danach.

Wenn wir versuchen, in Solidarität mit dem Schmerz dieser Welt zu leben und unsere Lebenszeit nicht damit vertun, dass wir vor dem notwendigen Leiden davonlaufen, dann werden wir verschiedenen Formen der »Kreuzigung« begegnen. Viele glauben, Schmerz sei gleichbedeutend mit körperlichem Unbehagen, aber das Leiden ist das Ergebnis unseres Widerstandes, unserer Verleugnung und unseres Gefühls, der Schmerz sei ungerecht und falsch. So ist es jedenfalls bei mir, das weiß ich. Auf irgendeiner Ebene ist dies die Kernbedeutung allen Leidens, und wir alle lernen es nur auf diesem harten Weg. Schmerz ist der Preis für unser Menschsein, so scheint es, aber in der Regel haben wir die Wahl. Das Kreuz war Jesu freiwillige Akzeptanz unverdienten Leidens, ein Akt vollkommener Solidarität mit dem gesamten Schmerz dieser Welt. Ein gründliches Nachdenken über dieses Mysterium der Liebe kann Ihr ganzes Leben verändern.

Offenbar entsteht in uns allen eine negative Energie, ein Widerstand, wenn wir zu einer großzügigeren Reaktion eingeladen werden. Aber die Seele muss durch diesen notwendigen Tod hindurchgehen, um höher, weiter, tiefer oder länger gehen zu können. Die Heiligen nannten diesen Tod »Nacht«, »Dunkelheit« oder »Jahreszeit des Nichtwissens« und des Zweifels. Unsere säkulare heutige Welt besitzt fast keine geistlichen Fertigkeiten, um damit umzugehen – deshalb greifen wir zu Tabletten, Suchterkrankungen und anderen Ablenkungen, um zurechtzukommen. Keine guten Aussichten für die Zukunft der Menschheit.

Nur wahrhaft inspirierte Seelen wie Franziskus und Clara entscheiden sich freiwillig dazu, an Bord des Schiffes von Leben und Tod zu gehen. Sie haben den Widerstand überwunden, dem die meisten von uns nachgeben. Aber unser Leben kann sich zu einer ähnlichen Reise entwickeln wie ihres, wenn wir versuchen, negative Gefühle und Selbstzweifel mit Integrität auszuhalten und wenn wir eine Situation ganz und gar wahrhaftig durchleiden, statt uns nur auf die vermeintlich richtige Seite zu schlagen. Integrität ist oft gleichbedeutend mit der Bereitschaft, die dunkle Seite der Dinge auszuhalten, statt mit Widerstand, Verleugnung oder Projektion zu reagieren. Genau genommen ist Integrität nur ein anderes Wort für Glauben. Ohne die innere Disziplin des Glaubens enden die meisten Leben in negativen Gefühlen, Vorwürfen oder tiefem Zynismus, ohne dass die Menschen es überhaupt merken.

Jesus hing in der Mitte des Kreuzes und zahlte mit seinen Wunden den Preis für diese Versöhnung mit der Wirklichkeit (Epheser 2,13–18). Und er hat uns eingeladen, es ihm gleichzutun. Franziskus hat diese Einladung aus ganzem Herzen angenommen. Er hat einmal gebetet: »Du, der du es auf dich genommen hast, aus Liebe zu meiner Liebe zu sterben, lass mich die süße Macht dieser Liebe erfahren und lass mich sterben – aus Liebe zu deiner Liebe.«[27]

Solidarität mit dem großen Schmerz dieser Welt

Ich glaube, wenn wir die Einladung zur Solidarität mit dem großen Schmerz dieser Welt annehmen, dann begreifen wir, was das heißt: ein Christ zu sein. Die Nachfolge Jesu setzt eine große innere Freiheit voraus. Sein Leben ist eine Möglichkeit, eine Entscheidung, ein Ruf, eine Berufung, und wir haben absolut die Freiheit, Ja oder Nein zu sagen. Oder Vielleicht. Sie müssen es tun, damit Gott Sie liebt. Die Liebe gibt es umsonst. Sie tun es, um Gott wiederzulieben und um zu lieben, was Gott liebt und wie Gott liebt. Entweder sind Sie »auf seinen Tod« und damit auch »auf seine Auferstehung« getauft (Römer 6,3; Philipper 3,10 ff.), oder Ihr Christentum ist ein System der Zugehörigkeit, nicht der Verwandlung, die die Welt verändern wird.

In den letzten zwei Jahren seines Lebens nahm Franziskus die Kreuzform der Wirklichkeit auch körperlich an, indem er die Stigmata empfing, die Zeichen der fünf Wunden Christi. Das verwirrende, schockierende Mysterium, dass Menschen die körperlichen Wunden Jesu am eigenen Leib erfahren, trat bei Franziskus zum ersten Mal in der Geschichte der Menschheit auf. Bonaventura beschreibt den stigmatisierten, gezeichneten Franziskus, wie er vom Berg herunterkommt, »das Bild des Gekreuzigten auf seinem eigenen Körper.«[28] Damit wurde Franziskus zum meistgemalten Heiligen der christlichen Kunst. Bonaventura betrachtete ihn als neuen Mose, der statt der Steintafeln die erstaunliche Botschaft der vollkommenen Solidarität mit dem göttlichen und menschlichen Leiden vom Berg mitbrachte. Mit seinen Wundmalen schloss sich Franziskus Jesus als »Schmerzensmann« an und durchlebte das Leiden voller Freude in einer Weise, die für die Welt und für andere zur Erlösung und Verwandlung wurde.[29]

Der »gekreuzigte Gott«,[30] der in Jesus Mensch geworden ist, hat uns offenbart, dass Gott immer auf der Seite des Leidens ist, wo auch immer es sich findet, einschließlich der Verwundeten und Sterbenden auf beiden Seiten des Krieges –

jedes Krieges – und einschließlich der Opfer und Täter dieser Welt. Auch wenn das sehr wenigen Leuten gefällt. Identifikation mit dem Leiden kann nicht-duales Denken in seiner aktivsten und proaktivsten Form sein. Sie kann auch der Grund sein, weshalb Gewaltlosigkeit ein so hohes Maß an Transformation voraussetzt. Unser Widerstand gegen das Leiden beschäftigt eine ganze Industrie, die in den USA vielleicht am besten durch die Waffenlobby und die ständige Kriegsökonomie symbolisiert wird, aber auch durch die Angst, irgendeinen Gewinn mit den Armen teilen zu müssen, und durch den Zwang zur ständigen Unterhaltung. Vielleicht sagen deshalb manche, die wichtigste und grundlegendste Tugend überhaupt sei der Mut. Das englische und französische Wort »courage« kommen von »cor-agere« – Handeln mit dem Herzen. Es verlangt ungeheuren Mut, solidarisch mit dem Leiden zu leben, mit dem anderer Menschen, aber auch mit unserem eigenen.

Franziskus scheint die Kreuzform der Wirklichkeit ganz und gar in sich aufgenommen zu haben. Das war vermutlich sein großer, mutiger Akt. Ein niederländischer Franziskaner hat einmal gesagt, Franz von Assisi sei im Leben und im Sterben »im Bunde mit den Armen« und mit dem universalen Leiden der Menschheit gewesen,[31] genau wie Jesus. Der Schock, den Papst Franziskus mit seiner Namenswahl ausgelöst hat, zeigt, dass die Welt die Symbolkraft dieser Entscheidung intuitiv versteht. Und für die, die es immer noch nicht begriffen hatten, sagte er bald nach seiner Wahl: »Wie gern hätte ich eine arme Kirche für die Armen.«

Ich glaube inzwischen, dass die Solidarität Jesu mit dem Leiden am Kreuz tatsächlich in der Akzeptanz einer gewissen Sinnlosigkeit im Universum liegt. Das Universum ist tatsächlich tragisch und sinnlos, ein schwarzes Loch, das empfindsame Seelen ständig wahrnehmen. Auch für uns liegt der letzte, vollständige Sprung des Glaubens in der Akzeptanz dieser Sinnlosigkeit und in dem Wissen, dass Gott trotzdem gut ist und alles in seiner Hand hält. Aber es ist manchmal nicht einfach. Das letzte, vollständige Geschenk der Sinnhaftigkeit liegt ironischerweise in der Annahme der Bedeutungslosigkeit und des Nichtwissens. Dieser mystische Geist des Glaubens erscheint in allen Religionen der Welt, sobald sie eine gewisse Reihe entwickeln, aber ein »gekreuzigter Gott« stellt das Thema absolut in den Vordergrund und in die Mitte unserer Wahrnehmung, damit wir die Pointe nicht verpassen und damit wir nicht alle gemeinsam verzweifeln.

Es ist noch gar nicht lange her, dass mich das tragische, traurige Wesen der Welt wieder einmal einholte: als ich die Bilder von Zehntausenden Rindern sah, die bei einem Frühlings-Schneesturm in South Dakota erfroren waren, und wenig später die Bilder des fürchterlichen Taifuns auf den Philippinen. »Warum?«, habe ich Gott gefragt. Aber wir haben es hier mit einem Gott zu tun, der weiß, wenn ein Spatz vom Dach fällt (Matthäus 10,29), und der sagt, dass er nicht einen von ihnen vergisst (Lukas 12,6). Und ich glaube einfach, er weiß auch – und leidet zutiefst darunter –, dass die meisten Tiere und Menschen einen schmerzhaften Tod erleiden. Gottes Gegenwart verbirgt und offenbart sich in scheinbarer Abwesenheit, aber nur für die, die suchen und fragen. Das »Problem des Guten« leuchtet am hellsten, wenn wir in aller Geduld mit dem noch sinnloseren »Problem des Bösen« kämpfen.

Das hat nichts mit Askese oder Morbidität zu tun, es geht nicht um die negative Botschaft, »wir sollten mehr leiden«. Eine solche Interpretation übersieht die erschütternde Aussage, die das Leiden über das Wesen Gottes macht, und über alle, die ihn lieben. Denn diese Aussage offenbart uns, dass die Annahme der ganzen Wirklichkeit immer eine Kreuzigung bedeutet: für Gott und für uns selbst. Für uns geht es um den sicheren Tod unserer allzu bequemen Meinungen, unserer leichten Sicherheiten, unserer vergeblichen Versuche, alles unter Kontrolle zu halten, unserer durchgeplanten Leben, unserer intellektuellen und moralischen Überlegenheit und auch unseres Glaubens, wir seien getrennt von Gott. Der gekreuzigte Jesus sagt uns, dass Gott irgendwie in und bei all diesem Sterben ist. Darauf zu vertrauen, verlangt uns manchmal viel ab, aber das ging Jesus genauso (Matthäus 27,46).

Das Leiden scheint die einseitig durchlässige Membran zwischen uns, den anderen und Gott zu überwinden. Es überwindet auch alle Abspaltungen der Wirklichkeit, die wir erleben: die Abspaltung unseres Schattens, die Trennung von Geist und Körper, Tod und Leben, von uns und Gott und von den anderen.[32] Genau diese Überwindung der grundlegenden Spaltung ist gemeint, wenn ich von notwendigem Leiden spreche. Sie ist fast gleichbedeutend mit jeder tieferen Form von Spiritualität.

Das Paradox des Leidens

Wenn wir akzeptieren, dass wir durch Leiden zum Wachstum kommen, gelangen wir zu Weisheit und geistlicher Autorität und schließlich zur Liebe – als Geschenk, das uns von außen zufällt. Geistliche Autorität ist vor allem innere Autorität, aber sie kann auch zur äußeren Autorität werden. Jesus spricht von Führung durch Dienen (Lukas 22,24–27) und meint damit eine Autorität von unten nach oben und von innen nach außen. Eine solche Autorität kann in einer alleinerziehenden Mutter entstehen, die fröhlich drei Jobs macht, um ihre drei Kinder durchzubringen, und damit unser Leben viel mehr verändern kann als jede Predigt von der Kanzel. Eine solche Autorität kann von Menschen kommen, die mit ruhiger Überzeugung so sprechen, dass sie uns wirklich und tief in unserem Innern überzeugen. Innere Autorität ist unbedingt nötig, um die allzu weit verbreitete Neigung auszubalancieren, sich nur auf äußere Autorität zu verlassen, die in allen Religionen sehr passive oder sehr aufsässige »Gläubige« hervorbringt.

Die »Gleichzeitigkeit der Gegensätze«, sprich: die inneren Widersprüche in fast allem, was auf dieser Welt existiert, hat Jesus gekreuzigt, und er hat diese Welt der Widersprüche zutiefst bejaht. Wenn wir mit ihm zusammen dort hängen, wenn wir geduldig und im Gebet die Widersprüchlichkeiten jedes einzelnen Lebewesens aushalten, dann werden wir danach anders wissen, lehren, leben und glauben. Und wir werden den Frieden genießen, den die Welt nicht geben kann (Johannes 14,27). Der christliche Begriff für dieses grundlegende Mysterium – und ich betone, es ist ein zusammenhängender Begriff – ist »Tod und Auferstehung Jesu«. Aber die meisten Christen verehren lediglich das historische Ereignis und danken Jesus wortreich dafür, statt sich auf denselben Weg einzulassen wie er. Dies ist vermutlich ein klassisches Beispiel dafür, wie Christen aller Konfessionen das Wichtigste verpassen. Wir beten Offenbarungen »da draußen« an, statt sie »hier drinnen« zu erkennen. Derweil bleibt die Welt, wie sie ist.

Die offensichtlichste Veränderung, die sich aus diesem Aushalten und Zulassen ergibt, sieht so aus, dass wir ganz von selbst mitfühlender und geduldiger werden.[33] Mitgefühl und

Geduld sind die absolut einzigartigen Merkmale echter geistlicher Autorität, und Franziskus und Clara haben ihre Gemeinschaften zweifellos mit diesen Eigenschaften geleitet. Nicht von oben, nicht von unten, sondern von innen, indem sie mit ihren Brüdern und Schwestern gingen und den »Geruch der Schafe« annahmen, wie Papst Franziskus sagt. Ein geistlicher Leiter, dem es am grundlegenden menschlichen Mitgefühl fehlt, hat praktisch keine Macht, Menschen zu verändern, weil die anderen intuitiv spüren, dass er kein Repräsentant des Göttlichen oder der großen Wahrheit ist. Solche Leiter müssen sich auf Rollen, Gesetze und Zwang verlassen, um Veränderungen in anderen hervorzubringen. Und diese Veränderungen sind weder tief, noch dauerhaft. Tatsächlich handelt es sich um gar keine echten Veränderungen.

Die Autorität der »Wiedergefundenen«

Auf der anderen Seite sind Menschen, die an den Rand ihrer Kräfte geführt werden wie Jesus am Kreuz und die sich plötzlich auf einer ganz anderen Ebene wiederfinden, genau dies: Sie sind »wiedergefunden«, was nichts anderes heißt als »auferstanden«. Und sie können mit Paulus sagen: »Nicht mehr ich lebe, sondern Christus lebt in mir« (Galater 2,20). Ihre Autorität kommt von einem tieferen, überzeugenderen Ort als wenn sie sagen würden: »Ich habe das Recht, so etwas zu sagen.« Eher klingt es wie: »Ich habe mir das Recht verdient, so etwas zu sagen.« Diese Aussage hat ein ganz anderes Gewicht.

Genau diese Menschen können heilen, versöhnen, verstehen und andere verändern. Die Basis ihrer Autorität steht allen zur Verfügung, sie ist in keiner Weise auf eine Religion beschränkt, auf kein einzelnes Glaubenssystem, nicht auf eine bestimmte Form der Bildung oder Weihe. Die Basis liegt in der Erfahrung, in einer Situation gewesen zu sein, an dem es keine Kontrolle mehr über den Ausgang gibt, und auf der anderen Seite wieder herauszukommen: größer und lebendiger und gerade deshalb in der Lage, andere mit einzuladen. Franziskus und Clara sind Beispiele für Menschen, die sich auf dieses größere Spielfeld von Paradox und Absurdität mit absoluter Freiheit und Freiwilligkeit eingelassen haben, weil sie davon ausgingen, dass sich alles andere dann schon ergibt. Der Glaube lässt sich vorauseilend auf Leben und Tod ein. Und damit wird die Reise jedes Heiligen zu einem glücklichen »Seht ihr, ich habe es euch gesagt!«

Das Vorbild für diese neue Form der Autorität stammt von Jesus, der gesagt hat: »Simon, Simon, der Satan hat verlangt, euch im Sieb zu schütteln wie Weizen. Ich aber habe für dich gebetet, dass dein Glaube nicht wankt. Und wenn du dich bekehrt hast, stärke deine Brüder [und Schwestern]« (Lukas 22,31 f.). Dieses Durchsieben und Bekehren ist die Basis für die echte, lebensverändernde Autorität des Petrus, und sie gilt für jeden von uns. Wenn ein Bischof, ein Lehrer oder Prediger nicht auf irgendeiner Ebene Leiden, Scheitern oder Demütigung durchlaufen hat, werden seine oder ihre Worte gut klingen, aber oberflächlich bleiben. Sie werden nett, aber harmlos sein, durchaus hörbar für die Ohren, aber ohne Zugriff auf die Seele. Für mich ist es schon interessant, dass das Programm der Zwölf Schritte ein Programm der Umkehr, der Bekehrung ist. Die Anonymen Alkoholiker sind da einer wichtigen Sache auf der Spur!

Wenn wir unser eigenes Durchsieben und unsere Bekehrung durchlaufen haben, kommen wir selbst zu einer echten inneren Autorität, indem wir auf das vertrauen, was wir wissen. Es wird möglicherweise nie eine formal von außen bestätigte Autorität sein, so wie ja auch Franziskus und Clara nie ein kirchliches Amt oder eine Weihe anstrebten, sondern es wird sich um eine innere Autorität handeln: um die Vollmacht, Menschen und Situationen zu heilen und zu verändern. So wie die Schulpsychologin, mit der die Schüler über ihre Probleme sprechen, oder die alleinerziehende nahezu mittellose Mutter, die vier Kinder großgezogen hat und das Leben immer noch liebt.

Diesen letzten Parforceritt bietet das Evangelium den Institutionen dieser Welt an, die ständig nach falscher Autorität schreien. Ich fürchte, in den meisten Kirchen kann man leicht Pfarrer werden, indem man Prüfungen besteht und eine Art Karriere hinlegt, die jede Bewegung nach unten ausschließt. Es mag Sie erschrecken, aber ich fürchte, das moralische Versagen mancher Priester und Prediger wird tatsächlich sehr hilfreich für ihre Erlösung und sehr notwendig für ihr geistliches Wachstum sein. Ich habe viele von ihnen beraten. Franziskus wusste um diese Wahrheit. Genau aus diesem Grund wollte er eigentlich keine Priester in seinem Orden haben, und wenn, dann eine ganz andere Art von Priestern, die sich mit den Armen und Schwachen identifizierten – und vor allem mit ihrer eigenen Armut. Er wollte, dass unsere Autorität auf Fels gebaut ist und nicht auf Sand.

Unser Christus »herrscht« vom Kreuz aus, mit einer neuen Art von Macht, die aussieht und sich anfühlt wie vollkommene Schwäche, so wie alles menschliche Leiden und jede Demütigung. Nur diejenigen, die ihm dorthin nachfolgen und auf der anderen Seite wieder herauskommen, wie Franziskus und seine Nachfolger, können das verstehen. Sie »regieren« von den Rändern her und herrschen von unten. Obwohl unten gar nicht mehr unten ist.

KAPITEL 3

Leben am inneren Rand: Einfachheit und Gerechtigkeit

> Meine Brüder, Gott hat mich dazu berufen, den Weg der Demut zu gehen, und mir den Weg der Einfachheit gezeigt … Der Herr hat mir gezeigt, dass ich ein neuer Narr in der Welt sein soll, und er will uns durch kein anderes als dieses Wissen führen.[34]
>
> *Franz von Assisi*

Franziskus und Clara waren Propheten, nicht so sehr durch das, was sie sagten, als vielmehr durch die radikale, systemkritische Weise, in der sie ihr Leben führten. Sie haben beide ihre innere und äußere Freiheit gefunden, indem sie am inneren Rand von Kirche und Gesellschaft lebten. Allzu oft suchen Menschen entweder innere oder äußere Freiheit, aber nur wenige – sehr wenige, meiner Meinung nach – finden beides. Franziskus und Clara ist das gelungen.

Ihr Plan für Gerechtigkeit hat alle anderen begründet und letztlich unterboten: Ein sehr einfacher Lebensstil außerhalb des Systems von Produktion und Konsum, genau dies meint das Armutsgelübde, in Verbindung mit einer bewussten Identifikation mit den Randgestalten der Gesellschaft, die Gemeinschaft der Heiligen am äußersten Rand. In dieser

Position »vollbringt« man keine Akte des Friedens und der Gerechtigkeit, sondern man *lebt* Frieden und Gerechtigkeit. Man nimmt seinen kleinen, genügsamen Platz im großen, großartigen Plan Gottes ein. Mit einem »Leben am inneren Rand« meine ich ein Leben auf der Grundlage einer festen Tradition, aber mit einem neuen, kreativen Standpunkt, auf dem Zwecksetzungen wie Sicherheit, Besitz oder die Illusion von Macht nicht mehr greifen.

Ich will gern wiederholen, dass Franziskus und Clara sich außerhalb des gesamten Systems bewegten – nicht nur außerhalb des gesellschaftlichen Systems von Produktion und Konsum, sondern auch außerhalb des kirchlichen Systems! Erinnern Sie sich: Franziskus war kein Priester, und die Franziskaner waren ursprünglich und in erster Linie auch keine Priester. Sie lebten keine Spiritualität des Verdienstes oder der Suche nach Würdigkeit, Karriere, kirchlichem Status, moralischer Überlegenheit oder göttlicher Gunst. Die hatten sie ohnehin schon, und das wussten sie. Nein, sie repräsentierten auf ihre eigene, einzigartige Weise die alte Tradition der »heiligen Narren« unter den Wüstenvätern und -müttern und in der Ostkirche und boten diese Haltung der durchorganisierten, »effizienten« Westkirche an. Zu einem Großteil wurde ihr Weg ignoriert oder nicht verstanden, aber so geht es jeder Form von »Restorative Justice«. Die meisten Leute bevorzugen nach wie vor das Prinzip von Lohn und Strafe, und recht viel mehr können die meisten säkularen Systeme ja auch nicht bieten. Aber Menschen, die vom Evangelium geformt sind, sollten es besser wissen.

Dieses einfache Leben am inneren Rand führte zu einem radikal veränderten Blick auf die Bedeutung von Kirche. Erst viel später bekamen die franziskanischen Brüder den Auftrag, Gottesdienste zu leiten und kirchliche Ämter zu übernehmen. Für die franziskanischen Schwestern gilt das nicht – sollten wir Gott womöglich dafür danken?! Die beiden Aussteiger aus der Gesellschaft des mittelalterlichen Assisi fanden einen Platz der strukturellen Freiheit und darin dann auch persönliche, geistige und emotionale Freiheit. Ich bin gar nicht so sicher, was zuerst kam. Gut möglich, dass ein Leben außerhalb des gesellschaftlichen und kirchlichen Systems, frei von negativem Denken und Ego-Streben, einer Definition der »Freiheit des Evangeliums« entspricht; gut möglich auch, dass es den Kern der biblischen Tradition der »Armen Jahwes«, der sogenannten *anawim* bildet.[35] Viele Vertreter der Befreiungstheologie im 20. Jahrhundert haben diesen Punkt wiederentdeckt, als sie ihre »Option für die Armen« entwickelten.

Heute versuchen die meisten von uns, persönliche und individuelle Freiheit innerhalb der strukturellen Schubladen und des Konsumsystems zu finden, und sind dann entsprechend wenig fähig oder bereit, diese Systeme zu kritisieren. Wir müssen Hypothekenzinsen zahlen, Luxusgüter kaufen – unser Lebensstil übernimmt die Kontrolle über unsere gesamte Zukunft. Wer dafür sorgt, dass wir unsere Rechnungen bezahlen können, wer uns Sicherheit und Status verleiht, bestimmt darüber, was wir sagen oder nicht sagen, ja sogar über unser Denken. Sie können den Balken nicht wegnehmen, auf dem Sie stehen. Eigennützige Institutionen, die uns mit Sicherheit, Status und Identität versorgen, stehen fast immer in dem Ruf, »too big to fail« zu sein, und erscheinen deshalb immun gegen jede ehrliche Kritik der großen Mehrheit.[36] Das korrumpiert sie. Der Weg eines radikalen Christentums sieht so aus, dass man sich außerhalb der Systeme hält, damit sie gar nicht erst in die Lage kommen, die Breite des Denkens, Fühlens, der Liebe und des Lebens aus einer universellen Gerechtigkeit heraus zu kontrollieren.

Nur einige zeitgenössische Propheten wie Dorothy Day haben den Mut, die Welt als »schmutziges, verrottetes System« zu bezeichnen. Ich selbst hätte immer Angst, so etwas zu sagen, weil es sich so negativ und zornig anhört. Wenn Jesus und das Johannesevangelium von der »Welt« reden, meinen sie nicht die Erde, die Schöpfung oder die Zivilisation. Schließlich ist Jesus ja in die Welt gekommen, um gerade diese Elemente zu retten (Johannes 12,47). Nein, sie bezogen sich mit dem Begriff »Welt« auf götzenhafte Systeme und Institutionen, die immer und unweigerlich selbstreferentiell und vergänglich sind (1. Korinther 7,31). Mit einer solchen Aussage sind wir ziemlich nah an dem, was die Buddhisten als »Leere« aller Dinge bezeichnen.

Das »schmutzige, verrottete System«, das Dorothy so vehement ablehnt, entspricht ziemlich genau dem System, das Franziskus und Clara hinter sich ließen. Als Franziskus, unmittelbar nachdem er den Aussätzigen umarmt hatte, sagte: »Ich habe die Welt verlassen«,[37] meinte er damit die Aufgabe der üblichen Gewinne, Beschränkungen und Belohnungen des »-business as usual«. Er hatte sich entschieden, im größten aller Königreiche zu leben. Wenn wir beten: »Dein Reich komme« und das wirklich so meinen, müssen wir auch sagen können: »Meine Reiche mögen gehen.« Die meisten Christen teilen ihre Loyalitäten im besten Fall zwischen Gott und dem Kaiser auf – Franziskus und Clara taten das nicht. Sie waren zuerst und zuletzt Bürger einer anderen Welt (Philipper 3,20), und gerade deshalb war es ihnen möglich, mit Freude, Abgeklärtheit und Freiheit in dieser Welt zu leben.

Die Geschenke des einfachen Lebens

Wenn wir »die Welt verlassen«, ergeben sich daraus eine Reihe von verwandelnden Geschenken, die man folgendermaßen zusammenfassen kann:

Wenn Sie sich auf ein einfaches Leben einlassen, entziehen Sie anderen die Möglichkeit, Sie zu kaufen, mit falschen Belohnungen zu ködern, Sie durch Geld, Status, Lohn, Strafe, Verlust oder Gewinn zu kontrollieren. Sie begeben sich damit auf eine äußerst radikale Ebene der Freiheit, aber der Weg dahin ist natürlich nicht leicht. Man könnte es als grundlegende »restorative justice« bezeichnen, als Solidarität mit dem allergrößten Teil der Menschheit und der Erde. Franziskus und Clara entwickelten ein Leben, in dem sie wenig zu verlieren hatten, kein Verlangen nach Gewinn, keine Darlehen oder Schulden abzuzahlen und keine Wünsche oder Bedürfnisse nach Luxus. Die meisten von uns können die beiden nur beneiden.

Wenn Sie sich auf ein einfaches Leben einlassen, haben Sie wenig zu beschützen und kein Bedürfnis danach, irgendetwas anzusammeln, nicht einmal »moralisches Kapital«. Wann immer Sie sich einbilden, Sie seien besser, heiliger, höher, Gott wichtiger als andere, dann ist der Weg nicht mehr weit bis hin zur Rechtfertigung von Arroganz oder Gewalt. Tatsächlich sind Arroganz und Gewalt dann fast unvermeidlich. Deshalb hören wir so oft, dass die Geschichte der Religion auf einer niedrigen Ebene und die Geschichte der strukturellen Gewalt ein und dieselbe Sache sind. Lassen wir solche konstruierte und ersehnte Überlegenheit aber weg, dann kann die Religion endlich gewaltlos werden, in Gedanken, Worten und Werken. Franziskus und Clara haben das meisterhaft beherrscht, und daraus ergab sich für sie die Gewaltlosigkeit fast von selbst, auch für die frühe Form der Bewegung, die sie ins Leben riefen.

Wenn Sie sich auf ein einfaches Leben einlassen, können Sie verstehen, was Franziskus meinte, wenn er sagte: »Ein Bruder hat nicht alles aufgegeben, wenn er die Geldbörse seiner eigenen Meinungen festhält.«[38] Die meisten von uns müssen feststellen, dass diese Börse viel gefährlicher und verborgener ist als ein echter Geldbeutel, und dass wir sie nur selten loslassen.

Wenn Sie sich auf ein einfaches Leben einlassen, werden Sie den Einwanderer, den Flüchtling, den Heimatlosen oder den Ausländer nicht als Bedrohung oder Konkurrenz ansehen. Sie werden sich vielmehr aus freien Stücken ebenso an den Rand der Gesellschaft stellen wie sie. Sie werden aus freiem Willen und ganz bewusst zu »Gästen und Pilgern« in dieser Welt, wie Franziskus sagte (und er zitierte dabei den 1. Petrusbrief 2,11). Ein einfaches Leben ist schlicht und ergreifend ein Akt der Solidarität mit der Lebensweise der meisten Menschen seit es Menschen gibt. Es ist ein Akt der »restorative justice« im Gegensatz zu dem beschränkten Denken in Begriffen wie Lohn und Strafe.[39]

Wenn Sie sich freiwillig auf ein einfaches Leben einlassen, dann müssen Sie sich nicht totarbeiten, um ein bestimmtes Gehalt zu bekommen, um sich Nichtigkeiten leisten zu können oder um Ihren gesellschaftlichen Status zu erhöhen. Sie genießen die Freiheit, nicht aufsteigen zu müssen. Durchaus denkbar, dass Sie sich die Mühe machen, aber im Interesse anderer, nicht nur im eigenen Interesse. Zumindest in der zweiten Lebenshälfte können wir darauf hoffen, so zu leben. Diejenigen, die unfreiwillig arm sind, werden natürlich danach streben, ein wenig über das bloße Existenzminimum hinaus aufzusteigen. Und dazu brauchen sie die Hilfe und die Unterstützung aller anderen.

Wenn Sie sich auf ein einfaches Leben einlassen, haben Sie Zeit für spirituell- und materiell-tätige Nächstenliebe, weil Sie in Kopf und Herz ein neues Verständnis von Zeit und ihrem Sinn entwickelt haben. Zeit und Geld sind nicht mehr dasselbe, mag das Sprichwort sagen, was es will. Zeit ist das Leben!

Wenn Sie sich auf ein einfaches Leben einlassen, finden Sie ganz leicht zu einer natürlichen Solidarität mit allen, die am Rand und ganz unten stehen: den Ausgeschlossenen, den Beschämten und den Vergessenen. Denn Sie idealisieren den Aufstieg nicht mehr und begreifen endlich, dass es ohnehin keine Spitze gibt.

Wenn Sie sich auf ein einfaches Leben einlassen, haben Sie wenig Lust zum Errichten von Wagenburgen um Ihre Gruppe, Ihr Volk, Ihr Land, Ihr Geld und/oder Ihre Religion. Sie definieren Ihr eigenes Umfeld nicht mehr aufgrund solcher äußerlicher, zufallsbedingter Eigenschaften. Stattdessen haben Sie Freude an den wirklich lebenswichtigen Dingen und an der tatsächlichen Mitte. Und diese Freude findet sich, wie alles Schöne, im Wesentlichen im Inneren.

Wenn Sie sich auf ein einfaches Leben einlassen, verlieren alle ideologischen »Ismen« ihre Zugkraft und ihre Anziehung: Sexismus, Kapitalismus, Kommunismus, Patriotismus, Faschismus, Konsumdenken, Klassendenken, Kategorien wie Alter, Aussehen, Abhängigkeit. Sie alle gründen sich auf das, was Johannes »die Begierde des Fleisches, die Begierde der Augen und die Prunksucht« nennt. »Die Welt aber und ihre

Begierde vergeht« (1. Johannesbrief 2,16 f.). Oder wie Papst Franziskus sagt: Die Wirklichkeit ist wichtiger als unsere Vorstellungen von der Wirklichkeit, die nur »gedankliche Ausarbeitungen« sind, mit denen wir uns den Blick auf die Wirklichkeit verstellen.[40]

Wenn Sie sich auf ein einfaches Leben einlassen, offenbaren sich die Ethik und die Ökonomie des Krieges in ihrer ganzen Bosheit und Dummheit. Es heißt, die Sicherheitssysteme, Waffen und Armeen dieser Welt verschlingen 80 Prozent der Ressourcen, und alles andere muss hinter ihnen zurückstehen. Das kann doch unmöglich Gottes Wille sein! Kriege entspringen imperialistischem Denken. Nur Leute, die ihren Selbstschutz und ihren eigenen materiellen Vorteil über alles setzen, brauchen Kriege und Kriegsökonomien und im Moment haben wir gar keine andere Ökonomie. Ein Christ kann nur eindeutig defensive Versuche zum Schutz für die Schutzlosen und Unschuldigen tolerieren. Der Krieg muss das allerletzte Mittel bleiben, wenn man wirklich alles andere versucht hat.

Wenn Sie sich auf ein einfaches Leben einlassen, hören Menschen auf, Besitz und Konsumgüter zu sein. Ihre Lust auf Beziehungen oder Dienstleistungen, Ihr Bedürfnis nach Bewunderung, Ihre Neigung, andere Menschen als Mittel zu Ihrem persönlichen Vergnügen zu benutzen, ja, jedes Bedürfnis, andere zu kontrollieren und zu manipulieren, fällt langsam – sehr langsam – weg.

Wenn Sie sich auf ein einfaches Leben einlassen, verlieren Sucht und Abhängigkeit ihre langfristige Basis. Sie sind frei, alles zu genießen, aber der Genuss beherrscht Sie nicht mehr. Sie können jeden Tag Freiheit von Sucht praktizieren, indem sie loslassen, nichts brauchen und nichts ersehnen. Fasten, Abgeklärtheit und Einfachheit sind die ursprünglichen Begriffe für die Freiheit von Sucht in den spirituellen Traditionen.[41]

Es ist nicht übertrieben, wenn wir sagen, dass Franziskus und Clara einen Ausweg aus dem System gefunden haben, noch dazu einen Ausweg der Freude. Aber das bedeutete auch, dass sie selbst sich grundlegend verändern mussten, nicht die anderen, wie wir so oft denken. Manchmal muss man allerdings gegen Ungerechtigkeit aufstehen, und wir sollten solche notwendige Prophetie niemals untergraben oder ihr unsere Unterstützung versagen, vor allem dann, wenn sie im gewaltlosen Geist Jesu ausgesprochen wird. Freilich sind echte, gültige prophetische Zeugnisse meiner Meinung nach eher selten. Wir geben uns allzu oft mit liberaler oder konservativer Politik zufrieden.

Die weiche Prophetie der franziskanischen Spiritualität

Franziskanische Prophetie ist im Kern »weiche Prophetie« und damit oft besonders schwierig. Sie ist eine Prophetie der praktischen Lebensweise gegen die Welt, ein »heiliges Narrentum«. Ich für meinen Teil habe festgestellt, dass nur wenige von uns »harte Prophetie« aus einem wirklich reinen Herzen und demütigen Geist zu bieten haben. Jede gegen etwas gerichtete Energie führt zu dem Gefühl moralischer Überlegenheit und gibt Ihnen die falsche Empfindung, für etwas Wichtiges zu stehen. Wir sprechen in diesem Zusammenhang von »Identitätspolitik«. Normalerweise geht es dabei eher um unser Selbstbild als um den Dienst oder wirkliche Fürsorge für andere. Wenn wir versuchen, die Innenseite unserer Becher und Schüsseln zu reinigen, wie Matthäus es empfiehlt (23,26), bevor wir das Geschirr anderer Leute spülen, sind wir weniger politisch korrekt, sichtbar oder heroisch. Und viel ungewöhnlicher.

Einer der Hauptgründe, warum wir im Jahr 1987 das Center for Action and Contemplation in Albuquerque gegründet haben, lag darin, dass wir weiche Prophetie lehren wollten. Die Lehre vom und die Suche nach dem kontemplativen Geist, die grundsolide kontemplative Praxis, erschien uns als die einzige Möglichkeit, die innere und die äußere Reise miteinander zu verbinden. Das Ergebnis ist in einem unserer acht Kernprinzipien zusammengefasst: »Die beste Kritik am Schlechten ist die bessere Praxis.«[42] Dieser Ansatz schützt gegen die übliche Kritik gegen Religion im Allgemeinen und gegen die Arbeit für soziale Gerechtigkeit im Besonderen, die tatsächlich viele negativ eingestellte, oppositionelle und richtende Leute hervorgebracht hat, reaktionäre Konservative genauso wie Salonliberale. Sie hat dem Christentum in weiten Teilen der Welt den Ruf verdorben und sieht selten nach Liebe aus oder fühlt sich so an.

Weiche Prophetie, wie ich sie zuerst von Franziskus gelernt habe, bewegt jede Religion weg vom elitären Denken und hin zu einem äußerst egalitären Weltbild, dem weitesten überhaupt denkbaren Blickwinkel: der Harmonie der Güte, in der die Güte zu ihrer eigenen Belohnung wird. Sie bringt im Menschen immer die Schönheit hervor, verlangt aber auch grundlegende Veränderungen der eigenen Haltung. Aus irgendeinem Grund ist es allerdings unter Christen irgendwann üblich geworden, »gute Werke« zu tun, um später dafür belohnt zu werden. Letztlich kommt schon etwas Gutes dabei heraus, aber es ist nicht so schön und auch nicht besonders heilsam für die Empfänger der »guten Werke«.

Wir sind von unserem eigenen, prophetischen Weg abgekommen, als wir Bruder Franziskus zum Heiligen gemacht haben und es nicht mehr als närrisch angesehen wurde, Jesus oder Franziskus zu folgen und dabei »am inneren Rand« zu leben. Tatsächlich kam es in Mode, wurde zahm, nett und sicher. Der Lebensstil eines Propheten kann niemals modisch sein, Heilige aus Gips sind es allemal.

Dies bedenkend, müssen wir uns in das Labor begeben, in dem alle diese radikalen Veränderungen auftreten können: in unseren eigenen Kopf, in unser Herz und in die Zellen, aus denen unser Körper besteht. Ich bezeichne es als das Labor der kontemplativen Praxis, die unser Innenleben neu verdrahtet und in unserer Seele eine Art »emotionaler Nüchternheit«[43] etabliert, und dazu ein inneres Empfinden der Vereinigung mit Gott, sodass wir die notwendigen Werke der Gerechtigkeit im Frieden und mit dauerhafter Leidenschaft tun können.

KAPITEL 4

Das Basislager: die Natur und die Straße

Selbst für die kleinsten Würmer entbrannte er in großer Liebe … er hob sie von der Straße auf und setzte sie an einen sicheren Ort, damit sie von den Füßen der Vorbeigehenden nicht zertreten wurden.[44]
Thomas von Celano

Er freute sich an allen Werken von der Hand des Herrn und sah hinter dem schönen Antlitz der Dinge ihre lebensspendende Aufgabe und ihren Zweck. In schönen Dingen erkannte er die Schönheit selbst; alle Dinge betrachtete er als gut.[45]

Lasst uns am unteren Ende der Treppe anfangen und uns die ganze materielle Welt als Spiegel betrachten, durch den wir Gott erkennen.[46]
Bonaventura

Obwohl ich von dem Blick »über die Vogeltränke hinaus« gesprochen habe, um echte franziskanische Spiritualität vom billigen Abklatsch zu unterscheiden, gibt es durchaus gute Gründe, warum die Bilder von Franziskus im Garten und in Gemeinschaft mit Tieren in der Kunst, der Dichtung und dem kollektiven Gedächtnis eine so große Rolle spielen. Viele scheinen der Ansicht, dass Franziskus im Garten eher zu Hause ist als in einer Kirche – und wenn man sich die Zitate vom Anfang dieses Kapitels anschaut, ist das wohl auch gar nicht so falsch.

In Geschichten über das Leben des Franziskus wird immer wieder erwähnt, dass er mit und über Lerchen, Lämmer, Kaninchen, Fasane, Falken, Zikaden, Wasservögel und Bienen sprach. Und dann waren da noch der berühmte Wolf von Gubbio, die Schweine, die er dafür lobte, dass sie uns ihren Körper so großzügig als Nahrung zur Verfügung stellen, und die Fische am Angelhaken, die er wann immer möglich ins Wasser zurückzuwerfen versuchte. Er spricht auch mit der unbelebten Natur, als hätte sie eine Seele. Wir kennen das aus seinem Sonnengesang, der Feuer, Wind, Wasser, den Bruder Sonne und die Schwester Mond und natürlich unsere »Schwester Mutter Erde« mit einschließt. Den Brüdern gab er Anweisung, nur so viel von einem Baum abzusägen wie sie wirklich brauchten, damit der Baum »hoffen könne, neu auszutreiben«.[47]

Die sogenannte »Naturmystik« war tatsächlich ein würdiger Beginn für Franziskus, ebenso wie für Bonaventura, der alle Dinge als »Ebenbilder Gottes« *(vestigia Dei)* ansah, als Finger- und Fußabdrücke, die die göttliche DNA in allen lebenden Gliedern der großen Kette des Seins offenbaren. Sowohl Franziskus als auch Bonaventura legten den Grund für das, was Johannes Duns Scotus später als »Univozität allen Seins« bezeichnen würde und was die Franziskanerin Dawn Nothwehr die »kosmische Gegenseitigkeit« nennt.[48]

Die Schöpfung selbst, nicht menschliche Rituale oder von Menschenhand erbaute Räume, waren für Franziskus die wichtigste Kathedrale, und von dort aus kehrte er zurück zu den Nöten der Stadt, ähnlich wie Jesus, der zwischen der Einsamkeit der Wüste und seinem Heilungsdienst in den kleinen Ortschaften hin und her pendelte. Das Evangelium verwandelt uns, indem es uns mit dem in Berührung bringt, was viel dauerhafter und befriedigender ist, mit dem »Grund unseres Seins«. Es hat viel mehr mit der Realität zu tun als alle theologischen Konzepte und alle Ritualisierungen der Wirklichkeit. Das, was täglich am Himmel und auf der Erde passiert, entspricht der Realität über unseren Köpfen und unter unseren Füßen, in jeder Minute unseres Lebens: ein ständiges Sakrament. Ich habe den Eindruck, die Besessenheit mit religiösen Ritualen wächst, je mehr wir von der Realität als solcher unberührt bleiben. Denn auch die besten Rituale sind nur Hinweise auf die Realität. Selbst der gute alte amerikanische Katechismus hat klar und deutlich gesagt, dass Gott überall ist.

Jesus selbst weist sehr häufig auf materielle Dinge hin: auf den rot gefärbten Himmel, die Vögel und Lilien, den Feigenbaum, einen Esel, das Gras auf dem Feld, die Tempeltiere, die er aus seinen Käfigen befreit, und so weiter. Er schaute die scheinbar »nicht-religiöse« Welt an, die ganz normalen Dinge in seiner Umgebung, und ein Großteil seiner Lehrtätigkeit vollzog sich unter freiem Himmel. Franziskus sagt: »Wo auch immer wir sind, wohin auch immer wir gehen, nehmen wir unsere Zelle mit. Unser Bruder Leib ist unsere Zelle, und unsere Seele ist der Eremit, der in der Zelle lebt. Wenn unsere Seele in dieser Zelle nicht in Frieden und Einsamkeit lebt, was sollen wir dann in einer Zelle von Menschenhand?«[49]

Fünfzehn Jahre lang war die Arbeit mit Männern ein Schwerpunkt meiner Tätigkeit, darunter ein fünftägiger Übergangsritus.[50] Viele Männer stellten dabei fest, dass Gebete und Rituale, die sich in menschlichen Gebäuden aus künstlichen Baumaterialen vollzogen, immer sehr zahm und kontrolliert wirkten. Und entsprechend »klein« und kirchlich kam ihnen dann auch die Erlösung vor, die dort angeboten wurde. Fast ausnahmslos fanden die großen Durchbruchs-erfahrungen unserer Männer statt, wenn sie längere Schweigezeiten in der Natur erlebten, wo Menschen und Worte nicht die Hauptrolle spielten. Oder bei groben, erdverbundenen Ritualen.

Der Verlust des sakramentalen Charakters der Natur nach Franziskus

Forscher sagen, die franziskanische Bewegung nach Franziskus habe gar keine tiefere Verbindung mit der Natur besessen, abgesehen von einigen Geschichten und Aussprüchen von und über Antonius von Padua und Giles von Assisi. Die erste, sehr kurzlebige Generation hielt sich in Höhlen *(carceri)* und Einsiedeleien außerhalb der Stadt auf, aber es dauerte nicht lange, bis wir gezähmt und anständig gekämmt wurden. Ich erinnere mich, dass der Novizenmeister uns 1961 sagte, wir sollten nichts verschwenden oder unnötig verbrauchen oder töten, aber selbst dabei ging es um private Tugend und nicht um einen gesellschaftlichen Wert oder eine Notwendigkeit im Interesse anderer Menschen. In den dreizehn Jahren meiner Ausbildung habe ich nie etwas über Nachhaltigkeit oder den sakramentalen Charakter der Natur zu hören bekommen. Wir unternahmen den Versuch, in dem am höchsten entwickelten, am stärksten industrialisierten und kapitalistischsten Land der Welt Franziskaner zu sein. »Sakramente« fanden in Kirchengebäuden statt, nicht im Garten oder im Wald.

Meine These in diesem Kapitel lässt sich mit einem Zitat des Oxford-Dozenten Roger Sorrell zusammenfassen: »Möglicherweise sorgte die Klerikalisierung und Entwicklung des

Ordens dafür, dass Franziskus' Erbe seinen ursprünglichen Kontext und seine Relevanz einbüßte. Er wurde allzu leicht weg-intellektualisiert durch Leute, die sich innerlich und äußerlich von der Größe der Schöpfung entfernt hatten, die Franziskus noch so nah gewesen war und mit der er so tiefes Mitgefühl hatte.«[51] Sobald der regelmäßige Kontakt mit der ursprünglichen Schöpfung verloren ging, spiegelte die franziskanische Bewegung die Kulturen, die sie bewohnte und die von der Natur und dem Universum weit entfernt waren.

Das selbst gewählte, bevorzugte Basislager vieler Franziskaner schien zu der Zeit, als ich mich dem Orden anschloss, in Büchern, Büros, Akademien und vor allem in der Sakristei zu liegen. Unsere Professoren lehrten uns Latein und Griechisch statt der Sprachen, in denen wir Seelsorge betrieben. Ich erinnere mich nur an wenige Mitbrüder – die mich allerdings geprägt haben –, die einen Garten hatten oder sich mit Blumen, Natur, Tieren, dem Universum oder irgendetwas beschäftigten, was wuchs und sterblich war. Wir zogen feste, sichere Dinge dem Leben vor, vielleicht, weil es in unserer Umgebung keine Kinder gab. In den meisten Gemeinschaften waren Hunde und Katzen verboten. Viele Brüder waren deshalb sehr einsam, traurig und oft auch exzentrisch, und das Zölibat schadete ihrem Herzen und ihrer ganzen Menschlichkeit. Gott sei Dank gab es genug Ausnahmen, die uns zeigten, dass es tatsächlich funktionieren konnte, menschlich, männlich, zölibatär und franziskanisch zu leben.

Die sakramentale Bedeutung der Welt ging weitgehend verloren, bis sie in letzter Zeit von Sehern wiederentdeckt wurde, die wir in der Regel als »bloße säkulare« Naturmystiker, Dichter und Künstler betrachten: Leute wie Häuptling Seattle, John Muir, Rachel Carson, William Wordsworth, John James Audubon, Walt Whitman, Wendell Berry, Annie Dillard, Aldo

Leopold, Teilhard de Chardin, Thomas Berry, Ansel Adams, Sallie McFague, Ilia Delio, Bill Plotkin, Mary Oliver und Brian Swimme, um nur einige der bedeutendsten zu nennen. Wir Katholiken beschränkten irgendwann das Sakramentale auf religiöse Medaillen, gesegnete Kerzen und Weihwasser, statt die innewohnende Heiligkeit von Erz, Bienenwachs und H_2O in Ehren zu halten, aus denen sie gemacht waren. Denken Sie doch bitte bei Gelegenheit einmal darüber nach!

Wir haben die Sakramente der offiziellen Kirche auf sieben, sechs für die Frauen, weil bei ihnen die Priesterweihe wegfällt, reduziert, obwohl es doch 700 sein sollten, wie ein alter Mann in Tansania mal zu mir gesagt hat. Wir haben Gottes Welt entheiligt, ohne es überhaupt zu merken. Die Leute, die wir als Heiden und Animisten bezeichnen, haben uns da einiges voraus, denn sie sehen die Welt immerhin mit Geistern angefüllt, während unsere Welt leer, fremd und ohne jeden Balsam für die Seele wurde. Wild war schlecht, zahm war immer gut. Und dabei sagt doch C. S. Lewis von Gott (in der Gestalt des Löwen Aslan): »Er ist wild, weißt du?« Natürlich bedeutet zahm auch domestiziert, also uns untertan. Es scheint, als gefiele uns unsere eigene Welt besser als Gottes Welt.

Während eines Großteils der Geschichte des Christentums haben wir in einem entzauberten, kleinen, einsamen Universum gepredigt, in dem es keine natürliche Heiligkeit und keine innewohnende Güte außerhalb des Menschen, ja, außerhalb des christlichen Menschen gab. Und dabei ist Jesus doch der »Erlöser der Welt« (Johannes 4,42). Dann haben wir versucht, die Einsamkeit mit Büchern und Gedanken zu füllen, weil die Welt unter und über uns so langweilig und funktional geworden war, und dabei lange nicht so vorhersehbar, wie wir das gerne hätten.

Wir lieben die Ordnung bis zur Raserei, wie Wallace Stevens sagt. Und da spielt die Natur nun mal selten mit. Es ist kein Zufall, dass es heute so viele exzentrische, gemütskranke Menschen gibt. Sie halten sich selbst für unbedeutend, nachdem sie versucht haben, ein sinnvolles Leben in einem sinnlosen Universum zu führen. Und das funktioniert nicht. Wir Christen beharren auf Ordnung, obwohl uns doch die Kreuzigung Jesu auf extreme Unordnung vorbereitet haben sollte. Wir suchen nur in unserem Kopf nach Bedeutung, obwohl sie doch greifbar und sichtbar um uns herum existiert. Wir küssen den Boden nicht mehr, auf dem wir stehen, und ziehen es vor, in den Himmel zu fliegen.

»Die erste Ebene der Wahrnehmung«, sagt Bonaventura, »richtet sich auf äußere materielle Dinge«, und nur wenn wir auf dieser Ebene respekt- und liebevoll sehen können, sind wir in der Lage, zu seiner zweiten und dritten Ebene des vollständigen geistlichen Sehens »aufzusteigen«.[52] Franziskus wusste und lehrte, dass »Gott keine Energie verschwendet hat, indem er sich in eine Form begab«, wie Cynthia Bourgeault es so kraftvoll ausdrückt«,[53] und dass wahre Transzendenz in der Immanenz und im Materiellen zu finden ist. Was für eine Überraschung! Aber die meisten von uns sind Platoniker, die glauben, Leib und Seele seien einander feind, und keine Vertreter einer christlichen Inkarnationslehre, in der Leib und Seele miteinander befreundet sind.[54] Und wo sollten wir diese Inkarnation erfahren? Natürlich, überall und zu jeder Zeit, nicht nur an Orten, die als heilig, besonders, kirchlich oder religiös definiert sind. Genau deshalb sagte Paulus uns mit so großem Vertrauen, dass wir »ohne Unterlass« beten können und sollen.

Trotzdem sind wir Franziskaner, bei allem Verblassen des sakramentalen Charakters der Natur, immer bis zu einem gewissen Grad »nicht-kirchlich« gewesen, zumindest im Vergleich zu vielen anderen Gruppen in der Kirche. Dabei waren wir aber immer Teil der gesellschaftlichen Phänomene Kirche, Gemeinde und ganz normale Alltagsgemeinschaft. Das ausgereifte Prinzip lautet hier: transzendieren und einschließen. Wir lassen uns von der Kirche an unserem Platz halten und bewegen uns von dort nach draußen. *Franziskaner versuchen, wenn sie gut in Form sind, innerhalb des universalen Mysteriums »Kirche« zu leben und von dort hinauszugehen, um der Welt zu dienen.* Die meisten Christen machen es andersherum: Sie leben »in der Welt« und gehen gelegentlich »zur Kirche«. Ich glaube, es gibt eine kreative Spannung zwischen dem festen Boden unter unseren Füßen und dem weiten Horizont, den wir sehen können. Franziskanische Spiritualität ist eine »Bürgersteig-Spiritualität« für die Straßen und Waldwege unserer Welt. Sie hat ihre Grundlage nicht in erster Linie im Kloster, in Kirchengebäuden, Askese oder Zölibat, auch wenn immer wieder versucht wird, sie dort einzusperren.

Forscher, die sich sehr intensiv mit den frühesten Franziskus-Biografien beschäftigt haben, kommen zu dem Schluss, dass er nur einen ganz kleinen Teil des Jahres in seiner Gemeinschaft verbrachte. Das war ein echter Schock für diejenigen unter uns, die in einer klösterlichen Gemeinschaft ausgebildet worden waren! Ich habe 1965 meine Bachelorarbeit darüber geschrieben. Franziskus verbrachte den größten Teil seiner Zeit auf der Straße oder – zur Fastenzeit – im Wald. Er lebte in Einsiedeleien, auf einsamen Inseln oder war unterwegs von einer Stadt zur anderen.[55] Er muss das schöne Mittelitalien viele, viele Male durchquert und Dutzende von Städten besucht haben. Außerdem reiste er in Begleitung von ein oder zwei Mitbrüdern nach Syrien, Ägypten und Spanien. Offenbar hatte er nicht so viel Zeit für »Gemeinschaft« wie wir heutzutage. Sein Leben war mehr von dem Ausspruch Jesu geprägt, dass Kirche dort ist, »wo zwei oder drei in meinem Namen versammelt sind«.

Nach dem goldenen Zeitalter der Anfangsjahre, als die Brüder noch in Weidenhütten und Wäldern lebten, beruhte ein Großteil der späteren Geschichte des Ordens auf einem seltsamen »Dreifuß«, wie die Franziskanerin Ilia Delio es nennt: Die Theologie nach dem Konzil von Trient war geprägt von Thomas von Aquin, nicht von Bonaventura oder Johannes Duns Scotus. Die Lebensweise war geprägt vom hl. Benedikt. Noch in den ersten Jahren, die ich im Orden verbrachte, wurden unsere Lebensgemeinschaften als »Klöster« bezeichnet. Das Charisma, unser lebensspendender Geist, wurde in romantischer Weise Franziskus zugeschrieben. Aber wir hatten weder die gelehrte Erfahrung noch die lebendigen Strukturen, um unser einzigartiges Charisma in eine besonders lebendige Botschaft zu kleiden. Männliche Franziskaner wurden Priester, die Frauen waren entweder Lehrerinnen oder Krankenschwestern in kirchlichen Einrichtungen. Daraus bezogen wir unsere Identität und Sicherheit.[56] Gut und schön, aber eben nicht besonders franziskanisch oder gar am inneren Rand. Wir waren ganz und gar »drinnen«.

Vor- und Nachteile

Meine ersten Ausbildungsjahre drehten sich um das Leben im Kloster und im Chorraum der Kirche, nicht auf riskanten

Reisen, die mich in die Natur oder in den »Großstadtdschungel« geführt hätten, wie wir später sagten. Die meisten meiner Lehrer waren Wissenschaftler, und ich bin zutiefst dankbar für alles, was sie mich gelehrt haben. Aber inzwischen sehe ich auch, was sie mich nicht gelehrt haben, weil sie nichts davon wussten oder keine Freude daran hatten. Die wenigsten von ihnen hätten sich unter den Armen und Ausgestoßenen wohlgefühlt, geschweige denn mit einem Leben unter freiem Himmel. Ich erinnere mich noch an meine Enttäuschung, als mich ein Mitbruder und Lehrer heftig tadelte, weil ich einen Anhalter mitnahm, als ich ihn vom Flughafen abholte. Ich hatte Lob erwartet! Was sich ursprünglich am Rand bewegt hatte, war jetzt Teil einer konformistischen Mitte. Ich rate Ihnen, in den Evangelien einmal die ersten Stellen zu lesen, wo Jesus seine Jünger aussendet (Matthäus 10,6–16, Lukas 9,1–6, Markus 6,7–13), und sich zu fragen, wie wir Franziskaner von dem schwierigen Leben auf der Straße zu den Formen von Status und Sicherheit gekommen sind, die wir heute genießen – und die für Seele und Geist eines Mannes absolut tödlich sind.

Ein Lehrer sagte uns, die Ordensregel des hl. Franziskus könne im Wesentlichen als eine Sammlung von Reisetipps gelesen werden, vor allem wenn man sie mit der wunderschönen Regel des hl. Benedikt vergleiche, die einer festen Gemeinschaft Weisung und Struktur verleiht. Oder wie G. K. Chesterton es ausdrückte: »Was Benedikt gesammelt hat, hat Franziskus zerstreut.«[57] Franziskus' Ansatz ist wesentlich riskanter und hat sicher dazu geführt, dass das Leben vieler Franziskaner wenig Disziplin, Richtung oder Grenzen kannte.

Wir waren selten autoritär strukturiert, aber das funktioniert nur, wenn es von echten Mentoren, Ältesten und starken verinnerlichten Werten unterstützt wird. Nach meiner Erfahrung wird das junge Ego oft zu wenig geformt und herausgefordert, und das Ergebnis sind viele menschliche und geistliche Opfer. Das Geschenk der Freiheit macht die Ausbildung für einen solchen Lebensstil viel schwieriger und viel abhängiger von gesunden Vorbildern und Ältesten in nächster Nähe. Und sie sind ehrlich gesagt selten. In solchen Fällen sind monastische Stabilität und Struktur wirklich von Vorteil. Wie ich in meinem Buch *Reifes Leben* schon gesagt habe: In der ersten Lebenshälfte müssen Sie eine feste Form finden, und franziskanische Männer finden sie eher selten, weil sie die Freiheit so sehr lieben. Wir haben oft so viel Angst, zu autoritär zu erscheinen, dass wir als Älteste, Ratgeber und echte geistliche Väter für die Jungen manchmal nicht mehr taugen, obwohl sie genau das brauchen, in der Regel, ohne es zu wissen. Und dann sind sie enttäuscht und verlassen den Orden.

Unsere franziskanische Stärke kann also auch unsere größte Schwäche sein. Ignatius von Loyola (1491–1556) hat später versucht, innere Disziplin und Initiative im Ordensleben zu etablieren, mit vielen guten Ergebnissen. Wenn ein Franziskaner oder eine Franziskanerin die eigene Berufung nicht sehr stark verinnerlicht, neigt unser Leben in hohem Maße zu launenhaftem, sprunghaftem Kreisen um uns selbst im Namen der evangelischen Freiheit. Franziskus hat solche Mitbrüder als Schmarotzer und Vagabunden bezeichnet und sie aufgefordert, sich entweder zu ändern oder die Gemeinschaft zu verlassen. Sind Ihnen auf Wein- und Bierflaschen schon mal die lächelnden Mönchsgesichter aufgefallen? Oder die rundlichen Gestalten im braunen Habit, die zu fröhlichen Keksdosen und Comicfiguren umgestaltet werden? Was für ein Bild geben wir eigentlich in der Öffentlichkeit ab?

Wir Franziskaner haben uns immer viel stärker auf Ethos und Geist konzentriert als auf Regeln und Zeitpläne. Das ist gut, aber auch gefährlich, vor allem für faule, unbekehrte und unmotivierte Menschen. Wenn Sie Jesus nicht wirklich begegnet sind und sich in ihn nicht verliebt haben, dann können Sie im Wesentlichen für sich leben und das gut für ein »religiöses Leben« halten. Selbst das Armutsgelübde kann einen gut maskierten Wohlfahrtsstaat hervorbringen, der Co-Abhängigkeit fördert und persönliche Verantwortung und Initiative hemmt. Die Freiheit des Evangeliums ist immer ein Risiko. Nur reife Menschen können gut damit umgehen.

Kapitel drei der Ordensregel von 1233 beschreibt ein Weltbild des Wanderers, der durch die Welt geht und niemals auf einem Pferderücken sitzt. Reiten galt damals als die Reiseform der Reichen. Franziskus gab den Brüdern den Rat, beim Eintreten in ein Haus immer Frieden zu wünschen und zu essen, was man ihnen vorsetzte. Es gab keine Speiseregeln, ebenso wenig wie in den Evangelien, sondern die Anweisung, zu genießen, »was der Herr gibt«. Franziskus selbst aß immer viel zu wenig. Erst am Ende seines Lebens »sprach er voller Freude mit seinem Körper«, bat den »Bruder Leib« um Vergebung und versprach ihm, »von nun an auf seine Klagen zu hören«.[58]

Das Betteln, das für die ersten Franziskaner eine so große Bedeutung hatte, führte in die Nähe zu den Menschen und zur Identifikation mit denen, die ganz unten standen. Sie lebten in den Städten und arbeiteten mit den Knechten und städtischen Arbeitern zusammen. Sie wurden nicht gebraucht, sondern nahmen vielmehr die Rolle der Bedürftigen ein. Das Gefühl der Bedürftigkeit macht etwas mit der Seele, wenn man der Empfänger und nicht immer der Geber ist. Universitäten, große Kirchen und noch größere »Klöster« kamen erst viel später. Für die erste Generation von Franziskanern wären sie ein Gräuel gewesen, wie wir an Franziskus' heftiger Reaktion auf die ziegelgedeckten Häuser sehen, die die Brüder sich in Bologna und an der Portiuncula bauen wollten. Die Brüder sollten anders sein als die Mönche, und ihre Häuser repräsentierten einen anderen Lebensstil als die Klöster, ohne Zeitplan und Ordnung, mit viel persönlichem Kontakt zu den einfachen Menschen, mit Gespräch und konkretem Dienst an denen, die nichts dafür bezahlen konnten. Aber natürlich kann man damit keine Rechnungen bezahlen und schon gar keine Einrichtungen erhalten. Eine solche heikle Existenz ist viel schwerer zu vermitteln, vorzuleben oder dauerhaft zu etablieren. So waren wir immer in einer schwierigen Lage, was die Vermittlung unseres Charismas anging, und genau das erleben wir auch heute, wo die Welt uns so sehr braucht.

Die Wiederentdeckung

Aber es ist immer noch an uns, das eigene franziskanische Charisma wiederzuentdecken und mit neuem Leben zu füllen, wie es das Zweite Vatikanische Konzil so präzise und direkt formuliert hat.[59] Die Frauen aller Ordensgemeinschaften kommen offenbar am besten damit zurecht, und gerade deshalb entwickeln sie sich gerade zu einer regelrechten Bedrohung für all jene, die Glauben mit Gewissheit, Nostalgie oder dem Erhalt der bestehenden gesellschaftlichen Ordnung gleichsetzen. Das wahre Evangelium führt uns immer in eine heikle, verletzliche Situation. Wir sind, wie Jesus sagt, »wie Schafe unter den Wölfen« (Matthäus 10,16). Aber genau das braucht und erwartet die Welt von uns Franziskanern, und dazu hat Jesus uns frei gemacht. Also dürfen wir nicht den

Mut verlieren. Ich erlebe heute immer wieder, dass Menschen bereit sind, Botschaften von Einfachheit, Gewaltlosigkeit, Demut, struktureller Unsicherheit, Liebe zu den Tieren und zu den »Feinden« zu hören. Sie erwarten von uns, dass wir uns um die Erde kümmern, und sind zutiefst enttäuscht, wenn wir uns lediglich als Priester in braunen Kutten zeigen, die statt des Evangeliums die üblichen kulturellen Werte, Aufstiegsdenken und Kirche hochhalten.

Man hat mir einmal gesagt, zwei christliche Gruppen in der westlichen Welt würden besonders wenig negativen Ballast mit sich herumschleppen: die Franziskaner und die Quäker. Als Patrick Carolan, der Geschäftsführer des Franciscan Action Network, im Juni 2013 vor den Vereinten Nationen sprach, sagte der eingefleischte Kommunist, der bei diesem internationalen Treffen den Vorsitz führte, am Ende freundlich und in aller Öffentlichkeit zu ihm: »Und Gott segne Sie für Ihre gute Arbeit.« Das Protokoll verzeichnete überraschtes Gemurmel in der Generalversammlung, denn bei formellen Sitzungen der Vereinten Nationen wird nur selten von Gott gesprochen. Tatsächlich ist es fast »verboten«. Aber ein säkularer Sprecher der Franziskaner, der in aller Demut vom Klimawandel und von Arbeit für die Armen sprach, verleitete einen ganz und gar areligiösen Mann zu dieser erstaunlichen Reaktion. So funktioniert franziskanische Evangelisation: Wir predigen nicht auf die Leute ein, sondern zeigen ihnen eine schöne, attraktive, freundliche Wahrheit.

Wenn wir Franziskaner zu unserer kontemplativen, einfachen Lebensweise und unseren friedenstiftenden Wurzeln zurückkehren, dann sehen wir vielleicht irgendwann wieder aus wie eine katholische Version der Quäker oder der Amischen. Sie sehen ohnehin oft so aus, wie wir einmal ausgesehen haben. Die Welt erwartet eine wahrhaft einzigartige, positive, einladende Botschaft von den Kindern des hl. Franziskus. Und das gilt ohne Ausnahme für alle Kontinente, auf denen ich gelehrt und gepredigt habe. Die Menschen sind enttäuscht, wenn wir wie alle anderen sind und wenn sie sehen, dass wieder einmal faule Konformität über den revolutionären Charakter des Evangeliums gesiegt hat.

Wenn ich als Priester, Amerikaner, Mann, gebildeter Mann noch dazu, vorgestellt werde, bekomme ich leere Gesichter ohne jede Erwartung zu sehen, oft voller Langeweile und Resignation. Wenn der Sprecher aber sagt: »Er ist Franziskaner«, dann wenden sich die Gesichter mir zu, und in ihnen leuchtet so etwas wie Hoffnung auf. Manchmal lächeln sie sogar, wirklich wahr! Wir dürfen uns einen solchen bereiteten Weg, eine solche ebene Straße (Matthäus 3,3) nicht nehmen lassen! Sie lädt uns ein und gestattet uns, viel Gutes auf dieser Welt zu tun, weit über die Zahl unserer Ordensmitglieder und unsere eigentliche Bedeutung hinaus.

KAPITEL 5

Kontemplation: eine andere Art des Erkennens

...indem wir den Geisterfüllten das Geistgewirkte deuten.
1. Korinther 2,13

In Kapitel 3 haben wir gesehen, dass Franziskus und Clara sich dazu entschieden, »am inneren Rand« zu leben, an einem Ort also, der sich deutlich von unserem Leben unterscheidet. Wir wollen ja immer gern vorne oder in der Mitte stehen. Aber selbst an diesem Ort: Warum, glauben Sie, konnten die beiden die Dinge so anders sehen? Waren sie moralischer, erwählter, abgeklärter, liebevoller, sicherer als wir? Sicher von allem ein wenig, aber ich glaube, die Grundlage dessen, was wir als Heiligkeit bezeichnen – oder in diesem Fall als Mystik – besteht darin, dass sie aus einer anderen Quelle heraus erkannten und liebten. Sie erkannten aus der Teilnahme an einem größeren Wissen heraus, das viele von uns Gott nennen. Oder um mit Paulus zu sprechen: »Sie erkannten, wie sie erkannt worden waren« (1. Korinther 13,12).

Diese Art des geteilten Wissens, die nichts anderes ist als vollständig ausgebildetes Bewusstsein, meinen viele von uns, wenn sie von Kontemplation sprechen. Echte Kontemplative geben einen Teil ihrer Ego-Grenzen und ihrer Identität auf, sodass Gott durch sie, mit ihnen und in ihnen sehen kann – mit größeren Augen. Es handelt sich ganz einfach um das Sehen auf einer höheren Ebene, und wenn Ihnen die religiöse

Sprache in diesem Zusammenhang nicht gefällt, dann nennen Sie es einfach Bewusstsein oder Tiefenbewusstsein. Trotzdem müssen Sie ihr kleines, ich-zentriertes Ego aufgeben, um dorthin zu gelangen (Johannes 12,24).

Sie fragen sich sicher, warum manche Menschen spirituelle Dinge so viel klarer verstehen als wir anderen. Sie glauben an dieselbe Lehre wie wir, aber ihr Glaube ist lebendig und verändert sowohl ihren Geist als auch ihr Herz in einer ganz offensichtlichen Weise. Viele von uns glauben, wir hätten den Inhalt der Lehre verstanden, aber das heißt noch nicht, dass sie uns radikal verändern oder andere inspirieren würde. Wie Jesus sagt: »Vergebens ehren sie mich, indem sie Menschensatzungen als Lehre vortragen« (Matthäus 15,9). Die große Wahrheit soll die Sehenden selbst verändern, sonst ist sie keine große Wahrheit, vielleicht ist sie gar keine echte Wahrheit. Eine gewisse Form der kontemplativen Praxis ist der Schlüssel zu diesem größeren Sehen und Erkennen.

Wer sieht da überhaupt?

Letzten Endes läuft es auf Folgendes hinaus: Wenn wir die Dinge in einer vereinenden, umfassenden Weise sehen, in bewusster Einheit mit den Augen Gottes, dann verändert sich die Qualität dessen, was wir sehen. Es ist nicht mehr auf sich selbst bezogen, sondern sehr breit, und es verändert alles. Das ist es, was wahre Kontemplative Tag für Tag suchen und deshalb auch sehen.

Viele sehen etwas angeblich gutes Neues, aber sie sehen es auf alte Weise, mit ihrem alten Selbst, aus dem ich-bezogenen Streben nach eigenem Vorteil und eigener Bedeutung. Auf diese Weise wird das Neue nie wirklich neu, sondern es geht immer nur um mich. Wenn das angeblich Neue nicht in der Lage ist, mein altes Ich zu verändern, fragen sich die anderen mit Recht, wie es die Welt verändern soll und warum sie glauben sollen, dass es wahr ist. Warum sollte Ihnen irgendjemand glauben? Aber an das neue Selbst und den neuen Weg, den Franziskus und Clara aufzeigten, glaubten sehr viele Menschen. Das Selbst, das sie entwickelten, war menschlich glaubhaft und schön, und damit wurden auch ihre Entscheidungen glaubwürdig und wahr.

Das Ergebnis kontemplativen Sehens ist eine »schöne Moral«. Und weil es so oft fehlt, entwickeln wir Unbehagen und Misstrauen im Umgang mit angeblich »moralischen« Leuten. Lassen Sie mich versuchen, das zu erklären. Wenn wir etwas hoch moralisches tun, also zum Beispiel uns um das Wohlergehen unserer Erde kümmern, aber mit der falschen Energie, in einer zornigen, ungeduldigen oder besserwisserischen Art, dann ergibt sich daraus eine Art hässlicher Moral ohne den Duft der Erkenntnis Christi (2. Korinther 2,14f.). Es ist inhaltlich richtig, aber irgendwie doch schrecklich falsch, und das spüren wir. Vielleicht sind deshalb so viele religiöse und moralische Menschen so wenig attraktiv und wirken so gar nicht glücklich.

Wenn wir etwas Moralisches oder Tugendhaftes jedoch mit der richtigen Energie tun, dann entsteht daraus »schöne Moral«. Doch gerade sie wird oft von derselben Art von Leuten beurteilt, die Jesus angeklagt haben. Deshalb ist die Position des Glaubens so oft angreifbar, und deshalb braucht es die Dunkelheit des Glaubens, um treu zu bleiben. Mit anderen Worten: Sie müssen die Möglichkeit in Erwägung ziehen, dass Sie sich irren könnten.

Die richtige Energie kommt ganz einfach zum Vorschein, wenn es nicht mehr nur um Sie geht oder ums Rechthaben, sondern wenn Sie eine größere Botschaft ausstrahlen, eine größere Gegenwart, eine innere Lebendigkeit, die durch Worte und Taten hindurchleuchtet und dadurch selbst zur Botschaft werden. Die meisten reifen Menschen erkennen den Unterschied sofort, ohne vielleicht immer zu wissen, warum uns das eine Handeln anzieht und verändert und das andere uns abstößt, obwohl beide formal korrekt sind.[60]

Franziskus und Clara sind Beispiele für eine wahrhaft schöne Moral, so sehr, dass es sich kaum noch wie Moral anfühlt, sondern lediglich wie volle, frische Menschlichkeit. Franziskus hat uns gesagt, wir sollen den Menschen »Gründe zur geistlichen Freude« schenken[61] und ihnen nicht nur Gebote predigen. Menschen reagieren nun mal auf die »untrüglichen Energien«[62] der anderen, wie Mary Oliver es nennt, viel mehr als auf Worte und Taten. Echte Moral wirkt immer sehr unbewusst. Es geht dabei überhaupt nicht um uns selbst, sondern um die Sache oder um die anderen.

Schöne Moral leuchtet sogar dann noch, wenn jemand etwas Unvollkommenes tut, was fast immer der Fall ist, solange die Energie desjenigen trotzdem mit Liebe zu den Mitmenschen, einer Art Selbstentäußerung und Demut im Blick auf das Ergebnis und auf die eigene Meinung angefüllt ist. Ich habe sehr fundamentalistisch eingestellte Christen kennengelernt, die sehr strenge Moralvorstellungen vertreten, ihre eigene Haltung zu Alkohol, Krieg und Homosexualität aber so demütig, leise und freundlich äußern, dass man trotzdem noch irgendwo den Geist Jesu spürt. Und andere haben vielleicht eine sehr gute Theologie, aber ihre Lebensenergie ist zu glatt, satt und selbstgefällig. Eigentlich ist alles richtig, und doch kommt es uns falsch vor. Es hat einfach nicht den Duft Christi.

Motivation, Bedeutung und innere Energie für jedes Tun kommen aus einer letzten Quelle: dem grundlegenden Ausgangspunkt des Menschen. Wie sieht die echte, ehrliche Motivation aus? Wer sieht da wirklich? Ist es die vertrocknete Rebe, das Ego, das zu sehen versucht (Johannes 15,5)? Ist es ein Mensch, der es nötig hat, recht zu behalten, oder ist es ein Mensch, der lieben will? Eine Rebe, die liebevoll und bewusst mit ihrem Weinstock (Gott, Jesus, unsere höhere Macht) verbunden bleibt, kann ganz anders sehen. Wenn Jesus von den »verdorrten Reben« spricht, meint er damit Menschen, die nur aus ihrer engen egozentrischen Position heraus sehen können: Es geht immer um sie selbst und das, was ihren Bedürfnissen nützt. Mir scheint, unsere Gesellschaft besteht zu einem Großteil aus solchen vertrockneten Reben. Eine Hingabe ans gemeinsame, echte Gute ist fast schon zur Seltenheit geworden.

Wenn wir nicht nur durch die eigene Brille sehen, kommen wir zu einem »partizipierenden Sehen«. Das ist das Sehen des neuen Selbst, von dem Paulus voller Begeisterung sagen kann: »Nicht mehr ich lebe, sondern Christus lebt in mir« (Galater 2,20). So werde ich im wahrsten Sinne des Wortes zu dem, was ich suche. Die ursprüngliche Gemeinschaft vermittelt sofort Geräumigkeit, Freude und stille Zufriedenheit. Sie ist nicht ängstlich, weil die existenzielle Kluft zwischen mir und der Welt bereits überwunden ist. Ich bin zu Hause, ich muss nichts mehr beweisen, ich muss nicht recht behalten und Sie müssen mir auch nicht zustimmen.

Ein Mensch mit einem reifen Glauben weiß natürlich, dass es unmöglich ist, nicht mit der Quelle oder mit dem Weinstock verbunden zu sein, wie Jesus sagt. Aber die meisten Menschen wissen das noch nicht. Sie sind von sich selbst noch nicht erlöst – dabei ist das die einzige Erlösung, derer wir wirklich bedürfen. Sie leben noch nicht ihre objektive, geschenkte, unverdiente Identität, die »mit Christus in Gott verborgen« ist (Kolosser 3,3). Genau das haben Heilige wie Franziskus und Clara erlebt und zugelassen. Sie ließen sich hineinfallen, und ja, es ist immer ein Fallen. Den meisten von uns ist die eigene, tiefste Identität vollkommen verborgen.[63] Die vornehmste, unabdingbare Aufgabe von Religion besteht darin, uns diese grundlegende Wahrheit von der gemeinsamen Identität in Gott in ein offenes, dankbares Bewusstsein zu bringen. Nichts anderes bedeutet es, heilig zu sein.

Die weitaus meisten Menschen und ein großer Prozentsatz der Christen und des Klerus haben diese wunderbare Wahrheit noch nicht begriffen, und noch weniger wagen sie zu genießen, nachdem sie gehört haben, dass es sie gibt. Es geht über ihren Kopf und ihr Herz hinweg. Die Ironie besteht darin, dass diese Heiligkeit eigentlich unsere »erste Natur« ist. Und wir haben sie so weit verdrängt, dass sie uns nicht einmal mehr zur »zweiten Natur« werden kann, die wir ja ebenfalls mit Würde tragen könnten. Stattdessen haben wir aus dieser im Kern christlichen Identität einen Wettstreit um Würdigkeit und Moral gemacht, bei dem fast niemand gewinnen kann – die wenigsten treten überhaupt dazu an. Franziskus und Clara umgingen den ganzen Wettbewerb, indem sie über ihre Gewöhnlichkeit und scheinbare Unwürdigkeit jubelten, ganz im Einklang mit der innersten Freiheit des Evangeliums, wie ich finde. Und ich muss es noch einmal sagen: Es ist immer ein Fallen und ein Empfangen, nichts, was man selbst erreicht. Was für eine Demutsübung für unser Ego, für alle Willensstarken und Leistungsträger.

Um Ihnen zu helfen, sich den zentralen Themen Identität, Kontemplation und Partizipation anzunähern, und um noch genauer zu erklären, was ich unter Mystik verstehe, möchte ich einen zentralen Lehrtext von Paulus betrachten, den manche mit Recht die »Predigt über die Weisheit« nennen (1. Korinther 1,17–3,3). Ich glaube nicht, dass die frühen Franziskaner diesen Text allzu oft direkt zitiert hätten, aber sie lebten mit seiner Botschaft. Hier nimmt Paulus zum ersten Mal wahr, dass viele seiner Neubekehrten spirituelle Dinge auf eine sehr unreife und »ungeistliche« Weise taten. Sie fühlten sich heilig oder sahen so aus, sie kultivierten ein positives Bild von sich selbst, sie versuchten, sich Gottes Liebe oder den Zugang zum Himmel zu »verdienen«. Er nennt sie »Unmündige in Christus«, die noch keine »feste Kost« vertragen (3,2). Ich vermute allerdings, wer sich mit diesem Buch beschäftigt, ist durchaus bereit für feste Kost, und das gilt auch für Sie! Viele von uns erkennen allerdings heute, dass wir uns mit einer Religion des Mitmachens und Dazugehörens zufrieden geben, und das ist nun tatsächlich Babynahrung, im Gegensatz zu einer Religion der inneren Teilnahme.

»Geistliche Dinge geistlich verstehen« – so fasst Paulus den Unterschied der Nahrung zusammen. Er spricht von »geistlichem Erkennen« und »Weisheit« im Gegensatz zur »Torheit«. Und wie so oft, benutzt er ein Paradox, um seine wichtigste Aussage hervorzuheben. Ähnlich verfährt er auch an anderen Stellen mit scheinbaren Gegensätzen: Fleisch und Geist, Adam und Christus, Tod und Leben, Juden und Griechen, Gesetz und Gnade. In jedem Fall geht es ihm darum, uns zu einer neuen Synthese auf einer höheren Ebene zu bringen. Franziskus und Clara taten dasselbe mit Armut und Reichtum, Leid und Freude, Selbstaufopferung und Freiheit. Paulus lehrt uns mit seinem Paradox von Weisheit und Torheit, wie man nicht-dual oder mystisch denkt, und reife Christen greifen seine geniale Denkweise auf.

Bewusst, vertrauensvoll und liebevoll am Weinstock zu bleiben, mit unserer Quelle verbunden zu sein, genau darum geht es, wenn wir tieferes spirituelles Wissen erlangen wollen. Wir erkennen durch Teilnahme mit und in Gott, die unsere sehr reale gemeinsame Identität mit Christus hervorbringt: Wir sind menschlich und göttlich, wie er es uns vorgelebt hat. Die grundlegende Bedeutung der Transformation liegt in der Hingabe an diese neue Identität und unserer bewussten Bezugnahme darauf.

Kurz gesagt: Wir müssen unser Bild von uns selbst ändern, statt uns sagen zu lassen, welche neuen Dinge wir sehen oder tun sollen. Christsein heißt, objektiv wissen, dass wir dieselbe Identität besitzen wie Jesus – menschlich und göttlich zugleich. Das heißt es, ihm zu »folgen«. Ich glaube tatsächlich, dass dies der Kern des Evangeliums und der Inkarnation ist. Und wenn Sie glauben, ich übertreibe, lesen Sie die Kapitel 14 und 15 im Johannesevangelium oder studieren Sie die frühen Väter der Ostkirche, die sich über diesen Punkt wesentlich klarer waren als die westliche Kirche.

Die Erkenntnis, dass jemand in uns und durch uns lebt, ist unser Zugang zu einem viel größeren Geist und Herzen jenseits unseres eigenen. Danach erkennen wir anders. Wir müssen diese Wahrheit immer wieder neu lernen; deshalb beten wir ja auch jeden Tag. Aber es gehört auch ein großes Sterben unseres kleinen Selbst, unseres Egos dazu, und vielleicht kommen deshalb so wenige Menschen an diesen Punkt. Jesus sagt es ganz deutlich: Das eine »Selbst« muss sterben, damit ein anderes »Selbst« geboren werden kann. Diese Botschaft scheint in allen vier Evangelien auf (Markus 8,35; Lukas 9,24; Matthäus 16,25; Johannes 12,24). In der Praxis fühlt es sich an, als würde ich mein »Selbst«, mein Ego – seine Schmerzen und seine Wichtigkeit, beides im Wesentlichen Produkte meines eigenen Kopfes – jeden Tag etwas weniger ernst nehmen. Jedes Wachstum hin zur Erlösung ist ein Wachstum der Befreiung vom Selbst.

Ich sage es ganz deutlich: Diese »grundlegende Heiligkeit«, diese ontologische Einheit mit Gott ist unsere »erste Natur«, auch bei Menschen, die seelisch oder geistig auf anderen Ebenen noch ganz unreif sind.[64] Tatsächlich lebt Gott seit jeher und ausschließlich in der Einheit mit einer ganz offensichtlich unvollkommenen Menschheit. So sieht göttliche Barmherzigkeit aus. Erlösung ist immer ein Geschenk Gottes. Wenn Paulus von Torheit und ungeistlichem Leben spricht, dann meint er ein autonomes, abgetrenntes Leben, abgeschnitten vom Weinstock und unserer Quelle. Ein Leben in der Einheit hingegen ist Weisheit, mehr als jede Regelgläubigkeit und alles orthodoxe Verfolgen einer bestimmten Lehre.

Aber das kleine Selbst entscheidet sich nur zu gern für ein abgetrenntes Leben, und das führt dazu, dass es kaum noch paradox denken oder in Einheit leben kann. Es muss sich immer auf die eine oder andere Seite schlagen, um sich sicher zu fühlen. Alles kleidet es in binäres Denken: für oder gegen mich, vollkommen richtig oder vollkommen falsch, die Auffassung meiner Gruppe oder die einer anderen – lauter dualistische Formulierungen. Mehr kann das kleine, egoistische Selbst nicht, und deshalb kommt es Gott und seinem Denken auch nicht näher. Es ist ein Frühstadium der Intelligenz, aber es ist niemals Weisheit oder spirituelle Intelligenz.[65] Das kleine Selbst ist immer noch objektiv mit Gott verbunden, es weiß nur nichts davon, freut sich nicht daran und kann die

Verbindung nicht nutzen. »Steht nicht in eurem Gesetz geschrieben: Ich habe gesagt, Götter seid ihr?« (Johannes 10,34). Klagen Sie mich jetzt nicht der Häresie an, das fragt Jesus die Leute, die ihn wegen Gotteslästerung steinigen wollen. Für die meisten von uns ist das objektive göttliche Abbild noch nicht zum subjektiven Ebenbild geworden, um zwei hilfreiche Metaphern aus der Genesis zu benutzen (1,26 f.). Wir sollen beides sein, Abbild und Ebenbild Gottes. Was für eine ungeheure Berufung!

Man muss sich darüber klar werden, dass Mystiker wie Franziskus und Clara aus einer solchen Position der bewussten, gewählten und liebenden Einheit mit Gott heraus sprachen und dass diese Einheit zustande kam, indem sie sich ihr hingaben, ohne jede Leistung von ihrer Seite. Hingabe an den Anderen, Teilhabe am Anderen und Einheit mit Gott sind letztlich dasselbe. Sobald wir diese Einheit erreicht haben, schauen wir die Realität von einer größeren Wirklichkeit her an, mit Augen, die weiter sehen und größer sind als unsere eigenen. Genau das ist gemeint, wenn Paulus vom »Leben in Christus« spricht, vom Gebet »durch Christus« oder vom Handeln »im Namen des Herrn«. Wir kennen diese Formulierungen alle.

Ein solches Loslassen unseres eigenen kleinen Ausgangspunkts bildet den Kern jeder »Bekehrung« oder »Umkehr«, aber auch der franziskanischen Armut. Diese Armut ist nicht nur ein schlichtes, demütiges, zurückhaltendes Leben, auch nicht nur ein Leben im Mangel. Armut findet statt, wenn wir erkennen, dass mein Ich aus sich heraus macht- und wirkungslos ist. Das Johannesevangelium betont das, wenn es sagt, dass eine Rebe, die nicht bei Jesus bleibt, verdorrt und nutzlos wird (15,6). Das transformierte Selbst, das in der Einheit mit Gott lebt, schämt sich seiner Schwäche nicht mehr und verleugnet sie auch nicht, sondern jubelt, weil es nicht mehr so tun muss, als wäre es mehr, als es wirklich ist. Und was es ist, ist mehr als genug. »Wenn ich schwach bin, dann bin ich stark«, sagt Paulus (2. Korinther 12,10), um diesen Punkt dramatisch zu betonen.

O gesegneter Eifer für die Ordnung!

In der Praxis verleiht uns die Kontemplation eine innere Fähigkeit, mit Paradox und Widerspruch zu leben. Wir haben es hier mit einem Quantensprung in Sachen Toleranz gegenüber Vieldeutigkeit, Geheimnis und Paradox zu tun. Mehr als alles andere, bringt uns diese neue Art, den Augenblick zu verarbeiten, von der bloßen Intelligenz oder korrekten Information zu dem, was wir normalerweise mit Weisheit oder nicht-dualem Denken bezeichnen.

Paulus beginnt seine Predigt über die Weisheit im 1. Korintherbrief 1,17, indem er unterscheidet zwischen dem, was Philosophen einerseits und Juden andererseits als Weisheit bezeichnen würden. Dann erklärt er uns, dass beide Definitionen mit Unordnung, Absurdität und Tragik nicht zurechtkommen und deshalb nicht wirklich als Weisheit gelten können. Nur die Torheit des Kreuzes könne mit dem umgehen, was der Dichter Wallace Stevens als rasende Begeisterung für die Ordnung bezeichnet. Das »Geheimnis des Kreuzes« ist für Paulus die grundstürzende und grundlegende Lösung des verwirrenden Geheimnisses, das wir Leben nennen. Ohne diese Lösung werden die meisten Menschen ab der Lebensmitte zynisch, depressiv, bitter oder negativ, weil sie im Tod und in der Unvollkommenheit aller Dinge keinen Sinn mehr sehen. Für Paulus liegt die tiefste Bedeutung ironischerweise in der tiefen, durch die Gnade hervorgebrachten Annahme einer gewissen Bedeutungslosigkeit. Wir können Platz schaffen, damit Gott die Lücken füllt, und darauf vertrauen, dass er genau dies tun wird. Dieser neue Sprung der Logik wird oft Glaube genannt. Ich bin sicher, ein solches kontemplatives Sehen, eine solche Weisheit, schärft Ihre Fähigkeit zu Vernunft und Logik, weil es Ihr Ego aus dem Weg schafft. Lehnen Sie das nicht ab, bevor Sie es probiert haben. Der Glaube lässt eine theoretische Ablehnung nicht zu.

Paulus weiß, dass einige auf das Gesetz bestehen werden, um ihr Bild von der Ordnung aufrechtzuerhalten. Er nennt sie Juden, wir würden eher von Konservativen sprechen. Andere werden versuchen, ihren Kopf zu benutzen, um Ordnung und Sinn herzustellen. Paulus nennt sie Griechen, wir würden sie heute als Liberale bezeichnen. Er jedoch besteht darauf, dass keiner von ihnen letztlich Erfolg haben kann, weil sie nicht in der Lage sind, das Negative zu integrieren, das immer da ist. Der größte Feind der ganz normalen täglichen Güte und Freude ist nicht die Unvollkommenheit, sondern die Forderung nach angeblicher Vollkommenheit. Bitte meditieren Sie bald einmal darüber. Fast alles besitzt eine dunkle Seite, und nur das einigende, nicht-duale Denken kann das akzeptieren, ohne in Panik zu geraten, und daran wachsen.

Die beiden klassischen Muster »liberal« und »konservativ« sind ewig, nehmen aber in jedem Zeitalter und in jeder Kultur andere Namen an, romantisch versus rational, Platon versus Aristoteles … Jeder dieser beiden Standpunkte ist gut und notwendig, so weit er eben reicht. Aber sie können beide nicht mit Unordnung und Elend umgehen. Paulus glaubt, dass Jesus die einzig mögliche Antwort darauf gegeben hat. Die Offenbarung des Kreuzes, sagt er, macht uns unzerstörbar, weil sie einen Weg durch alle Absurdität und alle Tragik zeigt: die Annahme von Absurdität und Tragik als Teil von Gottes unergründlichem Plan. Wenn Sie das Geheimnis des Kreuzes verinnerlichen, verfallen Sie nicht in Zynismus, Scheitern, Bitterkeit oder Skeptizismus. Ich habe überall auf der Welt Menschen getroffen, denen es so geht. Das Geheimnis des Kreuzes weist uns einen klaren Weg durch die dunkle Seite des Lebens und alle Enttäuschungen. Wenn es fehlt, verhärten sich Menschen und ziehen sich zurück.

Mit der Offenbarung des Kreuzes zerreißt Jesus die »Bande des Todes«, wie es in Osterliedern heißt. Ihre Wunden können Sie nicht mehr verletzen, wenn Sie auf den Gekreuzigten blicken und von dort seine Botschaft hören. Ich glaube, es gibt sogar drei zentrale Botschaften, die Jesus uns direkt vom Kreuz aus zuspricht:

Dass wir ein Gefühl der Verlassenheit erleben werden und müssen (Markus 15,34). Dass wir irgendwann in der Lage sein müssen, zu sagen: »Vater, vergib ihnen, denn sie wissen nicht, was sie tun« (Lukas 23,34). Und dass wir am Ende unseres Lebens sagen müssen: »Vater, in deine Hände lege ich meinen Geist« (Lukas 23,46). Viele Menschen hören diese Botschaft wirklich erst in den letzten Augenblicken. Dies sind die entscheidenden letzten Worte, die jeder Auferstehung vorangehen. Jesus kann uns nicht die Auferstehung versprechen (Johannes 11,25 f.), ohne uns zu sagen, wie wir sie erreichen. Es ist ein Weg zu vollständiger, ewiger Befreiung.

Die paradoxe Offenbarung des Kreuzes

Paulus erlaubt also Konservativen und Liberalen, Weisheit auf ihre ganz eigene Weise zu definieren, wagt es aber auch, beide

Definitionen als unangemessen und letztlich falsch zu bezeichnen, weil eine solche Weltanschauung scheitern muss: »Hat Gott nicht die Weisheit der Welt als Torheit entlarvt?« (1. Korinther 1,20). Über dieses »Ärgernis« kommen die Juden (Paulus' eigenes Volk) nicht hinweg, und für die Heiden, also alle Nicht-Juden, ist es »Torheit« (1,23). Diese Weltanschauungen enden für Paulus selbst als Torheit, weil auch perfekte Gesetze, Gerichte und ein brillanter Kopf nicht mit einer brüchigen, unvollkommenen Welt, mit dem tragischen »Haar in der Suppe« der Realität zurechtkommen. Schauen Sie sich Institutionen wie den Obersten Gerichtshof der USA an, unsere Gesetzgebungsorgane, unsere Universitäten: Sie versprechen Ordnung und Wahrheit und bringen doch ständig Zyniker hervor. Die Utopie, nach der wir alle uns sehnen, können sie nicht schaffen. Sie bringen ein gewisses Maß an Strafjustiz zustande, aber eben auch nicht mehr. Ein »aufrichtendes Richten« kann nur Gottes heilende Liebe uns schenken, die durch andere Menschen zu uns kommt.

Jede Weltanschauung hat ihre eigene Torheit und ihre eigene Form von Weisheit. Paulus sagt: Das Kreuz fordert sie beide heraus und reagiert mit der besten, ehrlichsten Antwort – gerade weil es die Tragik, das Irrationale, Absurde, Sündhafte integriert und zu einem guten Ende führt. Paulus weiß, dass nur die christliche Perspektive das Paradox aufnehmen und wertschätzen kann: Ordnung und Unordnung zugleich, Erlösung durch eine Tragödie, Auferstehung durch den Tod, Göttlichkeit durch Menschlichkeit. Gerade deshalb sind für ihn das Kreuz und seine verwandelnde Kraft das zusammenfassende Symbol für die Tiefe der göttlichen Weisheit, die den »Herrschern dieser Welt« (2,6) als Torheit erscheint. Das mitfühlende Aushalten der letzten Sinnlosigkeit und Tragödie, das Jesus zeigt, als er am Kreuz hängt, ist die letzte, triumphierende Lösung aller Dualismen und Spaltungen, die wir in unserem Leben erfahren. Und deshalb werden wir »durch das Kreuz erlöst«.

Mit dem Aushalten und Überwinden von Paradoxa beginnt das Training in nicht-dualem Denken und Kontemplation, im Gegensatz zum Verleugnen von Paradoxa, das uns dazu zwingt, angesichts jeder geheimnisvollen Wahrheit Partei zu ergreifen. Eine solche Entscheidung ist aber zwangsläufig falsch, weil wir uns allzu leicht auf die Seite schlagen, die unserem eigenen Vorteil dient. Wer würde sich denn je für das Kreuz entscheiden? Und doch verlangt das Leben von uns häufig, dass wir genau das tun.[66] Würde sich irgendjemand aus freien Stücken dazu entschließen, ein Kind mit Down-Syndrom zu bekommen? Und doch erleben viele Familien, die ein solches Kind haben, einen großen Zuwachs an Liebe und Mitgefühl, auch die Kinder in solchen Familien. Paulus bietet uns seine Weisheit nicht den Juden oder Heiden an, sondern beiden. Und er lädt sie dazu ein, mit den Augen der Weisheit zu sehen.

Bekehrung besteht also nicht darin, sich einer anderen Gruppe als bisher anzuschließen, sondern es geht darum, mit den Augen des Gekreuzigten zu sehen. Das Kreuz ist für Paulus der Stein der Weisen, der Code jeder dauerhaften geistlichen Befreiung. Gott kann Menschen, die sich ihres Glaubens sicher sind, in jedem System und in jeder Religion retten, wenn sie nur geduldig, vertrauensvoll und mitfühlend im Angesicht menschlichen Elends und Scheiterns sind – vor allem angesichts ihres eigenen Elends und Scheiterns. So sieht die Lebensreise nun mal aus. Diese vertrauensvollen Menschen haben sich Christus ergeben, sehr oft, ohne das Wort »Christus« überhaupt zu verwenden (Matthäus 7,21). Es geht ums Tun, nicht ums Reden.

Kühn und aufregend verkündet Paulus: »Das Törichte an Gott ist weiser als die Menschen und das Schwache an Gott ist stärker als die Menschen« (1. Korinther 1,25). Er sagt, nur der Geist Gottes könne die scheinbaren Widersprüche aushalten und uns erlauben, aus einer ganz neuen, alles vereinenden Perspektive zu sehen. Dies ist die immer noch reifende Frucht der Kontemplation. Nur der Geist in uns kann nicht-dual oder paradox erkennen und die Widersprüche in und mit Gott aufnehmen. Nur Gottes Geist in uns kann die Realität wirklich vergeben, annehmen und zulassen. Weder Logik noch Gesetz bringen das zustande, nur die Teilhabe an Gott. Was nicht heißt, dass die Logik oder das Gesetz damit überflüssig würden. Sie sind nur nicht dazu geeignet, Verwandlung herbeizuführen.

In der Praxis heißt das: Wir alle müssen lernen, dem Leben mit einem grundsätzlichen Ja zu begegnen, bevor wir ein kritisches Nein aussprechen. Wenn wir mit dem Nein beginnen, ist es fast unmöglich, zu einem ganzen Ja zurückzukehren.

Das ist demütigend für alle denkenden Menschen, mit Ausnahme derjenigen, die selbst durch das finstere Tal des Todes gegangen sind und auf eine neue Weise erkennen, fast ohne es selbst zu bemerken. Sie alle haben solche Leute schon kennengelernt, aber in der Regel sind sie still, oft »ungebildet« und »unbedeutend«. Tatsächlich habe ich viele von ihnen in Programmen zur Suchtüberwindung, in Pflegeheimen und Gefängnissen erlebt. Erst vor Kurzem habe ich mit einem drogenfreien Abhängigen gesprochen, der in seiner Kindheit Missbrauch erlebt hatte und deshalb in die Sucht geraten war. Aber er kannte nichts als Respekt für die Güte, die er jetzt überall sah. Und er ging mit sich selbst zutiefst demütig und ehrlich um. Jedes bisschen Liebe oder »Sprache Gottes« fiel bei diesem Mann mittleren Alters auf fruchtbaren Boden, und darin unterschied er sich diametral von unserer Anspruchsgesellschaft, übrigens auch von dem, was sich in unseren Kirchen abspielt. Aber er hatte für diese Weisheit und Freiheit einen hohen Preis bezahlt.

Die Verwandelten

Paulus erkennt, dass ein Mensch sich selbst nur von innen her kennt und dass andererseits ein vollkommen Außenstehender oder bloßer Beobachter einen anderen Menschen nicht wirklich kennen kann. Dann kommt er zu seinem großen Finale und sagt: »So erkennt auch keiner, was in Gott ist, als nur der Geist Gottes« (1. Korinther 2,11). Jedes Wissen von Gott muss von innen kommen. Wir können Gott nicht von außen anschauen. Und wir beten auch nicht »zu Christus«, sondern »durch Christus, unseren Herrn, Amen.«

Und dann hören wir Paulus fast rufen: »Wir aber haben nicht den Geist der Welt empfangen, sondern den Geist, der aus Gott stammt, damit wir erkennen, was uns von Gott geschenkt worden ist« (2,12). Wir sind nicht mehr von Gott getrennt, sondern wir sind eins mit Gott. Gott in uns weiß, Gott in uns liebt. So sieht es aus, wenn wir »geistliche Dinge geistlich erkennen«, und in diesem Rahmen kann sich niemand »rühmen« (1,29) oder eigene Leistungen für sich in Anspruch nehmen. Alles ist reines Geschenk, oder wie Johannes sagt: »Ihr kennt ihn, weil er bei euch bleibt und in euch sein wird … Er wird euch alles lehren und an alles erinnern, was ich euch gesagt habe« (Johannes 14,17.26).

Das kontemplative Denken, der Weg der Weisheit, die

nicht-duale Mystik haben es nicht nötig, Opfer zu spielen oder andere zu Opfern zu machen. Auf diese Weise stellt Gott die Welt auf den Kopf und lässt es zu, dass schlichter guter Wille regiert und siegt, nicht Gesetz, Intelligenz oder irgendeine Überlegenheit, die viel zu sehr auf den Vorteil des kleinen Egos bedacht ist. Das Spielfeld von Leben, Geschichte und Kultur ist durch das Evangelium vorbereitet und frei gemacht. Alle haben – von Anfang an – den gleichen Zugang zu Gott. Tatsächlich haben die Kleinen sogar einen ordentlichen Vorsprung: »Was die Welt für töricht hält, hat Gott erwählt, um die Weisen zu beschämen; was die Welt für schwach hält, hat Gott erwählt, um das Starke zu beschämen« (1. Korinther 1,27).

Dabei geht es nicht darum, menschliches Bemühen und menschliche Intelligenz klein zu reden, im Gegenteil: Das Ziel des Evangeliums besteht darin, uns zur vollen Teilhabe am Göttlichen zu erheben, wie Paulus wenig später sagt: »Ihr seid Gottes Ackerfeld, Gottes Bauwerk ... der Tempel Gottes ist heilig, und der seid ihr« (3,9.17). Eine solche innewohnende Würde schärft und erdet den Gebrauch des uns von Gott gegebenen Verstandes.

Wir brauchen nicht mehr als wirkliche Teilhabe an Gott, um kontemplativ zu leben, aber wir werden jeden Tag aufs Neue und in vielerlei Weise auf dieses uns allen zugängliche Geschenk (2. Petrus 1,3 f.) zurückgreifen müssen – mit dem immer neuen Eifer, der ebenfalls nur als Geschenk erbeten und angenommen werden kann. Diese Botschaft ist so erstaunlich, dass selbst ein Großteil der christlichen Tradition sie bewusst ignoriert, verleugnet oder zum moralischen Wettbewerb gemacht hat, sodass die meisten nicht einmal einen Versuch unternehmen, weil alles so sehr auf eine bestimmte Art von (Kirchen-)Leuten beschränkt scheint, die oft den

Menschen draußen nicht besonders inspirierend oder glaubwürdig erscheinen.

Lassen Sie mich dieses Kapitel mit einem Zitat von Bonaventura abschließen, der seinerseits Augustinus zitiert. Augustinus spricht direkt zu der menschlichen Fähigkeit, die Einheit mit Gott wirklich zu erfahren. Ich glaube, die Freude des franziskanischen Halleluja entspringt aus dieser inneren Erkenntnis, die immer mehr über uns kommt, wenn wir unseren Glaubensweg gehen. Die Vertiefung ist das einzige wirklich Ziel christlicher Kontemplation, und sie bildet auch den Kern der ewigen Weisheitstradition. Auf diese Weise also »erkennen« Franziskus und Clara und alle Kontemplativen: »Die Seele selbst ist ein Abbild Gottes, dem Gott so gegenwärtig ist, dass sie Gott fassen kann und fähig ist, ›Gott zu besitzen und an ihm teilzuhaben‹.«[67]

Mit dieser Erkenntnis können wir weitergehen. Tatsächlich können wir mit großer Zuversicht in die Weite und Breite gehen.

KAPITEL 6

Eine andere Orthodoxie: auf andere Dinge achten

> Bis an sein Lebensende behauptete Franziskus sein Recht, sein eigenes Charisma selbst zu interpretieren. So bezeichnete er auch sein Testament als einzig autorisierten Kommentar zu seiner Ordensregel … Letzten Endes können wir sagen, dass die Kirche Franziskus und seine Brüder willkommen hieß, ohne die Wucht und Bedeutung seiner Botschaft wirklich zu verstehen.[68]
> *André Vauchez*

Einer der frühesten Berichte über Franz von Assisi, die Perugia-Legende, zitiert ein Wort von Franziskus an die ersten Mitbrüder: »Ihr erkennt nur so viel, wie ihr tut.«[69] Seine Betonung des Tuns, der Praxis und der Lebensweise war grundlegend und revolutionär für seine Zeit und wurde zum wichtigsten Teilstück der alternativen franziskanischen Orthodoxie (»Heterodoxie«). Für Franziskus und Clara wurde Jesus zu jemanden, den sie nicht nur anbeten, sondern dem sie nacheifern wollten.

Bis dahin gründete sich ein Großteil der christlichen Spiritualität in der Askese der Wüstenväter und -mütter, in monastischer Disziplin, Theorien über das Gebet und akademischer Theologie, die ihrerseits oft auf einem »korrekten Glauben« oder auf der Liturgie beruhte, nicht auf einem praktischen Christentum, das auf den Straßen dieser Welt gelebt werden konnte. Viele sagen mit Recht, Franziskus habe seinen Schwerpunkt auf die Imitation und Liebe der Menschlichkeit Jesu gelegt, nicht auf die Anbetung seiner Göttlichkeit. Darin liegt eine starke Verschiebung der Schwerpunkte.

Bei der Erforschung der Schriften von Franziskus ist festgestellt worden, dass er etwa 175 Mal den Begriff »tun« verwendet, nur 5 Mal den Begriff »verstehen«. Bei »Herz« und »Geist« ist das Verhältnis 42 zu 1, bei »Liebe« und »Wahrheit« 23 zu 12 und bei »Barmherzigkeit« und »Verstand« 26 zu 1. Diese neue Perspektive unterscheidet sich sehr stark vom verbal-argumentativen Christentum seiner Zeit und von der hoch akademischen Theologie der nächsten tausend Jahre. Tatsächlich handelt es sich sogar um ein Gegenmittel. Franz von Assisi brachte das Gebet auf die Straße und in den Alltag, wie wir schon in Kapitel 4 gesehen haben. Deshalb förderten die Franziskaner ja auch den Gebrauch des tragbaren kleinen Psalters, den wir bis heute als »Brevier« bezeichnen.

In der Minderheit

Durch ihre gesamte Geschichte hindurch war und ist die franziskanische Schule in der römisch katholischen Kirche und in der christlichen Tradition insgesamt eine Minderheitenposition, aber sie ist nie verurteilt oder als häretisch verworfen worden, im Gegenteil. Sie hat nur andere Lehren Jesu in den Vordergrund gestellt, neue Perspektiven und Verhaltensweisen, und sich auf die ganze, letzte Bedeutung der Inkarnation Gottes in Christus konzentriert. Für die Franziskaner ging es bei der Inkarnation nicht nur um Jesus, sondern sie griff viel weiter, sobald man in der Lage war, geistlich zu sehen. Deshalb ja auch das Franziskus-Wort: »Die ganze Welt ist unser Kloster.«

Die frühe franziskanische Bewegung war eine Art Nebenkirche am »inneren Rand« des organisierten Christentums, ähnlich wie andere Bewegungen: die Wüstenväter und -mütter, viele frühe Mönche, bevor sie klerikalisiert und gezähmt wurden, das keltische Christentum. Für einige Ordensgemeinschaften gilt das bis heute. Die meisten Katholiken sind daran gewöhnt, dass solche Gruppen neben dem oder am Rande des normalen Gemeindesystems existieren. Franziskus wurde auch als »der erste Protestant« bezeichnet. Dabei tat er das, was er tat, aus dem Inneren der Kirche heraus und ohne jeden Hang zur Opposition. Wie konnte ihm diese seltene Synthese gelingen?

Wie wir schon in früheren Kapiteln gesehen haben, ging Franziskus nicht von der menschlichen Sündhaftigkeit, sondern vom menschlichen Leiden aus, von Gottes Identifikation mit diesem Leiden in Jesus. Damit geriet er nicht in Konflikt mit katholischen Dogmen oder Strukturen. Sein Christus war kosmisch und gleichzeitig zutiefst persönlich, seine Kathedrale war die Schöpfung selbst, er zog den Bodensatz der Gesellschaft der Spitze vor. Er legte stets mehr Wert auf den Einschluss der scheinbaren Außenseiter als auf irgendwelche Insider-Clubs, und er war viel mehr Mystiker als Moralist. Insgesamt zog er ein armes Ego privater Vollkommenheit vor, weil auch Jesus, »obschon er reich war, um euretwillen arm geworden ist, damit ihr durch seine Armut reich würdet« (2. Korintherbrief 8,9). Das alles war kaum in Frage zu stellen oder zu kritisieren, obwohl es einige taten und noch tun, wie wir an den derzeitigen Kritikern von Papst Franziskus sehen.

Franz von Assisis Weltanschauung war radikal auf Christus ausgerichtet, erkannte jedoch die Kirche als Hauptschauplatz an, an dem die gute Nachricht beschützt und verbreitet werden konnte. Er war ein nicht-dualer Denker. Franziskus musste niemandem beweisen, dass seine Kirche der einzige, exklusive »Leib Christi« sei. Dieses Problem stellte sich noch gar nicht, außer vielleicht zwischen Ost- und Westkirche. Vielmehr sah er den lebendigen Leib Christi überall, und die organisierte Kirche war der Ort, an dem das »verborgene Geheimnis« am ehesten erkannt, besprochen, entwickelt und gelobt werden konnte. Die meisten von uns kommen von der anderen Seite – »meine Kirche ist besser als deine« – und gelangen nie zu der universellen Botschaft. Wir verwechseln das Gefäß mit dem Inhalt und oft genug unsere kirchliche Struktur mit dem Evangelium und dem Reich Gottes. Franziskus war ein außerordentlicher »Ja, und außerdem«-Mensch, der sich von allen negativen Haltungen gegenüber Strukturen und anderen Gruppen fernhielt.

Sein Lebensplan war die schlichte, reine Nachfolge Jesu, eines Jesus, der selbst demütig und arm gewesen war. Tatsächlich folgte er ihm geradezu sklavisch. Er war ein Fundamentalist, nicht in Bezug auf Lehrmeinungen, sondern in Bezug auf die Lebensweise: »Nehmt nichts mit auf die Reise« – »Esst, was man euch vorsetzt« – »Arbeitet für euren Lohn« – »Tragt keine Schuhe«. Für die meisten Christen ist das ein revolutionäres Denken, obwohl es das »Mark des Evangeliums« ist, wie Franziskus selbst sagte, weil er wusste, was viele Lehrer inzwischen bewiesen haben: Menschen neigen eher dazu, sich in neue Denkweisen hineinzuleben, als sich in eine neue Lebensweise hineinzudenken. Mit Lesen verändert man die wenigsten Menschen auf einer tieferen, dauerhafteren Ebene. Normalerweise erreicht Lektüre nicht unser Unterbewusstsein, wo all unsere Verletzungen und Motive verborgen liegen.

»Wenn wir schwach sind, dann sind wir stark« (2. Korinther 12,10) könnte das Motto der frühen Franziskaner gewesen sein. Im neunten Kapitel seiner Ordensregel schrieb Franziskus: »Sie sollen sich freuen, unter den Ausgestoßenen der Gesellschaft zu leben.« Biblisch gesehen, waren sie ein Spiegel des frühen, praktisch orientierten Christentums, wie es im Jakobusbrief und in der Herzensmystik der Ostkirche zu finden war. Die meisten männlichen Franziskaner wurden irgendwann Kleriker und richtige Kirchenmänner, aber angefangen haben wir ganz woanders.[70]

Die radikaleren Formen des Christentums haben sich nie sehr lange erhalten, wie wir an der ersten Pfingstbegeisterung und der egalitären Urgemeinde sehen, die alles teilte (Apostelgeschichte 2,44f.), ebenso wie an den Wüstenvätern und -müttern, den frühen keltischen Eremiten, aber auch später an Gruppen wie den Waldensern, den Beghinen und Begharden, den Bruderhöfen, den Amischen und vielen anderen, bis hin zu den Catholic Workers und den Sant'Egidio-Gemeinden unserer Zeit. Wenn solche Gruppen sich nicht institutionalisieren und sich sogar eine eigene Rechtsform geben, haben sie in der Regel ein kurzes Leben oder bleiben sehr klein. Aber sie sind und bleiben wunderbare Experimente, die alle anderen herausfordern. Sie sind immer wie ein neues Zimmer mit einem neuen Blick, und sie zeigen uns allen einen Blickwinkel, der uns verloren gegangen ist.

Was ist eine alternative Orthodoxie?

Vielleicht kommen Ihnen diese Beschreibungen einer alternativen franziskanischen Orthodoxie ungewöhnlich, unmöglich oder gar in sich widersprüchlich vor. »Entweder sind sie orthodox, also richtig und wahr, oder eben nicht«, könnten

Sie sagen. Wie kann die franziskanische Spiritualität eine Alternative darstellen und trotzdem orthodox genannt werden? Aber »Heterodoxie« liegt als Drittes genau zwischen Orthodoxie und Häresie. Und ich glaube bestimmt, das Franz von Assisi einen kreativen Dritten Weg fand und das er damit die kreative, mutige Rolle des Propheten und Mystikers ausfüllte. Er wiederholte lediglich, was alles Propheten sagen: dass die Botschaft und der Bote eins sein müssen. Und er betonte den Boten, statt ständig die rein verbale Botschaft zu wiederholen oder neu zu fassen, was wohl Aufgabe des Priesters ist. So entwickelte Franziskus, wie alle wahren Propheten, wesentlich mehr historische und gesellschaftliche Wirkung, als das bei Priestern normalerweise der Fall ist. Sie verpassen durch ihre Beschäftigung mit dem Schutz und Erhalt des Status quo nur zu oft sowohl die wahre Tradition als auch ihre Entfaltung in der Geschichte.[71]

Die frühen Franziskaner und Klarissen wollten das Evangelium praktizieren, statt »Wortpolizisten«, »Inspektoren« oder »Museumswärter« zu sein, wie Papst Franziskus zu einigen Klerikern sagt. Sowohl Franziskus als auch Clara boten ihre Regeln als »forma vitae«, als Lebensform an, um ihren eigenen Begriff zu benutzen. Für sie war »Orthopraxie« (also die richtige Praxis) eine notwendige Ergänzung zur rein verbalen Orthodoxie (also der richtigen Lehre) und vielleicht sogar noch wichtiger als diese. Sie war kein beliebiger Zusatz und auch keine mögliche Auswirkung. Die Geschichte zeigt, dass ein relativ großer Prozentsatz von Christen nie zu den praktischen Auswirkungen ihres Glaubens gelangt. »Warum tut ihr nicht, was ihr sagt, dass ihr glaubt?«, fragt der Prophet.

Jeder Blickwinkel ist ein Blick aus einem bestimmten Winkel. Des einen Terrorist ist des anderen Freiheitskämpfer. Der fromme Mitbruder der einen Gruppe ist der gefährliche

Häretiker der anderen. Aber die franziskanische Schule hat einen positiven, von Glauben erfüllten Weg gefunden, derartiges dualistisches und selbstbezogenes Denken zu umgehen. Sie hat eine Möglichkeit entwickelt, gleichzeitig sehr traditionell und sehr revolutionär zu sein, indem sie die Praxis über die Theorie stellte. Im Herzen ihrer Orthopraxie lag die Übung, verschiedenen Dingen Aufmerksamkeit zu schenken (Natur, Armen, Demut, Wanderschaft, Außenseiter, Bettelei, äußere Mission statt einer Verstärkung der Heimatbasis und ein Evangelium ohne Glanz, wie Franziskus es nannte). Damit und ohne Kampf um Glaubensstatements erschufen sie ein ganz neues *Imaginarium* für viele Menschen. Das unbewusste Gefäß innerhalb dessen sich das Denken einer Gruppe abspielt. Mehr dazu in Kapitel 16.

Außerdem legten sie deutlich weniger Wert auf manche Dinge: große Kirchenbauten, Priesterschaft, Liturgie als Drama statt Gebet, jede Art von Zurschaustellung, Streben nach Kirchenämtern, hierarchischen Titeln und Gewändern. Vielleicht weil sie sahen, wie sehr andere Gruppen diese Dinge betonten. Heute wie während seiner ganzen Geschichte unterscheidet sich das franziskanische Imaginarium deutlich von dem der meisten Bischöfe und Diözesanpriester. Aber das ist angesichts der verschiedenen Ausgangspunkte und Grundannahmen auch keine Überraschung. Allerdings bekämpfen Franziskaner die anderen normalerweise nicht, wir beschäftigen uns lediglich mit anderen Dingen. Oft füllen wir die Lücken mit Dingen, die sie weniger stark interessieren oder für die sie keine Zeit haben. Wir legen Wert auf Freiheit und Gewissen, Freude, Kreativität, Natur, die Armen, einfache Anbetung, den Blick vom Rand und vom Boden her, die »Aussätzigen« der Gesellschaft. Vergleichen Sie die Missionsarchitektur, Kunst und Design in Neumexiko, Texas und Kalifornien mit einer eher europäisch beeinflussten Gemeinde im Mittleren Westen der USA. Schon sehen Sie, was ein vollkommen unterschiedliches Imaginarium bewirken kann.

Nachdem im Jahr 1318 einige sogenannte »spirituelle Franziskaner« in Frankreich auf den Scheiterhaufen verbrannt wurden,[72] weil sie darauf bestanden, Jesus und die Apostel seien arm gewesen und hätten all ihren Besitz geteilt, wurde unser Orden viel vorsichtiger und strebte eine Anpassung an die verbale Orthodoxie an, um zur Hauptlinie der Kirche zu passen, die sich auf der Höhe ihrer weltlichen Macht befand.[73] Häresie war inzwischen nichts anderes mehr als Ungehorsam gegenüber den Autoritäten, der durchaus häretisch sein kann, aber nicht muss. Wenn Jesus der erste Lehrer und Bezugspunkt des Christentums ist, dann entspricht Häresie einem Mangel an Liebe und nicht einfach nur dem Ungehorsam (wobei es bei der Liebe um tätige Nächstenliebe und Freundlichkeit geht). Ungehorsam ist nur dann die Hauptsünde, wenn Ihre Hauptsorge dem Aufrechterhalten der Autorität gilt.

Nach der Verfolgung in den Anfangsjahren strebten die Franziskaner die Anerkennung als gehorsame, demütige Brüder an, was natürlich auf Franz von Assisi absolut zutraf und uns vor Arroganz bewahrte. Aber wie schon der »erste Papst« Petrus zu seinen eigenen religiösen Autoritäten sagte: »Man muss Gott mehr gehorchen als den Menschen.« (Apostelgeschichte 5,29). Johannes der Täufer, Jesus selbst und Paulus waren alle empörend »ungehorsam« ihren eigenen zeitgenössischen religiösen Autoritäten gegenüber. Wie könnten wir das übersehen? Die Tatsache, dass Lehrer und Priester diese historische Tatsache übersehen haben, ist ein gutes Beispiel für selektive Wahrnehmung und echte Verleugnung. Aber man kann nur sehen, worauf die Aufmerksamkeit gelenkt wird. Das traurige Ergebnis war, dass Gehorsam und Gruppenloyalität zu den wichtigsten Tugenden wurden, im Gegensatz zu Mitgefühl für den Außenseiter. Das war noch 1961 der Fall, als ich dem Orden beitrat.

Wie man richtig die Regeln bricht

Trotzdem ist es nicht klug, große Institutionen oder den kulturellen Konsens direkt zu bekämpfen. Sie werden selten siegreich aus einem solchen Kampf hervorgehen, und oft werden sie dabei negativ und widerständig – und manchmal auch stolz. »Jede Aktion führt zu einer gleichgerichteten und gegensätzlichen Reaktion«, weiß die Physik. Sie sind besser dran, wenn Sie einfach tun, was Sie tun müssen, und bereit sind, den Preis zu zahlen, wenn Sie sich irren oder angeklagt werden. Es ist allemal besser, leise zur Seite zu treten und Ihre Arbeit zu tun, so wie es Franziskus tat, als er San Damiano und die Portiuncula außerhalb der Stadtmauern von Assisi wieder aufbaute. Er respektierte und ehrte die Kathedrale San Rufino, die Schule und Gemeinde San Giorgio und das Kloster San Pietro innerhalb der Stadtmauern und bediente sich sogar ihrer geistlichen Dienste, aber um mit seiner neuen »Lebensform« zu experimentieren, ging er an einen anderen Ort. Das ist der Schlüssel zur Strategie der dritten Kraft. Ich will das kurz erklären.

Wir Franziskaner bringen bis heute jedes Jahr einen Korb Fische zu den Mönchen von San Pietro, um sie für den »schlichten Gebrauch« eines kleinen Stücks Land außerhalb der Stadt zu entschädigen.[74] Die Vorstellung, dass wir das Land nutzen oder mieten konnten, statt es zu besitzen, war ein guter Kompromiss und ein kluger Einfall. Wer nichts besitzt, bleibt frei von Macht und Wichtigkeit, die sich mit Vorstellungen von Mein und Dein verbinden, und kann sich sogar moralisch auf sicherem Grund wähnen, wenn ihm das wichtig ist. »Zum schlichten Gebrauch« mussten wir als Novizen in unsere Bücher schreiben. »Zum schlichten Gebrauch von Bruder Richard« kritzelte ich fromm hinein. Heute sollte ich das wohl in den Deckel meines Laptops ritzen.

Der Kern eines Lebens in einer alternativen Orthodoxie liegt darin, dass man die Regeln erst einmal sehr gut lernen muss, um herauszufinden, wie man sie richtig bricht – was natürlich in Wirklichkeit heißt, dass man sie gar nicht bricht. Beispielsweise ändere ich oft die Wortwahl in den offiziellen Gebeten der katholischen Messe, weil ich sonst das Gefühl habe, ich bete 65 Prozent der Zeit für meine oder unsere eigene Erlösung (zählen Sie mal nach). Wenn ich solche Änderungen vornehme, dann nicht aus Ungehorsam, sondern aus Gehorsam gegenüber dem Evangelium. Für Novizen, katholische Fundamentalisten und manche Bischöfe sieht es freilich wie Ungehorsam aus. Jesus hat gesagt: »Denkt nicht, ich sei gekommen, um das Gesetz oder die Propheten aufzuheben. Ich bin nicht gekommen, um aufzuheben, sondern um zu erfüllen.« (Matthäus 5,17)

Paulus spricht im gesamten Römerbrief von der feinen, aber wichtigen Unterscheidung zwischen Gesetz und Glaube: »Schaffen wir also durch den Glauben das Gesetz ab? Keineswegs! Wir richten vielmehr das Gesetz auf.« (3,31) Hier haben wir es mit der ewigen Spannung zu tun, die die gesamte Heilige Schrift durchzieht: zwischen prophetischer und priesterlicher Tradition, zwischen dem Anprangern von Verrat und Ungerechtigkeit und gleichzeitigem Erhalt der Tradition. Diese Spannung ist immer notwendig, wird aber nur selten in der Schrift selbst aufgelöst, außer bei Jesus und den jüdischen Propheten. Franziskus stand zweifellos auf Seiten der prophetischen Tradition, ohne die priesterliche Tradition abzulehnen, wie alle Welt wohl vermutete, wenn man sieht, wie schockiert sie war, als der neue Papst sich im Jahr 2013 auf die gleiche Seite schlug und den Namen Franziskus annahm. Es schien für die äußerste Establishment-Person kaum möglich einen so weit vom Establishment entfernten Namen zu wählen.

Die dritte Kraft des franziskanischen Weges

Franz und die Franziskaner lehnten die priesterliche Tradition nicht ab, obwohl er selbst sich nicht zum Priester weihen ließ. Er wusste, dass Jesus zu den geheilten Aussätzigen gesagt hatte: »Geht und zeigt euch den Priestern!« (Lukas 17,14) Er vertraute auf eine Art dritte Kraft, eine Möglichkeit, zu reagieren, ohne in Opposition zu geraten, indem er Alternativen zur Neufassung jedes Themas und zur Erschaffung von etwas wirklich Neuem einführte, wie es der Heilige Geist immer tut. Das »Gesetz der drei« ist dynamisch und bewegend verglichen mit dem immer auf Gegensätzen beruhenden »Gesetz der zwei«.[75] Franziskus wurde, ohne es zu wissen, zu einem Lehrer des Dritten Weges, dem Weg mitfühlender Kreativität. Er ließ sich nie dazu zwingen, entweder zu fliehen oder zu kämpfen.[76] Ehrlich gesagt, macht das einen Großteil seines Genies aus.

Sie erinnern sich gewiss an ein früheres Kapitel, in dem Franziskus seinem Wunsch Ausdruck verlieh, die Welt würde die kleinen Brüder nur selten sehen und über ihre geringe Zahl staunen.[77] Er versuchte, ganz und gar außerhalb irgendwelcher »großer« Systeme zu operieren, ohne Wettstreit und

Vergleich. Die Vorstellungen von Fortschritt und Wachstum, vom Streben nach dem ersten Platz, beherrschten die Gesellschaft noch nicht ganz so sehr wie heute. »Ihr seid, was ihr seid in den Augen Gottes, nicht mehr und nicht weniger«, pflegte er zu sagen.[78] Franziskus betrachtete sich nicht als Konkurrenten der anderen Kleriker, er war nicht für oder gegen irgendjemanden, sondern identifizierte sich mit den ärmsten Laien und lebte außerhalb aller Machtsysteme. Ständig warnte er uns vor hochmütigen oder negativen Haltungen gegenüber Höhergestellten.

In der letzten Fassung seiner Ordensregel von 1223[79] sagt Franziskus den Brüdern, sie sollten »jene Leute nicht … verachten oder … verurteilen, die weiche und farbenfrohe Kleider tragen und sich auserlesener Speisen und Getränke bedienen sehen«, sicher eine versteckte Warnung vor jedem Urteil gegen den höheren Klerus und die Reichen. Er warnt sie auch, »dass sie, wenn sie durch die Welt ziehen, nicht streiten, noch sich in Wortgezänk einlassen … noch andere richten. Vielmehr sollen sie milde, friedfertig und bescheiden, sanftmütig und demütig sein.« In seinem Testament[80] erklärt er: »Ich weigere mich, über die Sünden von Priestern nachzudenken. Sie sind besser als ich.« Und später: »Wir nehmen nicht in Anspruch, gelehrt zu sein, und unterwerfen uns jedem.« Die drei allgegenwärtigen Gefahren Macht, Prestige und Besitz interessierten weder Franziskus noch Clara. Beide bewegten sich zuversichtlich, frei und glücklich in eine andere Richtung, und sie kannten keine »imitative Rivalität« – nach René Girard die Grundlage für die meisten menschlichen Konflikte und Gewalttaten.

Die erste Ordensregel von 1221, die »Gründungsurkunde« der Franziskaner,[81] erwies sich in den Augen der kirchlichen Autoritäten als zu egalitär und zu naiv. In Kapitel fünf sagt

Franziskus: »Allen Brüdern ist es ausnahmslos verboten, Macht oder Autorität über andere auszuüben.« Das stellte sie außerhalb der üblichen Systeme von Dominanz, klerikaler Autorität und Machtgier. Tatsächlich befahl man ihm, diese frühe, sehr idealistische Regel umzuschreiben, die im Wesentlichen aus aneinandergereihten Schriftworten bestand. Ich gebe zu, dass man auch einen Großteil der Lehre Jesu als naiv, idealistisch und praxisfremd bezeichnen könnte. Während des größten Teils der christlichen Geschichte hat man beispielsweise die Bergpredigt so beurteilt. Der Ansatz von Franziskus und Clara wurde als »aktive Spiritualität« bezeichnet, womit gemeint ist, dass Dinge nur dann wahr sind, wenn man sie tut. Auf der Ebene von Vorstellungen kann man ewig streiten, weil unser Denken immer dualistisch ist. Franz von Assisi jedoch wollte, dass wir die Dinge auf einer »Zellebene« oder energetischen Ebene erkennen, nicht nur in unseren Köpfen.

Die Gabe der Franziskaner besteht trotzdem darin, die Spannung zwischen Idealismus und realer Existenz innerhalb der Kirche zu offenbaren und auszuhalten. Und eine so kreative Spannung löst man nicht durch intellektuelle Gymnastik oder päpstlichen Dispens auf.[82] Wenn man Macht und Machtlosigkeit ehrt, kommt man zwangsläufig auf etwas Drittes, eine ganz andere Art von Macht. Die Aktivität der dritten Kraft ist immer das Geschenk des wahrhaften Evangeliums an die Welt, und Mystiker sind immer Menschen der dritten Kraft.

Die Weltanschauung der Franziskaner ist nicht häretisch, und es ist auch keine Bedrohung, außer vielleicht für die Bequemen und Karrieristen. Es geht ihr nicht um einen Machtkampf. Wenn Sie sich die Geschichte der verurteilten Ketzer anschauen, dann ging es fast immer um Autorität, Priestertum, die Verwaltung der Sakramente und die Frage: »Wer hat hier die Macht?« Ich weiß von niemandem, der auf dem Scheiterhaufen verbrannt wurde, weil er sich nicht um die Witwen und Waisen gekümmert hätte, oder wegen irgendeiner anderen Frage der Orthopraxie. Wenn man das bemerkt, ist das erst mal ein Schock – sobald man den allerersten Schock darüber überwunden hat, dass Christen überhaupt jemanden auf dem Scheiterhaufen verbrennen. Der dritte Schock ergibt sich aus der Tatsache, dass kein Papst, kein Priester und kein Gemeindeglied jemals exkommuniziert wurde, weil er einen zu üppigen Lebensstil pflegte, weil er ehrgeizig, gierig oder stolz war, obwohl Jesus diese Dinge viel direkter und offener verurteilt hat als alles, wofür bei uns Leute exkommuniziert werden.

Tatsächlich zwingt uns Jesus zu ganz klar dualistischen Entscheidungen, wenn er Geschichten wie die vom Kamel und dem Nadelöhr, von Lazarus und dem reichen Mann oder von den Schafen und den Böcken erzählt oder Sätze sagt wie: »Ihr könnt nicht Gott dienen und dem Mammon« (Matthäus 6,24). Oft scheint es, als würden wir uns immer da dem Dualismus verweigern, wo Jesus ihn zeigt. Und wo Jesus sehr unklar oder überhaupt nicht gesprochen hat, da kommen wir zu absolut sicheren Schlüssen. Überprüfen Sie das gern selbst einmal. Die organisierte Religion hat ihre Aufmerksamkeit viel häufiger Dingen zugewandt, über die Jesus gar nicht gesprochen hat (Geburtenregelung, Abtreibung, Homosexualität), und ignoriert andere Dinge, über die er mit äußerster Klarheit sprach: »Geh hin, verkaufe, was du hast, und gib es den Armen« (Matthäus 19,21). Ich will damit nicht negativ, aufsässig oder besonders schlau erscheinen, sondern lediglich über den Elefanten im Wohnzimmer sprechen, an dem wir alle geflissentlich vorbeischauen.

Franziskus sprach nicht nur von diesem Elefanten, sondern er benutzte ihn in aller Bescheidenheit als Reittier. Darauf deuten sein Leben, seine Botschaft und sein Tun hin. Er wandte fast seine gesamte Aufmerksamkeit der täglichen Praxis zu, den schlichten Beziehungen und dem Alltagsleben, statt auf sonntägliche Glaubensbekenntnisse zu hören. Man kann diese Neuorientierung eigentlich nicht verurteilen, sondern ihn nur bewundern. Er verfolgte mit Leidenschaft Dinge, die der Kirchenhierarchie vollkommen gleichgültig waren. Aber er weckte die schlafenden Hunde nicht, wie man so sagt, und stellte orthodoxe Dogmen und die liturgische Praxis nicht in Frage (ähnlich wie es heute bei Dorothy Day und Oscar Romero der Fall ist). Franziskus und Clara gingen fundamentalistisch an die Lebenspraxis heran, also an Dinge, die von ihnen persönlich viel verlangten, und verschwendeten keine Zeit auf fundamentalistische Haltungen zu Fragen, die nur Konformität von anderen verlangten.

Wie alle guten Katholiken waren Franziskus und Clara ganz und gar glücklich damit, den Glaubensbekenntnissen der Kirche zu folgen, und ließen sich davon innerlich bestimmen und halten – dazu sind Glaubensbekenntnisse ja auch da. Wenn man es anderen überlässt, sich über den Unterbau und Überbau der Dinge den Kopf zu zerbrechen, also über Philosophie, Kirchenprotokolle und Theologie, dann kann man seine eigene Aufmerksamkeit dem tatsächlichen Bau und der Praxis des täglichen Lebens zuwenden.

Der franziskanische Weg nach Franziskus

Sehr bald nach der ersten, idyllischen Brüdergeneration und nachdem Franziskus entdeckt hatte, dass man einigen Intellektuellen doch trauen konnte – er bezeichnete den hl. Antonius von Lissabon, später Padua, als »seinen« Bischof – gingen einige Brüder an die Universitäten, vor allem nach Paris und Oxford, vermutlich als Laienprediger und mit der Absicht, junge, gebildete Männer in die aufblühende und noch sehr ungebildete Gemeinschaft zu holen. Zur nächsten Generation von Franziskanern gehörten Männer wie Alexander von Hales, William von Ockham, Roger Bacon, Adam Marsh, Johannes Duns Scotus, John Peckham, der spätere Erzbischof von Canterbury, Raymond Lull und vor allem Bonaventura von Bagnoregio.

Auf ihre eigene, einzigartige Weise und jetzt auch mit intellektuellen Gaben entwickelten sie das Thema einer wahrhaft alternativen Orthodoxie weiter. Auf verschiedene Weise kristallisiert sich diese alternative Haltung in Bonaventuras berühmter »Verteidigung der Bettelorden« in Paris, wo man deutlich sah, dass die Brüder Theologie und Dienst anders verstanden als die anderen Orden und frühere Gelehrte. Die neuen Bettelorden wurden scharf kritisiert und von den Weltpriestern ebenso abgelehnt wie von der Akademie ihrer Zeit, weil sie nicht den alten Regeln intellektueller Debatten folgten und die Akademie auch nicht als ihre Heimat betrachteten. Die Basis und auch die Autorität für unseren Dienst waren nicht so sehr in den Gemeinden angesiedelt als vielmehr in einer »nebenkirchlichen« Gemeinschaft am Rande der Gesellschaft.

Tatsächlich gingen die Franziskaner nur selten siegreich aus den intellektuellen Debatten mit den gebildeten Dominikanern hervor. Wir waren immer in der Minderheit, was auch hieß, wir wurden nicht verurteilt. Aber es handelte sich eben um eine Minderheitenposition, ähnlich wie das Minderheitenvotum bei Entscheidungen des Obersten Gerichtshofs oder der Art, wie Naturwissenschaftler mit einer Hypothese arbeiten, bis sie formell widerlegt ist.[83] Die westliche Kirche war lange Zeit gar nicht so dualistisch in ihrem Denken; das begann erst nach der Reformation und der rationalistischen Aufklärung. Mit der Erfindung der Druckerpresse wurden Worte wichtiger als Erfahrungen.

Heterodoxie

Eine heterodoxe Meinung entspricht dem, was wir heute als Minderheitenvotum bezeichnen würden. Sie gilt nicht als falsch, häretisch oder rebellisch, sondern wird einfach nicht zum Mainstream gezählt. In diesem Sinne ist franziskanisches Denken immer heterodox, aber wir sprechen nicht davon, sondern wissen es nur in unserem Inneren und kümmern uns um unsere eigenen Angelegenheiten.

Debatten über franziskanische Spiritualität waren also in der Regel nicht oppositionell, sondern beschäftigten sich mit den Schwerpunkten und der Art, wie diese Schwerpunkte gelebt wurden. Darin liegt ja ein großer Unterschied im praktischen Ethos und in der Vorstellungswelt. Was wir betonen und wie wir es betonen, bestimmt, worauf wir unsere Aufmerksamkeit lenken und was wir ignorieren dürfen. Die meisten Gruppen funktionieren so, ohne es zuzugeben. Im Großen und Ganzen lehrten wir, dass Liebe und Tun wichtiger waren als intellektuelle oder spekulative Wahrheiten. Liebe ist in der franziskanischen Schule die höchste Kategorie, das Ziel, und wir glauben, wahrhafte Liebe kann nur aus wahrhafter innerer Freiheit und aus dem Gewissen kommen.[84] Außerdem manifestiert sich Liebe erst, wenn wir nahe bei den Benachteiligten leben, die uns daran erinnern, was wirklich wichtig ist.

Gute franziskanische Spiritualität versucht immer, drei Freiheiten auf einmal zu bewahren:

Erstens, Gottes Freiheit, zu tun, was Gottes Wille ist, selbst wenn sein Tun unser Verstehen übersteigt. Gott muss unseren Regeln nicht folgen, und letztlich bleibt sein Wille immer ein Geheimnis.

Zweitens, der Erhalt struktureller Freiheit, wo immer dies möglich ist.

Und drittens die innere, psychologische Freiheit, die durch das kontemplative Gebet bewahrt wird, mit dem Ziel, die ersten zwei Freiheiten zu verwirklichen.

Ein so weiter Horizont der Freiheit ist groß und Furcht erregend, und vermutlich gelangen nur wenige so weit, aber das Ideal ist klar (Galater 5,1 ff.). Freiheit ist in der franziskanischen Spiritualität kein Schimpfwort, solange es sich nicht um die egozentrische, individualistische Freiheit handelt, die wir heute im Westen so sehr pflegen.

Diese Liebe zur inneren Freiheit machte die Franziskaner für die Kirchenhierarchie verdächtig, versetzte uns aber auch in die Lage, mit menschlichem Scheitern und individuellen Gewissensentscheidungen einzelner Gläubiger leichter umzugehen. Als Beichtvater habe ich von einigen heiligen Mitbrüdern gelernt, mich nicht auf einen Richterstuhl zu setzen, sondern immer nur auf den »Stuhl der Barmherzigkeit«, wenn ich den Geschichten der Leute zuhörte. Oder wir das Buch Exodus von der Versöhnungsplatte auf der Bundeslade sagt: »Dort will ich dir begegnen« (25,22). Kein Wunder, dass die Leute zum Beichten gern die Franziskaner aufsuchen.

Auf zwei Ebenen also – in unserer Betonung der Orthopraxie (Einfachheit, Gewaltlosigkeit, Leben unter den Armen, Liebe zur Schöpfung) und in unserem Denken (Theorie der gewaltlosen Buße, Univozität allen Seins, Freiheit des Gewissens, kontemplatives Gebet) – wurden wir Franziskaner also tatsächlich zu Brüdern und Schwestern am Rande der Kirche. Und genau dort wollte Franziskus uns ja auch haben, genau dort führten er und Clara ihr radikales Leben.

Erst im späten 20. und frühen 21. Jahrhundert wird diese alternative Orthodoxie wiederentdeckt, in Ehren gehalten und als vielleicht die wichtigere Form und das wichtigere Zeugnis der Orthodoxie erkannt. Wie Papst Paul VI. sagte: »Die Welt wird den Lehrern nur dann glauben, wenn sie in erster Linie Zeugen sind.«[85]

Franz und Clara von Assisi waren für uns solche Zeugen, Bonaventura, Scotus und andere waren Lehrer, und auch heute noch versuchen wir, lebendige Zeugen und gute Lehrer zu sein, wenn wir danach streben, die Liebe zu leben.[86] Ich will dieses Kapitel mit dem Versuch beschließen, unsere Heterodoxie zusammenzufassen:

Erst muss das Leben kommen
dann das Geben,
und dann begreifst du, dass du die Liebe noch gar nicht kennst!
Also betrittst du den Kreis von Leben und Geben noch einmal.
Du machst Rückschritte,
obwohl du gern vorwärts gehen würdest.
Und tatsächlich gehst du vorwärts, aber nur im Geheimen.
Wenn du in diesem Kreis bleibst,
wird daraus ein Menschenleben,
wie es im Kopf niemals möglich wäre.
Wir sprechen von einem positiven Kreislauf.

Es gibt keinen direkten Weg zur Güte, zur Liebe oder zu
Gott.
Und Gott sei Dank
gibt es die Gnade immer rückwirkend.

KAPITEL 7

Der franziskanische Geist: die Integration des Negativen

Ihr könnt eure Liebe zu den anderen zeigen, indem ihr euch *nicht* wünscht, sie wären bessere Christen.[87]

Wir müssen geduldig ertragen, dass wir *nicht* gut sind ... und dass man uns *nicht* für gut hält.[88]
Franz von Assisi

Ja, Sie haben richtig gelesen. Was das erste Zitat angeht, so hielt man es für unecht, weil man sich nicht vorstellen konnte, dass Franziskus so etwas schreibt. Jahrhundertelang wurde das »nicht« aus den Texten gestrichen. Im zweiten Zitat hat man lange Zeit die Pointe übersehen, bis eine spätere Kirchenlehrerin, die hl. Thérèse von Lisieux, im 19. Jahrhundert genau dasselbe lehrte. Vielleicht hätten Sie die drei »nicht« beim Lesen gleich gestrichen. Weil es mir auch so ging, habe ich sie kursiv gesetzt.

Wie kam es zu diesem Missverständnis? Ich glaube, die fromm korrigierten Versionen lassen uns eine Illusion eigener Überlegenheit, die sehr stark an das Ego appelliert, vor allem an das religiöse Ego. Franziskus' Sätze entspringen einer in höchstem Maße erleuchteten Achtsamkeit, ehrlicher Selbstbeobachtung und der Demut, die sich daraus immer ergibt.

Ich nehme an, es gibt keine spirituelle Vorstellung, die der Intuition mehr zuwiderläuft, als die Möglichkeit, dass Gott tatsächlich das nutzen und notwendig finden könnte, was wir fürchten, vermeiden, verleugnen und für unwürdig halten. Das meine ich, wenn ich von »Integration des Negativen« spreche. Aber ich glaube auch, genau darin haben die revolutionäre Frohe Botschaft Jesu, die tiefste Erfahrung des Paulus und die zentrale Erkenntnis im Leben von Franziskus und Clara ihren tiefsten Kern. Die Integration des Negativen hat immer noch die Kraft, Menschen hervorzubringen, die »die ganze Welt in Aufruhr« bringen (Apostelgeschichte 17,6), wie man es den frühen Christen nachsagte, die sich im Haus des Jason versammelten. Heute sprechen manche Therapeuten vom »Umarmen des eigenen Schattens«, das ihn zu einem »goldenen Schatten« mit wichtigen Gaben macht. Eine solche Hingabe oder ein solches Bedürfnis nach Hingabe an einen Höheren gehört zu jeder echten Erleuchtung. Ohne sie sind wir blind und werden zu blinden Führern für andere (Johannes 9,39 ff.).

Eine innere Asymmetrie

Franziskus und Clara brachten das, was die meisten von uns als negativ oder als Nachteile sehen würden, zum Schimmern und Leuchten, indem sie sich an dem freuten, dem die meisten von uns Widerstand, Verleugnung und Angst entgegensetzen: Klein sein, Armut, Benachteiligung, ein Leben außerhalb des Systems von Macht und Status, Schwäche in jeder Form – alles, was Franziskus als »minoritas« bezeichnete. Diese Welt sah anders aus als das, was die meisten von uns bevorzugen. Wir alle wollen uns am liebsten der »Mehrheit« anschließen und gern auch bewundert werden.[89] Franziskus und Clara hingegen unternehmen einen Erstschlag auf Leben und Tod und lassen sich darauf ein, der ganzen Wirklichkeit mit all ihren tragischen Fragen grundsätzlich zuzustimmen. Sie verneigen sich liebevoll vor den Dingen, die die meisten von uns beleidigen, erschrecken und verbittern. Man könnte von einem »Tod vor dem Tod« sprechen, aber darin liegt seit jeher das Geheimnis der Heiligen und der Kern jeder echten spirituellen Initiation.[90]

Von den Astrophysikern wissen wir, dass das Universum beim Urknall mit der perfekten Temperatur, Balance und Symmetrie geboren wurde. Doch erst durch das »asymmetrische Abkühlen« verschoben sich die Kräfte dergestalt, dass Leben – und irgendwann auch menschliches Leben – möglich wurde. Unser Leben beruht auf Unordnung und Unvollkommenheit innerhalb eines ganz und gar asymmetrischen Universums, das in sich wieder eine neue Art der Symmetrie hervorbringt.[91] Nach Aussage der modernen Physik weiß das Universum, wie man das Problem des Möglichen und das scheinbar Negative (Elektronen müssen im Atom Protonen ausbalancieren) integriert und in ein größeres Leben verwandelt. Und ein Großteil der modernen Philosophie und Psychologie sieht das genauso.

Kritisches oder »negatives« Denken hat uns in jene Ehrlichkeit mit Worten und Wahrheiten geführt, die wir heute als Postmoderne bezeichnen. Sie kann uns zynisch machen, aber auch unsere Bereitschaft zum reifen Glauben fördern wie nichts vorher. Die Konfrontation mit unserem Schatten und unseren Abhängigkeiten bildet den Kern der modernen Psychiatrie und Psychotherapie. Und die Religion sollte möglichst schnell mit den anderen Fächern gleichziehen und sich rückbesinnen auf ihre absolut zentrale, ursprüngliche Botschaft.

Leider benutzt das Christentum für die negative Seite die Metapher »sein Kreuz tragen«, und so wahr das ist: Unser unbedachter Missbrauch dieses Begriffs und unsere Angst vor »Selbstverleugnung« hat den meisten Menschen einen hilfreichen Umgang mit dem Wort »Kreuz« verstellt. Ich persönlich glaube, Ehrlichkeit mit uns selbst und der Wirklichkeit ist Gottes Weg zu einer allgemein zugänglichen Gnade, weil wir alle erleben, dass unser Leben von Zeit zu Zeit mit Widerstand, Problemen, »negativen« Erscheinungen (Sünde, Scheitern, Verrat, Tratsch, Angst, Schmerz, Krankheit etc.) belastet wird – und vor allem mit der letzten Verleugnung, dem Tod. Gute Spiritualität sollte uns darauf vorbereiten, statt uns Verneinung oder Heuchelei auf hohem Niveau zu lehren.

Jede Leiter, auf die wir steigen könnten, appelliert an unser egozentrisches Bewusstsein und unser Bedürfnis, zu siegen oder recht zu behalten. All das hat mit Heiligkeit nichts zu tun, sondern war vielmehr über weite Strecken der christlichen Geschichte ein Hindernis für Heiligkeit. In der franziskanischen Lesart des Evangeliums gibt es keinen anderen Grund, religiös zu sein oder Gott zu lieben, als »den zu lieben, der uns so sehr geliebt hat«, wie Franziskus sagte.[92] In den zehn Geboten geht es um die Erschaffung einer gesellschaftlichen Ordnung, eine gute Sache, aber in den acht Seligpreisungen Jesu (Matthäus 5,3–12) geht es um die Integration dessen, was wie Unordnung aussieht und das ist noch viel besser. Kein Land, keine Stadt, hat meines Wissens ein Denkmal für die acht Seligpreisungen auf dem Rasen vor dem Gerichtsgebäude aufgestellt. Es handelt sich einfach um zwei sehr unterschiedliche Bewusstseinsebenen.

Franziskanische Spiritualität geht fast vollständig von einer Spiritualität der Seligpreisungen aus. Die Seligpreisungen kennen keinen gesellschaftlichen oder aufs Ego bezogenen Gewinn für das falsche Selbst, während der Gehorsam den zehn Geboten gegenüber uns mit der notwendigen Impulskontrolle und den Grenzen versorgt, die wir brauchen, um überhaupt irgendwo anzufangen. In der ersten Lebenshälfte spielt das eine große Rolle.[93] Beide Lebenshälften sind gut und notwendig, aber die zehn Gebote sind eher an den Aufgaben der ersten Lebenshälfte orientiert. »Das alles habe ich von meiner Jugend an befolgt«, sagt der reiche junge Mann, und dann weigert er sich, weiterzugehen. Die Seligpreisungen jedoch offenbaren eine Welt der reinen Gnade und Fülle – das, was die Spiraldynamik oder Integrale Theorie als dritte Stufe des Bewusstseins oder nicht-duales Denken bezeichnen würde[94] und was ich »Spiritualität der zweiten Lebenshälfte« nenne. Eine gesunde Religion ist daraus zugeschnitten, Sie ein Leben lang zu begleiten und Ihnen nicht nur Grenzen zu setzen.

In einer Welt, die nur aus Unvollkommenheit zu bestehen scheint, haben die Demütigen und Ehrlichen einen riesigen Vorsprung in spiritueller Hinsicht und können Gott immer in ihrem einfachen Leben finden. »Selig die Armen im Geist; denn ihnen gehört das Himmelreich« (Matthäus 5,3), sagt Jesus in der ersten Zeile der Bergpredigt. Und Maria sagt ungefähr dasselbe im Magnificat: »Gewaltige hat er vom Thron gestürzt und Niedrige erhöht« (Lukas 1,52). Aber das Ego hasst diese Wahrheit so sehr und leistet so viel Widerstand dagegen, dass sie nur durch »ein Wort von Gott« oder aus dem Jenseits zu uns gelangen kann.

Weniger als ein Prozent der Menschheit seit Anbeginn der Zeit hatte Zugang zu Kirche, Sakramenten, ausgebildeten Pfarrern, Religionsunterricht, der Bibel oder überhaupt zum Lesen. Das sagt uns einiges, und zwar mit Recht. Das Einzige, was wir alle gemeinsam haben, ist die »Sünde«: das Überschreiten von Grenzen, der Sturz in die Unvollkommenheit, das Scheitern (Römerbrief 5,12). Und wir werden auch Opfer der Sünden anderer und unserer gesellschaftlichen Umgebung. Augustinus hat diese »geerbte« Wunde als »Ursünde« bezeichnet.

In einer Spiritualität der Unvollkommenheit haben wie eine universelle Basis für Gottes Erlösung der Menschheit und vielleicht auch eine klare Bezeichnung für das, woraus uns Gott erlöst – vor uns selbst und unserer eigenen verhassten »Unwürdigkeit« sowie der Unwürdigkeit anderer. Einer der hilfreichsten Ratschläge, die ich persönlich bei Franziskus gefunden habe, steht im siebten Kapitel unserer Ordensregel, wo er uns sagt, wir sollten uns über die Sünden und Fehler der anderen nicht aufregen, »denn solcher Zorn und Ärger erschwert die Nächstenliebe«.[95] Seine Analyse ist schlicht, hart und wahr, und sie legt mir die gesamte Beweislast auf. Ich muss diese Stelle immer mal wieder lesen.

Unwürdigkeit als Eintrittskarte

Wenn wir unsere spirituelle Suche nach der Wahrheit und nach uns selbst im sogenannten Negativen beginnen bzw. dort, wo wir die Hintertür vermuten, dann nehmen wir alles elitäre Denken aus unserer Spiritualität heraus – die häufigste Versuchung überhaupt. Damit werden die Behauptungen, die an unser Ego appellieren (»Ich bin spirituell fortgeschritten«) vollkommen nutzlos und offenbaren sich als Teil des Problems. Arrogante Religion wird weitgehend unmöglich und gewalttätige Religion wird zu einem Widerspruch in sich, was bisher leider noch nicht vorgekommen ist. In diesem negativen Rahmen wird die »Unwürdigkeit« – oder doch die Bereitschaft, unsere eigene Kleinheit und Unfähigkeit anzuerkennen – zur schnellsten Eintrittskarte in den Himmel, zur

Erleuchtung oder Erlösung. Unser bewusstes Bedürfnis nach Gnade wird zur einzig möglichen Bordkarte. Das gefällt dem Ego nicht besonders, aber unsere Seele versteht es sofort.

Wahrscheinlich hat keine Gruppe diese Botschaft praktischer und sichtbarer angewendet als die Zwölf-Schritte-Bewegung, die ihren Ausgangspunkt bei den Anonymen Alkoholikern genommen hat.[96] »Guten Tag, mein Name ist Joe und ich bin Alkoholiker.« Das ist ein ehrlicher Start für eine spirituelle Zusammenkunft. Vielleicht funktioniert es deshalb bei so vielen Menschen so gut. Auch unsere katholische Liturgie beginnt mit Sätzen wie »Herr, sei mir gnädig« und »Herr, ich bin nicht würdig ...«. Aber dann machen wir weiter, als wäre das alles nicht wahr, und nehmen ganz schnell an, dass wir durchaus »würdig« sind, die Kommunion zu empfangen, und dass andere möglicherweise unwürdig sind oder nicht so viel wissen wie wir. Gibt es tatsächlich Katholiken, die *verstehen,* was sie da tun? Und doch schließen wir alle anderen davon aus. Dies ist eines der sichtbarsten und wirklich tragischen Ergebnisse einer Spiritualität, die auf angeblicher »Vollkommenheit« beruht. Solche Ausschlusstaktiken basieren unbewusst auf einem falschen Gefühl von Würdigkeit und behandeln den Glauben, als ginge es dabei um erinnertes Wissen.

Religion als Idee

Vor Jahren habe ich gelesen, die Idee der Religion habe mit einer einfachen, aber fatalen Unterscheidung begonnen: Auf die verschiedensten Weisen teilen Menschen die Welt in rein und unrein, gut und schlecht, vollkommen und unvollkommen auf. Mit solchem ganz und gar dualistischen Denken fängt es an, und dann gelangt man darüber nicht mehr hinaus. Eine solche Spaltung oder Trennung entspricht aber natürlich nie der tatsächlichen Erfahrung. Wir alle wissen, dass die Wirklichkeit viel gemischter und »unordentlicher« ist. Sie müssen sich geistig wirklich komplett verschließen, um die Dinge auf Dauer so falsch zu sehen. Unreife Religion geht dann von ihrer ersten falschen Grundannahme zu einem ganzen ethischen Code über, irgendeiner Art Priestertum und verschiedenen Ritualen und Tabus, die uns auf der Seite des scheinbar Reinen, Positiven, Perfekten und Guten halten sollen. Als wäre das jemals möglich. Haben Sie sich nicht schon mal gefragt, warum Jesus die rituellen Waschungen verweigerte? (Matthäus 15,2) Ein solches System klingt ganz richtig, funktioniert aber nur im Kopf, und selbst dann verlangt es Verleugnung, Spaltung und mentale Heuchelei. Jede Religion bleibt ohne echte Gotteserfahrung unreif und weitgehend selbstbezogen. Wie auch nicht? Gott jedoch vergibt auch der unreifen Religion, und diejenigen, die Gott kennen, lernen ebenfalls zu vergeben.

Das Nächste ist freundlich gemeint: Organisierte Religion läuft strukturell fast zwangsläufig auf die Erschaffung von Heuchlern und Schauspielern hinaus, die versuchen, rein und gut oder doch wenigstens besser als andere zu *erscheinen*. Wer von uns würde sich das nicht wünschen? Jesus benutzt das Wort »Heuchler« allein im Matthäusevangelium mehr als zehn Mal. Die Neigung zur Heuchelei ist ein weitgehend strukturelles Problem, eines, mit dem Sie in allen idealistischen und spirituellen Gruppen rechnen können, in denen Menschen unbewusst darauf trainiert werden, gut auszusehen, moralisch hoch zu stehen, die Wirklichkeit aufzuteilen und den Splitter im Auge des anderen zu sehen, nicht den Balken im eigenen Auge. Niemand von uns kann allen eigenen Idealen entsprechen, aber wir müssen so tun, als könnten wir es, um uns gut zu fühlen und den Respekt der anderen Gruppenmitglieder zu erlangen. Genau dagegen richtet sich Franz von Assisi mit den genialen Sätzen, die ich zu Beginn dieses Kapitels zitiert habe.

Jede Religion, die von oben nach unten denkt, trainiert ihre Mitglieder darauf, so zu tun als ob, zu verleugnen und das Böse auf andere zu übertragen, ohne dass ihnen das überhaupt bewusst wird. Deshalb betont Jesus die innere Erfahrung und geht in die Wüste, statt sich um die äußerlichen Formalitäten des Tempelgottesdienstes zu kümmern, obwohl er auch diesen nicht gänzlich verwirft. Schließlich ist er ein nicht-dualer Denker. Aber diese Heuchelei, diese Übertragung des Bösen auf andere macht äußerliche Religion zu einer Gefahr und macht so viel unreifes Christentum möglich – bei Laien und Klerikern. Dann haben wir es mit lauter Menschen zu tun, die glauben, sie seien liebevoller und ordentlicher, als sie wirklich sind.

Ehrliche Selbsterkenntnis, Schattenarbeit, Therapie und Werkzeuge wie das Enneagramm werden von vielen Gläubigen mit großer Feindseligkeit betrachtet. Man kann sich sofort denken, dass sie etwas zu verbergen haben oder irgendetwas fürchten. Sie verachten diese Arbeit als »reine Psychologie«. Aber wenn das so ist, dann waren die Wüstenväter und -mütter, die Philokalie, Thomas von Aquin und Teresa von Ávila auch schon reine Psychologie. Und Jesus. Ohne einen klaren Kampf gegen unseren Schatten und irgendeine Form des demütigen, ehrlichen Umgangs mit unserer Unvollkommenheit kann und wird niemand mit der eigenen Heuchelei zurande kommen. Diese notwendige Arbeit ist wirklich »geistlicher Kampf«, wie es die Wüstenmönche nannten, denn es verlangt einen bewussten, dauerhaften Kampf, sich des eigenen Schattens bewusst zu werden. Und dieser Schatten sucht sich immer subtilere Verkleidungen, je »heiliger« Sie werden.

Der kleine Weg der Schwäche

Gottes »unmoralische Minderheit« versucht, das, was Paulus als Lehre vom Kreuz entwickelte, zu integrieren, sich dafür zu entscheiden und es sogar zu suchen: »Darum habe ich Gefallen an meinen Schwachheiten ... denn wenn ich schwach bin, dann bin ich stark« (2. Korinther 12,10). Er erzählte, Christus habe zu ihm gesagt: »Es genügt dir meine Gnade; denn die Kraft wird in der Schwachheit vollendet« (2. Korinther 12,9). Schließlich war Jesus ja bereits am Kreuz der Auferstandene. Angekettet in seiner Gefängniszelle, schreibt Paulus an die Gemeinde in Philippi: »Was mir Gewinn bedeutete, das habe ich wegen Christus als Verlust erkannt« (Philipperbrief 3,7). In der Nachfolge Jesu kehrt Paulus die Maschinen des Ego und seine Errungenschaften ein für alle Mal um, und diese Umwertung, diesen neuen Ausgangspunkt verstanden Franziskus und Clara so mutig und deutlich. Die hl. Thérèse von Lisieux (1873–1897), eine Karmeliterin, die zur jüngsten, ungebildetsten und am schnellsten ernannten Kirchenlehrerin wurde, entschied sich ebenfalls für diesen Weg nach unten, den sie den »neuen Weg« oder den »kleinen Weg« nannte. Aber bis dahin mussten erst wieder sieben Jahrhunderte vergehen.

Thérèse benutzte die richtigen Begriffe, denn ihr Leben war für die meisten Menschen wirklich sehr neu und sehr klein, verglichen mit den üblichen aufwärts strebenden christlichen Plänen. Ihr Ziel bestand darin, »kleine Dinge mit großer Liebe zu tun«.[97] Die meisten Katholiken nennen sie liebevoll »die kleine Blume«. Vielleicht ist sie die einzige

Heilige, die öfter bei ihrem Kosenamen gerufen wird. Der Hauptstrom des Christentums war zu ihrer Zeit perfektionistisch und legalistisch geworden, und damit war die frohe Botschaft für Generationen von Katholiken und Christen ganz allgemein alles andere als gut oder einladend.[98]

Thérèse sagte dagegen, fast gegen alle Vernunft: »Wer bereit ist, mit Heiterkeit die Prüfung auf sich zu nehmen, sich selbst unangenehm zu sein, der ist ein angenehmer Zufluchtsort für Jesus.«[99] Wenn Sie sich selbst beobachten, werden Sie feststellen, wie schwer es fällt, sich selbst unangenehm zu sein. Dieser emotionale Pferdefuß bereitet uns allen entsetzlich schlechte Laune, ohne dass wir die Ursache begreifen würden. Um also dieses sehr weit verbreitete Problem zu lösen, lehren uns Franziskus und auch Thérèse, das Bedürfnis loszulassen, »gut von uns selbst zu denken«. Da redet ohnehin nur unser Ego und nicht Gott, würden sie sagen. Aber das gelingt natürlich nur Menschen, die ihre grundlegende Egozentrik abgelegt haben. Der Psychiater und Autor Scott Peck hat mir in den Achtzigerjahren beim Mittagessen erzählt, dieses Wort von Thérèse sei der Beweis für ihr »religiöses Genie«, weil es das übliche religiöse Getue praktisch unmöglich mache. Es spiegelt die Worte von Franziskus, die ich am Anfang dieses Kapitels zitiert habe.

Ich fürchte allerdings, ein Großteil der religiösen Früherziehung dreht sich nur um den »großen Weg«. In einigen Fällen ist das, was in Priesterseminaren, Noviziaten und Sonntagspredigten passiert, nichts anderes als professionelles, ausgefeiltes Training im Pharisäertum, im öffentlichen Getue und in Heuchelei – weitgehend unbewusst, wohlgemerkt. Und nein, ich glaube nicht, dass ich übertreibe. Die Dauerhaftigkeit dieses Problems wird von Jesus in den Evangelien mit starken Worten betont – lesen Sie Kapitel 23 des Matthäusevangeliums, wo sein Zorn auf Religion und Heuchelei geradezu atemberaubend ist.

Pharisäertum kann aber nur funktionieren, wenn Ihre Religion sie »unbewusst« und mit kulturellen Werten unter Kontrolle hält. Solche unreife Religion ist fast immer mit Äußerlichkeiten, Formeln, exakten Ritualen, Gewändern, Rollen und Titeln beschäftigt. Dazu kommen Gehorsam und Gruppenloyalität als höchste Werte an Stelle der Liebe. Nachdem ich seit fünfzig Jahren voller Stolz mein braunes franziskanisches Kleid und den Strick dazu trage, weiß ich, wie gefährlich es ist, sich zu »verkleiden«, sowohl für mich als auch für diejenigen, die sich mir gegenüber ganz anders verhalten, sobald ich es trage. Ironischerweise raten sowohl das Evangelium als auch Franziskus dazu, sich eher schlicht zu kleiden. Franziskus tat das, um arm auszusehen, aber wir Franziskaner tragen das Gewand voller Stolz, um ihm ähnlich zu sehen …

Wenn Sie keine innere Erfahrung mit Gott und seiner Gnade haben, werden sie zwangsläufig mit Ihrer äußerlichen Erscheinung überkompensieren. Nichts gegen eine ansprechende äußere Erscheinung, aber Menschen neigen nun einmal dazu, Unwichtiges und Wichtiges miteinander zu verwechseln und sich sogar darüber zu zerstreiten. Wenn man das ein halbes Leben so gemacht hat, wird es schwierig, wieder damit aufzuhören. Andererseits gelingt es vielen Menschen ganz natürlich. Ich erinnere mich an einen sehr demütigen Bischof am Yukon, der mir sagte, jedes Mal, wenn er seinen »albernen Hut« aufsetze, käme es ihm vor, als trüge er eine Dornenkrone. Auf so eine Abkehr von den Bedürfnissen des Ego kommt man nur, wenn man echte Gotteserfahrung und einiges an »Sinkflug« hinter sich hat.[100] Von einem anderen Bischof habe ich zu hören bekommen, er wolle mit seiner Mitra beerdigt werden. Man wird nur dann demütig, wenn man Demütigungen angenommen hat, in der Regel mehrfach.

Manchmal geht es mir so wie Paulus, der mit sehr vielen Neubekehrten zu tun hatte, die glaubten, für ihre Erlösung brauchten sie das Gesetz. Er rief ihnen zu: »Ihr unverständigen Galater! Wer hat euch behext, euch, denen doch Jesus Christus als Gekreuzigter vor Augen gestellt wurde! ... Habt im Geist begonnen und wollt jetzt im Fleisch enden?« (Galaterbrief 3,1.3) Die meisten von uns beginnen mit Lehrmeinungen und Gesetzen und bleiben dort – wir gelangen nie bis zum Geist. Es ist, als würden wir in der ersten Lebenshälfte feststecken, obwohl Paulus doch ganz klar sagt: »Lasst ihr euch aber vom Geist leiten, dann steht ihr nicht unter dem Gesetz« (5,18). Ich weiß, das klingt Furcht erregend, weil es sich anfühlt, als gäbe es gar keine Leitlinien mehr. Und ich weiß auch, dass man mich einen Häretiker nennen würde, wenn es nicht Paulus gesagt hätte. Aber bis wir den »kleinen Weg« entdecken, versuchen wir fast alle, auf sicheren moralischen Boden zu kommen, indem wir die Gesetze befolgen und uns für spirituell fortgeschritten halten. Thérèse sagt: »Es genügt, unsere Nichtigkeit zu erkennen und uns wie ein Kind in Gottes Arme zu werfen.«[101] Menschen, die diesen ehrlichen Weg gehen, haben zwangsläufig mehr Freude, mehr Mitgefühl und jede Menge Zeit, um ganz einfach für alles, was ihnen passiert, dankbar zu sein. Sie brauchen keine Mitra, gleich welcher Art.

Auf Gottes »Mehr« warten

Geistlich gesprochen, ist weniger fast immer mehr, wie in guter Kunst. Oder um es anders noch einmal anders zu sagen:

»Small is beautiful.« Nur wenn wir ständig eine Philosophie des »Weniger« verfolgen und bereit sind, auf Gottes »Mehr« zu warten, können wir wachsen und uns verwandeln. Denn dann lernen wir, uns von unserer eigenen Kleinheit und Gewöhnlichkeit leiten zu lassen. Wir erleben das praktisch als »Wachstum in Bereitschaft und als Aufgabe von Eigenwillen«. Auch dies ist ein Aspekt der Integration des Negativen, doch am Ende wirkt es gar nicht mehr negativ, sondern wie eine positive Annahme von allem, was ist.

Diese Schubumkehr durch das Evangelium ist zweifellos besonders wichtig für uns, die wir in einer westlichen Kultur des Aufstiegs, des Wettstreits und ständigen Vergleichens aufgewachsen sind, in der es keinen Platz für Fallen, für Weniger oder für Freude am Gewöhnlichen gibt. Unsere armen jungen Leute wünschen sich, auf die Bühne einer Castingshow zu gelangen. Und jedes Jahr, so scheint es, werden unsere Restaurants, unsere Partys, unsere Autos und unser Geschmack noch ein bisschen höher, besser, größer als im Jahr zuvor.[102] Das ist sicher kein Glücksprogramm, denn ständige Erfolgserwartungen führen nur zu tiefer Unzufriedenheit. Kein Wunder, dass unser halbes Land ständig bereit scheint, wütend oder beleidigt zu sein.

Ich hoffe, Sie sehen jetzt etwas deutlicher, warum man Franz von Assisi nicht als weiche, nette Gestalt abtun kann. Ein klarer Blick auf sein Leben und seine Praxis zeigt, dass er absichtlich und bewusst das gesamte System von »Ehre und Schande« unterlief, auf dem ein so großer Teil unserer Kultur, aber auch Gewalt, falsche Selbsteinschätzung und viele kirchliche Dienste beruhen.[103] Der reinigendste Glücksplan, den ich mir denken kann, sieht so aus, dass wir alles *ausschließlich für Gott* tun. Damit verwandeln wir den Charakter menschlichen Miteinanders und löschen den Großteil unserer Konflikte aus.

Franz von Assisi sagte, er müsse Flicken auf seinem Gewand tragen, um äußerlich zu zeigen, wie es in seinem Innern aussah. Er lief in Unterwäsche durch Assisi lief und wand sich auf der Piazza, als er hörte, dass man ihn einen Heiligen nannte. Wir haben es mit einem Mann zu tun, der sich über die Welt hinausbewegt hatte, in der die meisten von uns leben. Er baute das geistliche Leben auf der Grundlage von »ausschließlich Liebe« neu auf und ließ die früheren Bedürfnisse nach sozialer Achtung, Sicherheit, Selbstbild und Masken los. Denken Sie daran: Wenn die Liebe Ihr einziges Ziel ist, vor allem die Liebe zu Gott, dann können Sie gar nicht scheitern. Das ist die ganze Wahrheit, glauben Sie mir.

Nachdem Sie jetzt so viel über Franziskus wissen, hoffe ich, Sie bringen auch den Mut auf zu sehen, dass seine Botschaft von Einfachheit, Kleinheit und »Abwärtsmobilität« sich auch in der Heiligen Schrift findet, beispielsweise im Philipperbrief (2,7) oder im 2. Korintherbrief (8,9). Ich hoffe, Sie glauben all das nicht nur, weil ich es gesagt habe – denn dann vergessen Sie es bald wieder. Die meisten Heiligen haben einfach gelebt, ohne jemals ausdrücken zu können, warum sie das für die wahre, natürliche Lebensweise hielten. Mother Elizabeth Seton sagte dazu: »Wir wollen einfach leben, damit andere einfach leben können.«[104] Wenn wir den ganzen Weg der Kleinheit innerlich und äußerlich annehmen, finden wir die vielleicht einzige Möglichkeit, in den nächsten Jahrhunderten auf dieser Erde ganz praktisch zu überleben.

So will ich mit einem fast perfekt franziskanischen Gedicht dieses Kapitel beschließen. Es stammt von einem klugen modernen Dichter, Chris Ellery, und ist zu Ehren von Johannes dem Täufer geschrieben. Ich fühle mich geehrt, dass er mir die Erlaubnis gegeben hat, dieses bisher unveröffentlichte Gedicht hier abzudrucken. Seine schöne Metapher für unseren demütigen Wunsch, zur Quelle zurückzukehren, entspricht dem Wunsch des Täufers, kleiner zu werden, während Jesus wuchs. Bei Ellery ist es das natürliche Versickern und Verdunsten des Wassers. Kein Wunder, dass Franziskus das Wasser als »Schwester Wasser, so nützlich, bescheiden, kostbar und schön« ansprach. Wasser sucht sich immer den niedrigeren, ja, den niedrigsten Ort. Und es kann sehr wohl unser Lehrer sein. Wasser ist das einzige universelle Element, dass für jede Form von Leben notwendig ist. Vielleicht hat unsere Taufe deshalb so viel mit Wasser zu tun:

Wenn ich fürchte, ich hätte etwas falsch gemacht,
wenn ich die Dummheit der Menschen betrachte,
wenn ich die Transzendenz vergesse und vor Farben und
 Schatten niederknie,
wenn ich meine Seele belüge,
dann gehe ich ans Wasser, folge seinem Zauber.
Ein Fluss, ein Strom, ein See mit Quellen und Strömungen
Ich sehe das Leben, das es spendet,
wenn es makellos fließt und sich anschmiegt
an die Form dieser Welt, die Konturen des Landes, das
 Drängen der Erde.
Ich höre, wie es singt unter der Sonne
ewiger Verdunstung.[105]

KAPITEL 8

Leichtes Herz und festes Auftreten: die Integration des Weiblichen und Männlichen

Wir zwei, die wir eins werden, sind es![106]
John Donne

Ich habe immer schon gewusst, dass die Franziskaner anders sind als die monastischen oder überhaupt andere Ordensgemeinschaften von Männern innerhalb der römisch-katholischen Kirche. Aber ich habe lange gebraucht, um für mich wirklich zu formulieren, warum diese vage Intuition der Wahrheit entsprach. Franziskaner sind nicht besser oder schlechter als andere, sie sind nur wirklich anders. Die Basis meiner Intuition und der tatsächliche Unterschied haben vermutlich etwas mit der Integration des Weiblichen zu tun. Ein Forscher hat ganz richtig gesagt, Franziskus habe »ohne ein spezifisch feministisches Programm … zur Stärkung des Weiblichen im Christentum beigetragen.«[107] Der französische Historiker André Vauchez fügt in seiner kritischen Franziskus-Biografie hinzu, diese Integration des Weiblichen sei ein »fundamentaler Wendepunkt in der Geschichte der westlichen Spiritualität«.[108] Ich denke, beides hat etwas für sich und beschreibt das »andere«, möglicherweise sogar den Kern des franziskanischen Wegs.

Clara ist ganz klar das archetypische franziskanische Symbol des Weiblichen, und Franziskus ist ein geradezu übernatürliches Beispiel dafür – und kommt damit sogar durch.

Für mich hat die franziskanische Spiritualität das weibliche Element in einer sehr patriarchalischen und übermäßig männlichen römisch-katholischen Kirche zum Tragen gebracht, auch in der ziemlich harschen männlichen Spiritualität der Wüste und in der übermäßig durchstrukturierten Spiritualität der Klöster. Sie integrierte das Weibliche zunächst auf der Ebene der Imagination (siehe Kapitel 16), aber auch durch andere Schwerpunkte, neue Bezeichnungen für Rollen und Funktionen und ziemlich neue Gemeinschaftsstrukturen. Beispielsweise operieren wir nicht hierarchisch, sondern treffen unsere Entscheidungen gemeinsam im Kapitel, und jede Aufgabe, die ich jemals zugewiesen bekam, wurde zunächst mit mir besprochen. Franziskus hat uns auch verboten, Titel zu verwenden, die ein Oben und Unten signalisieren, also Prior, Abt oder Oberer.

Wenn ich von »weiblich« und »männlich« spreche, entspricht das vielleicht dem Yin und Yang der asiatischen Spiritualität. Ich definiere diese Kategorien auf der Grundlage meiner Beobachtungen und Studien etwa so:[109] Das weibliche Prinzip hat mehr Interesse am Inneren, an der Seele, dem Formlosen, tieferen Gefühlen, Intuition, Verbindungen, Harmonie, Schönheit und Beziehungen im Allgemeinen. Es wird mit dem subtilen Charakter des Mondes und nicht mit dem allzu stark differenzierenden Licht des maskulinen Sonnengottes oder der Buchstäblichkeit und Linearität der linken Gehirnhälfte in Verbindung gebracht. Übrigens identifizieren sich natürlich nicht alle Frauen ganz und gar mit dem weiblichen Prinzip, einige Männer aber schon. Diese Merkmale sollen Ihnen nur ein Gefühl dafür vermitteln, was ich meine. C. G. Jung spricht von einer diffuseren Wahrnehmung, was ein Vorteil und ein Nachteil sein kann.

Das maskuline Prinzip, wie ich es erlebe und lehre, interessiert sich mehr für das Außen, den Geist, die Gestalt, die Idee, Bewegung oder Tun, Benennung und Differenzierung. Es verlässt sich auf sonnendurchleuchtete Klarheit und nicht auf Interdependenz. Es setzt mehr auf den Aufstieg von Geist und Verstand als auf den Abstieg der Seele, eher aufs Tun als auf Beziehungen und Nähe. Beobachten Sie kleine Jungen beim Spielen, sehen Sie zu, wenn Männer etwas bauen oder zerstören. Nach fünfundzwanzig Jahren Arbeit mit Männern und Exerzitien in vielen Kulturkreisen glaube ich, das sagen zu können. Oft haben wir es hier mit einer konzentrierteren Wahrnehmung zu tun – was ein Vorteil und ein Nachteil sein kann.

Das männliche Prinzip beobachten wir auch bei Adam vor der Erschaffung der Eva, wenn er die Dinge benennt und unterscheidet. Ein einsames Wissen, bevor seine Helferin dazukam und eine andere, ergänzende Seinsweise hineinbrachte. Schauen Sie sich an, was über Eva gesagt wird, als sie endlich erschaffen wird: Sie ist nackt und schämt sich nicht (Genesis 2,25) – eine schöne Beschreibung weiblicher Verletzlichkeit und Wahrnehmung. Adam nimmt an dieser Nacktheit und »Schamlosigkeit« teil, aber er bemerkt sie wohl erst in der Beziehung zu seinem Gegenstück Eva.

Noch schöner ist, was von Jahwe erzählt wird, nachdem Adam und Eva den Sündenfall begangen haben: Er näht ihnen Kleider aus Fellen, damit sie sich bedecken können (Genesis 3,21). Die erste Metapher für Gott – nach dem Schöpfer – ist also die »mütterliche« Näherin, die die Schande der Menschen bedeckt. Es ist, als hätte Jahwe die männlich-weibliche Gegenseitigkeit erst möglich und attraktiv gemacht, indem er ihnen sagte, sie müssten sich nicht voreinander und vor sich selbst fürchten – oder vor ihm. Der große Gott des Volkes Israel ist ein Beschützer und Versöhner von Gegensätzen, in diesem Fall von Männlichkeit und Weiblichkeit.

Die Geschlechtlichkeit des Menschen und der Tanz der Geschlechter scheinen im Geist der Menschen einen grundlegenden Gegensatz zu bilden. Unsere Wahrnehmung der Geschlechtlichkeit erklärt wohl auch, warum geschlechtlich definierte Tabus besonders spät und mühsam aufgelöst werden, selbst bei Leuten, die sich für relativ offen und fortschrittlich halten. Das Geschlecht ist als Archetyp sehr tief in unserer Seele verankert, und deshalb ist jede Verwirrung der Geschlechteridentität extrem verwirrend, solange unser Geist noch in Dualismen verhaftet ist oder solange wir versuchen, die Realität ohne Kontemplation und ausgehend von unserem Ego zu verstehen.

Leichtes Herz und festes Auftreten

Ich habe die andere Herangehensweise an das weibliche und männliche Prinzip bei vielen franziskanischen Schwestern und Leuten aus dem dritten Orden beobachtet, mit dem ich über die Jahre hinweg zusammengearbeitet habe. Sie waren nicht besser als andere Ordensfrauen, und ihr franziskanisches Erbe bestand zumindest teilweise darin, dass sie auch nicht besser sein oder als besser angesehen sein wollten. Aber sie hatten ganz klar andere Grundlagen. Ich kann diese »weiblichere« Grundlage nur so beschreiben: Glückliche und gesunde Franziskaner scheinen eine Mischung aus einem leichten Herzen und einem festen Auftreten in sich zu vereinen. Damit meine ich, dass sie sich selbst nicht so ernst nehmen, wie es aufwärts orientierte Männer oft tun. Gleichzeitig tun sie das, was sie tun, mit ruhiger Überzeugung und Sicherheit, wie es bei reifen Frauen oft der Fall ist.

Ich betrachte diese Synthese von Leichtigkeit und Festigkeit als einen eher weiblichen Zugang zur Spiritualität, und ich sehe sie in Clara und Franziskus in unterschiedlicher Weise, aber immer in großer Schönheit verkörpert. Es ist eine seltene Kombination, so selten, dass sie bei beiden durchaus als heilige Torheit gelten kann. Androgynie ist immer eine bedrohliche dritte Kraft, wenn wir uns allzu sehr mit der einen oder anderen Seite identifizieren.

Clara erbittet vom Papst die Erlaubnis, ihre Gemeinschaft auf dem selbst entwickelten, unerforschten Boden zu gründen, den sie ihr »Privileg der Armut« nennt. Dann wartet sie geduldig, noch auf dem Sterbebett, auf das päpstliche Schreiben, von dem sie weiß, dass es kommen wird. Aber sie fordert und quengelt nicht, sie zankt auch nicht mit Prälaten oder der Theologie im Allgemeinen. Sie besitzt das ruhige Wissen, dass sie gewinnen wird, auch wenn es keinen Präzedenzfall gibt, bei dem Frauen ohne Mitgift oder Förderer in der Lage gewesen wären, selbst für ihren Unterhalt zu sorgen.

Was Franziskus angeht, so dreht er sich wie ein Kreisel auf der Wegkreuzung, um herauszufinden, welchen Weg Gott für ihn vorgesehen hat, und dann geht er mit äußerster Zuversicht in die entsprechende Richtung. Ein Jesuit würde wahnsinnig angesichts eines solchen Vorgehens. Weder sein Weg noch der von Clara sind typisch katholische Methoden der Unterscheidung, der Entscheidung und der Wahrnehmung des göttlichen Willens. Ich glaube trotzdem, dass die Leichtigkeit des Herzens aus der Verbindung mit einer zutiefst weiblichen Intuition und mit dem eigenen Bewusstsein kommt. Das feste Auftreten ergibt sich, wenn dieses weibliche Prinzip sich mit einer reifen männlichen Seele verbindet und voller Zuversicht in die Welt hinausgeht.

Zwei Möglichkeiten der Wahrnehmung

Zwei Bücher haben mir besonders geholfen, diesen Unterschied wahrzunehmen und meine eigenen Intuitionen zu stützen: Karl Sterns *The Flight from Woman* (1965, dt. Ausgabe: *Die Flucht vor dem Weibe,* 1968), das ich kurz nach seinem Erscheinen auf dem College las, und Leonardo Boffs *St. Francis: A Model for Human Liberation* (dt. Ausgabe: *Franz von Assisi und die Liebe Gottes zu den Armen,* 2010). Stern stellt Franziskus dem französischen Existenzialisten Jean-Paul Sartre gegenüber, um zwei sehr unterschiedliche Möglichkeiten der Wahrnehmung zu beschreiben. Interessanterweise spricht er in Bezug auf den männlichen Weg vom »Weg des Dynamos« (Produktivität, Rationalität, kritisches Denken und Effektivität). All das sieht er bei Sartre. Den weiblichen Weg nennt er den »Weg der Jungfrau« und spricht von Beziehung, Subtilität und Innerlichkeit. Franz von Assisi, so sagt er, verkörpert den Weg der Jungfrau und war verliebt in die »Materie und das Mütterliche«, während Sartre zynisch mit fast allem umging und sich so sehr von der Materie und dem Mütterlichen entfremdet hatte, dass es keine Rückkehr mehr gab. Er wandte sich angewidert vom Busen der Natur ab und seinem eigenen kritischen Denken zu.[110] Franziskus dagegen war in der Natur vollkommen zu Hause und konnte die Realität mit anderen Mitteln als dem reinen Denken wahrnehmen.

Man könnte Sartre und einen Großteil der westlichen Philosophie als »exkarnatorisch« bezeichnen, während Franziskus ganz und glücklich »inkarnatorisch« lebte und dachte, weil er sich in Jesus und in die gesamte Schöpfung verliebt hatte. Psychologisch gesprochen, muss ein heterosexueller Mann in gutem Kontakt mit seiner weiblichen Seite sein, um sich so begeistert in Jesus zu verlieben.

Meiner Wahrnehmung nach spiegelt ein Großteil der römisch-katholischen Kirche und ihres Klerus eine eher männliche Wahrnehmungsweise. Wir betonen ständig, dass wir mit unserer Verehrung der Jungfrau Maria unsere Liebe zum Weiblichen zeigen, aber wir geben den echten Frauen wenig oder keine Möglichkeit, Entscheidungen zu beeinflussen oder Führungspositionen zu übernehmen. Damit steht die römisch-katholische Kirche im Widerspruch zum inkarnatorischen Charakter des Christentums in der Natur von Dingen und Schöpfung und ahmt stattdessen lediglich die kulturellen und juristischen Systeme der antiken westlichen Monarchien nach. Inkarnation ist keine »liberale« Idee, sondern eine Idee, die sich im gesamten Universum zeigt.[111]

Achten Sie nur einmal auf die Schlichtheit und Klarheit, mit der der Jude Jesus Metaphern wie den rot gefärbten Himmel, den Esel, die Lilien auf dem Felde, Glucken und Küken benutzt, wie er seine Gleichnisse aufbaut, um wichtige theologische Aussagen zu machen. All das würde heute in den meisten Priesterseminaren und katholischen Kreisen als leichtgewichtige Argumente und »reine Anekdoten« angesehen. Ich würde sagen, Jesus selbst repräsentiert eine weiblichere Art des Wissens und Lehrens, die wir auch bei Franziskus beobachten können, der immer dann besonders effektiv ist, wenn er seine Botschaft in Anekdoten und Vorstellungen vermittelt: Franziskus war ein Meister des Straßentheaters, wie wir heute sagen würden.

Gottes ewige Selbstoffenbarung, die Schöpfung, kann unmöglich auf akademischen Argumenten beruhen, ebenso wenig wie auf einer bestimmten westlich-philosophischen Schule, die bis in unsere Zeit fast nur von Männern praktiziert worden ist. Gott ist, wie Paulus sagte, »keinem von uns fern. Denn in ihm leben wir, bewegen uns und sind wir« (Apostelgeschichte 17,27 f.). Warum haben wir dieses ganz vernünftige Wissen verloren? Es ist wirklich traurig, dass diese Lehre von Intuition und Timing nicht mehr studiert und in Ehren gehalten wird, damit wir »Gott suchen, ob wir ihn fühlen und finden könnten«. Offenbar haben wir allzu oft den Kopf über das Herz gestellt, die Vernunft über die Intuition oder, wenn Sie so wollen, das Männliche über das Weibliche.

Der Triumph des Logos über den Eros

In seiner Franziskus-Biografie sagt Leonardo Boff fast dasselbe, nur mit anderen Worten.[112] Er bezeichnet die westliche Vorliebe für das männliche Prinzip als Triumph des Logos über den Ethos oder Eros, eine Art innere Logik, die nur in ihrem eigenen geschlossenen System Sinn ergibt, eine Liebe zur Ordnung als solcher, eine Art praktischer Aggressivität, die schnell zur Irrationalität verkommt, sich aber gut hinter ihren allgemein anerkannten, gleichwohl unbewiesenen Annahmen versteckt. Die meisten Vorgänge in der Gesetzgebung und auf Kongressen zeigen genau diese Form des Denkens und Debattierens. Sie basieren durchgehend auf Annahmen, die den Mächtigen nützen, werden aber mit so viel Überzeugung formuliert, dass normale Menschen annehmen müssen, die Sprecher seien ungeheuer schlau und gebildet. Ein offensichtliches Beispiel aus dem kirchlichen Leben ist die Behauptung, die offiziellen sieben Sakramente seien ganz und gar vom Priestertum abhängig, damit wir Gnade erlangen, und ein unmittelbarer Kontakt mit Gott sei unwahrscheinlich, ja, unmöglich. Ein solches Patriarchat bringt nur Verlierer hervor, selbst unter den Patriarchen, weil sie ihre Ehrlichkeit und ihre weibliche Seele verlieren.

Die Vorliebe für Kontrolle statt Beziehungen endet damit, dass Herrschaft und Macht zu den wichtigsten Reaktionen auf die Probleme des Lebens werden, wie wir es bei den Kreuzzügen, der Inquisition, der Eroberung der Neuen Welt, bei der christlichen Unterstützung für nahezu alle Kriege wie auch bei den Fällen sexuellen Missbrauchs durch Priester und bei der Reaktion der Bischöfe auf diesen Skandal sehen können. So scheint es in jeder Kultur zu gehen, wenn das weibliche Prinzip nicht etabliert, geehrt und integriert wird. Das einzige bekannte Beispiel, wo Jesus Herrschaft und Macht einsetzt, richtet sich gegen die religiösen und wirtschaftlichen Strukturen des Tempels: als er symbolisch den Tempel »reinigt«. Doch auch hier zeigt er seine Vorliebe für Menschen und Tiere statt für Strukturen, vor allem selbstbezogene religiöse Strukturen.

Weibliche innere Freiheit und Spiritualität

Clara verkörpert das weibliche Prinzip, sowohl in ihrer Person als auch an einem Ort, einem sehr konkreten Ort: ihrem kleinen Kloster San Damiano außerhalb der Stadtmauern von Assisi und außerhalb jedes bisherigen Musters für weibliches religiöses Leben. Was sie vom Papst verlangte – ihr »Privileg der Armut« –, hatte eine tiefe Bedeutung und trennte sie von allen kirchlichen Systemen der Kontrolle durch Zuwendungen, Mitgiften, Stiftungen und Zahlungen, die von Bischöfen, Verwandten, Förderern oder reichen Spendern gekommen wären. Nein, Clara erhielt sich ihre Freiheit. Sie wählte mit Absicht eine wehrlose Position, weil sie ganz richtig erkannt hatte, dass Geld fast alles verzerrt und kontrolliert. Wir haben es hier mit einer starken weiblichen Spiritualität zu tun, die sagt: »Ich kann tun, was ich tun muss, ohne euren Schutz, euer Geld und die Kontrolle, die ihr damit ausübt.«

Clara und andere Frauen wie beispielsweise Hildegard von Bingen im 12. Jahrhundert oder Juliana von Norwich im 14. Jahrhundert rückten die christliche Spiritualität in den Bereich der inneren Motivation und Absicht, der konkreten Techniken zur Erlangung von innerem Frieden und innerer Freude und einem starken inneren Gefühl des Seins in Gott. Ihre Heiligsprechung kurz nach ihrem Tod markierte eine Bewegung hin zur Anerkennung für lebendige Geschichten von tatsächlich verwandelten Menschen, weg von den Geschichten über starken Willen, Durchsetzung der Moral, Amtsträger der Kirche oder heldenhafte Märtyrer, wie sie bis dahin vorgeherrscht hatten. Das *Odium Fidei* (Hass gegen den Glauben) ist immer noch ein ausreichender Grund für die Heiligsprechung eines Märtyrers, was überhaupt nichts über den Getöteten aussagt, und auch nichts über denjenigen, der ihn aus Hass getötet hat.

Die ersten Franziskaner-Märtyrer starben im Jahr 1220 in Marokko. Sie waren offenbar absichtlich dorthin gegangen, um Märtyrer zu werden. Ich bin nicht sicher, ob man das heilig nennen soll, eher kommt es mir vor wie eine »falsche männliche« Form der Spiritualität. Vielleicht hat Franziskus deshalb – so behauptet es jedenfalls Jordanus von Giano – den Brüdern verboten, über die marokkanischen Märtyrer zu sprechen oder heldenhafte Berichte über ihr Martyrium zu lesen. Stattdessen sollten sie sich auf ihre eigenen notwendigen Leiden konzentrieren.[113] Hier kommt wieder sein subtiles spirituelles Genie zum Vorschein. Wir haben Berichte über tiefe Bewusstseinswandlungen bei Paulus und in den Schriften von Augustinus, viel weniger jedoch bei den frühen Heiligen. Das »Innenleben« interessierte die meisten Leute erst ab der frühen Neuzeit. Wichtige Dinge passierten in der Außenwelt des Tuns und der Macht. Während meines Geschichtsstudiums ging es im Wesentlichen um Chroniken des »Wer hat wen umgebracht und wer hat gewonnen«.

Franziskus hat keine Zeit für moralische oder mentale Verrenkungen verschwendet, um zu versichern, dass er oder seine Gruppe recht hatte oder überlegen war. Wie wir gesehen haben, war er ganz glücklich, wenn seine »minderen Brüder« wenig in den Vordergrund traten. (Wie ich schon in Kapitel 6 bemerkt habe, sollte man diesen Umstand den Berufungsbeauftragten gelegentlich ins Gedächtnis rufen.) Das alles war weit entfernt von dem üblichen Leistungsprinzip unserer männlich dominierten Welt, und es zeigt, dass Franziskus eine eher nicht so männliche Reaktion in Bezug auf Größe, Menge, Tempo, Produktivität und Effektivität zeigte – alles Faktoren, die Männern aus irgendwelchen Gründen sehr wichtig zu sein scheinen. Und viele moderne Frauen haben sich da, muss man sagen, angeschlossen.

Franziskus schien mehr damit befasst, »sein Fleisch für das Leben der Welt zu geben« (Johannes 6,51), wie eine Mutter ihr Kind stillt (Jesaja 49,15) oder eine Glucke ihre Küken mit ihren Flügeln schützt (Lukas 13,34), um hier einmal dieselben weiblichen Metaphern zu benutzen wie Jesus. Franziskus selbst sagt im sechsten Kapitel seiner Regel: »Wie eine Mutter ihr Kind im Fleisch liebt und für es sorgt, so soll ein Bruder den anderen im Geist umso zärtlicher lieben und für ihn sorgen.« In allen seinen Schriften verwendete er gern Bilder vom Nähren und Heilen.

Franziskus' Perspektive ist umso bemerkenswerter, wenn man bedenkt, was er in der patriarchalischen Gesellschaft des 13. Jahrhunderts alles zu überwinden hatte.[114] Mit Patriarchat (»Herrschaft der Väter«) bezeichne ich die Herrschaft einer Gruppe oder eines Individuums in einer Weise, die andere unterwirft, sodass die herrschende Gruppe immer zuerst kommt, alles kontrolliert und recht hat. Das Patriarchat betrachtet das Leben als Wettstreit und spricht vom Überleben des Stärkeren, von klaren Verhältnissen zwischen Siegern und Verlierern. Hier ist ganz eindeutig das dualistische Denken am Werk, denke ich. Und natürlich können Frauen Matriarchinnen sein und ebenfalls dualistisch denken.

Vielleicht können wir den Charakter des Patriarchats nur dann erkennen, wenn wir dem Gegenteil begegnen: Menschen und Strukturen, die nicht so sind. Ein sprechendes Beispiel von patriarchaler oder mütterlicher Weltanschauung liegt in der Betrachtung einer Tischgemeinschaft. Sowohl für Jesus als auch für Franziskus war das Mahl etwas Mütterliches, will sagen, es war einschließend, nährend, heilend, niemals ausschließend, identifizierend oder strafend angelegt. Überprüfen Sie das einmal an sich selbst. Jesus akzeptierte und begrüßte sogar die Anwesenheit einer Frau bei einem reinen Männeressen (Lukas 7,36–50), und Franziskus tat dasselbe mit Jacoba, die ins Haus der Brüder eingelassen wurde und sogar bei seinem Tod anwesend war.

Wie viele Geschichten kennen wir, in denen Jesus »Brot vermehrte« und in denen immer wieder von der Fülle und den Resten die Rede ist? Für ihn ging es beim Essen nie um einige Wenige oder eine Elite. Auch in Franziskus' Leben gibt es mehrere Geschichten vom Essen: in der Gruppe, mit anderen Menschen, mit Clara, mit den Kranken, mit Muslimen und mit denen, die zu schwach zum Fasten waren. Essen war sowohl für Jesus als auch für Franziskus ein Erlebnis, das Gemeinschaft einschloss und erschuf, und es gibt keinen Hinweis darauf, dass es jemals als Belohnung für gutes Benehmen oder als Mittel zur Schaffung einer abgetrennten oder überlegenen Gruppenidentität benutzt wurde. Können Sie sich einen Jesus vorstellen, der überprüft hätte, dass keine Samariter oder Syrophönizier unter den Fünftausend waren?

Und doch ist es einer dauerhaft patriarchalischen Weltanschauung gelungen, unser zentrales heiliges Mahl, die Eucharistie, dazu zu nutzen, angeblich Unwürdige auszuschließen oder zu verurteilen, als wären wir, die wir daran teilnehmen, würdig, die Teilnahme auf Menschen zu beschränken, die es verstehen (als würden wir das tun) und die Gruppenmitgliedschaft daran festzumachen. Dabei gibt Jesus dem Judas zu essen, der ihn bald verraten wird, und auch Petrus, der ihn bald verleugnen wird. Alle diese ausschließenden Beschränkungen verringern den Wert der Eucharistie und ergeben nur für Leute einen Sinn, die versuchen, eine Gruppe zu kontrollieren. Unreifes männliches Denken nutzt die Sakramente sogar, um eine Gruppe zu definieren und zu kontrollieren, statt Tausende zu heilen und zu nähren, wie es Jesus tat.[115] Papst Franziskus sagt dazu, die Eucharistie sei kein Preis für Vollkommenheit.

Ich benutze dieses Beispiel der Tischgemeinschaft, weil es immer noch viele Leute verletzt und andere auf falsche Weise begeistert. Eine übermäßig vermännlichte Spiritualität verweigert uns die Möglichkeit, die gesellschaftliche Ordnung nach den Werten des Evangeliums neu zu strukturieren. Nie in meinem Leben habe ich eine Gastgeberin zu einem späten Gast sagen gehört: »Für dich gibt es nichts mehr« oder »Du bist hier nicht willkommen«. Wir Priester sind angehalten, das bei jeder Messe zu sagen: Es könnten ja »Unwürdige« dabei sein oder Menschen, die nicht verstehen, was hier vor sich geht. Das passiert, wenn der »Weg des Dynamos« die Oberhand gewinnt und den »Weg der Jungfrau« unterdrückt, wenn der Logos über Eros und Ethos triumphiert. Die Korruption der Besten ist immer besonders schlimm, und am Ende sind wir weder weiblich, noch männlich, sondern neutrale, kastrierte Wesen, die nicht mehr in der Lage sind, sich fortzupflanzen und wahres Leben weiterzugeben.

Väterliche und mütterliche Gottesbilder[116]

Franziskus' Ideal einer allumfassenden Gemeinschaft oder Familie scheint sich von einem sehr stark mütterlich geprägten Gottesbild abzuleiten. Erich Fromm spricht davon, dass erst ein matriarchalischer Aspekt der Religion es uns möglich mache, Gott als eine allumfassende Mutter zu lieben und auf seine/ihre bedingungslose Liebe zu vertrauen, ganz gleich, ob ich arm und hilflos bin und ob ich gesündigt habe, und dass sie mir keine anderen Kinder vorziehen wird. Was auch immer mit mir geschieht, sie wird mir zu Hilfe kommen; sie wird mich retten und mir vergeben.[117]

Psychologisch gesehen, ist dies das Gottesbild, das auch Franziskus pflegte. Vielleicht beruht es auf seiner Nähe zu seiner eigenen Mutter, Pica, und seine Ablehnung von Vaterbildern hat möglicherweise mit seiner schwierigen Beziehung zu seinem Vater Pietro zu tun. In den vielen Jahren, die ich im Kontext der verschiedensten Kulturen Menschen unterrichtet habe, hat sich Erich Fromms Erkenntnis durchgehend als wahr erwiesen: »Der Charakter der Liebe zu Gott [ist abhängig] von dem jeweiligen Gewicht der matriarchalischen und der patriarchalischen Aspekte der Religion.«[118]

Leistungsorientierte Kulturen verehren einen männlichen Gott. Oder ist es anders herum? Beziehungsorientierte Kulturen oder solche, die sich nach Beziehung sehnen, wie im lateinamerikanischen Katholizismus, bevorzugen fast immer einen weiblichen Gott, und wenn sie ihn nicht bekommen, finden sie ihn doch, wie wir an ihrer ganz praktischen Marienverehrung sehen können. Je machistischer eine Kultur ist, desto mehr Marienbilder gibt es. Ich erinnere mich daran, einmal in einer Kirche im Cowboyland Texas nicht weniger als elf Marienbilder gesehen zu haben. Der männliche Jesus war nur einmal vertreten: am Kreuz.

Fromm spricht vom Matriarchat als einem Merkmal demütiger, unprätentiöser Leute. Es scheint offensichtlich, dass Franziskus Liebe zu seinem himmlischen Vater und zu Jesus eher einer mütterlichen Liebe entsprach. Er übertrug diese Liebe auf alle Dinge, die ihm lieb und teuer waren; manchmal sprach er von Rom, von der Portiuncula oder von seiner geliebten »Herrin Armut« als Mutter. Er betrachtete sich sogar als Mutter für seine Brüder. Im Traum sah er einmal eine kleine schwarze Henne mit unzähligen Küken, die gar nicht alle unter ihre Flügel schlüpfen konnten. Als er erwachte, interpretierte er den Traum folgendermaßen:

Ich bin die Henne, von Natur aus klein und schwarz, und der Herr hat mir viele Kinder geschenkt, die ich aus eigener Kraft gar nicht beschützen kann.[119]

Vor allem aber ermutigte Franziskus seine Brüder einander wie Mütter zu sein, einander zu lieben und füreinander zu sorgen wie eine Mutter für ihre Söhne.[120] Im Zusammenhang mit dem Leben als Eremiten sagt er:

Lasst zwei von ihnen als Mütter und die anderen beiden als

Kinder leben. Die Brüder, die die Mütter sind, sollen ihre Kinder vor allem beschützen.[121]

Seine andere Haltung zeigt sich bis in die strukturelle Anlage des Ordens hinein, in dem patriarchalische und hierarchische Titel verboten waren und durch Begriffe wie »Begleiter« und »Diener« ersetzt wurden. In seiner ersten Regel sagt er: »Keiner von ihnen soll Prior genannt werden, im Prinzip sollen sie alle Brüder sein.«[122] Unsere letzten Oberen unterschreiben ihre offiziellen Briefe mit »Bruder«, nicht mit Vater; allerdings will Rom nicht-geweihte Brüder in Zukunft nicht mehr zu Leitungsämtern in unseren Gemeinschaften zulassen. Franziskus könnte also heute in seinem eigenen Orden keine Leitungsfunktion mehr innehaben. Und das, nach dem das Zweite Vatikanische Konzil uns angewiesen hat, zu unserem ursprünglichen Charisma zurückzukehren! Als unsere Schwestern das taten, hat Rom gesagt: »Na, so haben wir das aber nicht gemeint.«

Der mütterliche Charakter der Liebe durchdringt Franziskus Vorstellungen und spiegelt die Tradition der höfischen Liebe des 12. Jahrhunderts. Offenbar war er von der französischen Troubadourdichtung beeinflusst. Die höfische Liebe idealisierte Frauen, Dichtkunst, Musik und männliche »Höflichkeit« – ein Wort, das Franziskus häufig benutzt –, gegenüber allem, was weiblich, schwach oder arm war. In dieser Zeit wurden die meisten großen Kirchen in Europa gebaut, und sie bekamen fast alle weibliche Namen: unsere liebe Frau, Notre Dame, Frauenkirche, Santa Maria was weiß ich und La Signora wie auch immer. Keine von ihnen wurde »Christ König« genannt, so weit ich weiß. Die Verbindung massiver männlicher Bauten und sehr weiblichen Aspekten in Liturgie, Musik und Gewändern erzählt von einer gewissen Synthese, die immer noch ihrer vollen Entfaltung harrt.

Es scheint so zu sein: Wenn Gott Mutter sein darf, dann sind alle Kinder gleich, und ihr Wert bemisst sich nicht nach ihrer Leistung, sondern nach ihrer Geburt aus dem gleichen Mutterleib. Gott liebt alle *ihre* Geschöpfe gleichermaßen und bedingungslos, bevorzugt niemanden (Apostelgeschichte 10,34) und macht keine Unterschiede (15,9).

Wir wissen, dass wir uns in Gegenwart eines wahren Gottes und einer guten Mutter immer als Lieblinge fühlen. Genau das schloss das jüdische Volk aus Jahwes mütterlicher Zuwendung. Die Juden wussten, dass sie »auserwählt«, beschützt und geliebt »unter den Völkern« (Deuteronomium 7,7 ff.) waren, und dasselbe entdeckten auch Franziskus und Clara zu ihrer großen Freude. Jeder Mystiker kommt zum selben Schluss – das macht ihn erst zum Mystiker.

KAPITEL 9

Claras Erbe: ein tief gelebtes Leben

> Als der Heilige Vater sah, dass wir keine Angst hatten vor Armut, harter Arbeit, Prüfungen, Schande und Verachtung, sondern Freude an all dem hatten, da ersann er eine Lebensform für uns.[123]
>
> *Regel der hl. Clara*

Franziskus Anerkennung und Ehrerbietung für das Weibliche, die in seinem Leben und Lehren einen so wichtigen Platz einnahmen, verkörperten sich ganz konkret und persönlich in Clara. In der öffentlichen Wahrnehmung ist sie oft durch ihn verdeckt, und auch in ihren Schriften sieht sie sich mit großer Demut an, wie wir an ihrem wunderbaren Eröffnungszitat ablesen können. Aber Chiara Offreduccio (1193–1253) taucht endlich als eigenständige Person mit eigener Identität, eigenen Schriften und einer eigenen Botschaft auf. Sie war nicht nur Franziskus weibliches Gegenstück, sondern hatte ihre eigene Stärke, Botschaft und Identität.[124]

Viele Kulturen neigen dazu, Frauen im Wesentlichen als Anhängsel von Männern zu sehen, als Töchter und Ehefrauen, oft geradezu als Besitz. Meine Mutter unterschrieb noch mit »Mrs. Richard Rohr«, ohne sich etwas dabei zu denken. Diese Vorstellung von Frauen als Besitz zeigt sich auch in den brutalen Versuchen von Claras zwölf männlichen Verwandten, sie und später auch ihre Schwester Agnes in San Paolo in Bastia »wieder einzufangen«, nachdem sie am Palmsonntag das Haus ihrer Familie verlassen hatte, um sich Franziskus anzuschließen. Aber mit einer so eingeschränkten Vorstellung von Clara können wir uns nicht zufriedengeben, und auch Franziskus wäre damit nicht zufrieden gewesen, von der Geschichte ganz zu schweigen. Inzwischen wissen wir zu viel über sie, ihre gleichwertige und gleichgerichtete Berufung und ihre wunderbar unabhängige spirituelle Reise. Ihre spätere Behandlung durch die Geschichte ist eine Lektion, die uns zeigt, wie wir alle leiden, wenn das Weibliche übersehen, unterdrückt oder verleugnet wird.

Claras Briefe und Schriften sind so durchgehend fröhlich, positiv, hoffnungsvoll, ermutigend für andere und liebevoll visionär, dass wir daraus nur eines schließen können: Sie hatte ihren Dämonen ins Gesicht geschaut, war in alles Negative eingetaucht, dem wir in uns selbst und in der Welt aus dem Weg gehen, und war auf der anderen Seite wieder herausgekommen, so hell wie das Licht: Chiara. Sie ließ sich nicht auf Versteckspiele ein und lebte vierzig Jahre lang auf einem kleinen Flecken Erde außerhalb von Assisi, der San Damiano genannt wurde. Sie war eine Meisterin darin, alles Unnötige und Unwichtige loszulassen. Sie machte sich auf den Weg nach innen und stellte folgerichtig fest, dass das Äußere der perfekte Spiegel für die Gnade war, die sie im Inneren schon gefunden hatte – und umgekehrt. Clara ging in die Tiefe, statt in die Weite, nach unten statt nach oben, und definierte Oben und Unten auf diese Weise neu. Und sie brach alle Rekorde: Der Prozess zu ihrer Heiligsprechung begann zwei Monate nach ihrem Tod.

Viele Brüder hatten den Eindruck, Franziskus sei ein wenig fanatisch in Sachen Armut, während Clara sie einfach in aller Ruhe lebte. Nachdem Franziskus gestorben war, nahmen seine minderen Brüder einen extrovertierten, lehrhaften Lebensstil an, der es unmöglich oder doch sehr unpraktisch machte, wirklich »arm« zu sein. Wenn man gebildet und in verschiedenen Institutionen tätig ist, bekommt man Zugang und Verbindungen und ist nicht mehr so ganz machtlos. Franziskus' radikale Armut war bald vergessen, wurde für unmöglich gehalten oder in aller Stille abgelehnt, weil er sich damit in eine gesellschaftliche Klasse gestellt hatte, die Männer nicht unbedingt bevorzugen. Er gehörte einfach nicht zu den Herrschenden.[125] Dieser Wechsel der gesellschaftlichen Zugehörigkeit wurde von vielen seiner männlichen Nachfolger übertüncht. Sie verstanden ihre Abwärtsmobilität als einen asketischen, ganz privaten Weg ohne die deutliche Botschaft für die Gesellschaft und die Kirche, die wir noch bei Franziskus und Clara sehen können. Die Sozialkritik war verschwunden. Franziskanische Armut war einfach zu radikal, ein zu deutliches Urteil über den Rest der Kirche und die Gesellschaft.[126]

Nur Clara und ihre Schwestern entwickelten einen Weg, wie man das radikale Leben des Franziskus wirklich in Freiheit und Freude leben konnte. Der gemeinsame Name für die Schwestern, »arme Klarissen«, tauchte in vielen Sprachen auf und beschreibt das gesellschaftliche Statement, das sie abgaben. Clara bestand absolut auf dem »Privileg, keine Privilegien annehmen zu müssen, dem Rest, ohne Rechte zu leben, und der Garantie, ohne Garantieren zu existieren.«[127] Viel weiter kann man sich nicht in Widerspruch zur Gesellschaft begeben.

Obwohl Franziskus radikale Demut lebte und lehrte, gaben seine Brüder das ursprünglich demütige Leben auf zugunsten eines Lebens in einer status- und rollenbewussten männlichen Gesellschaft und bald auch im Bereich des Klerus, wo Demut weder bewundert, noch geschätzt wurde. In einer Männerwelt sieht Demut immer nach Schwäche und Weltfremdheit aus, möglicherweise sogar nach schwacher Selbstachtung, sie ist keine bewundernswerte Tugend und schon gar keine notwendige Stärke. Laien und Frauen beschämen Kleriker da sehr oft.

Clara jedoch entwickelte einen demütigen Lebensstil der »strukturellen Demut«, in der sie und ihre Schwestern Demut nicht vorgeben konnten, sondern ihre eigene Gewöhnlichkeit jeden Tag leben und lieben mussten, in einer geschlossenen Gemeinschaft mit wenigen Ablenkungen. Es gab keine Möglichkeit, sich vor sich selbst, den anderen oder Gott zu verstecken. Es gab niemanden, den man beeindrucken konnte, niemanden, den ihr Leben in der Klausur beeindruckte, außer Gott. Ich erinnere mich an die wunderbare Freiheit meiner eigenen Novizenzeit in Klausur im Jahr 1961. Vermutlich habe ich deshalb meinen Novizenmeister gefragt, ob ich wohl noch ein weiteres Jahr »allein mit Gott« verbringen könnte. Er hat mir die Bitte abgeschlagen. Ich musste erwachsen und gebildet werden.

Clara und das kontemplative Leben

In ihrem dritten Brief an Agnes von Prag[128] schreibt Clara: »Stell deinen Geist vor den Spiegel der Ewigkeit! Stell deine Seele in den Glanz der Herrlichkeit! Stell dein Herz in die göttliche Gegenwart und gestatte deinem ganzen Sein, durch die Kontemplation verwandelt zu werden in ein Bild der Gottheit, sodass du fühlst wie eine Freundin und die verborgene Süße schmeckst, die Gott für die bereithält, die ihn lieben.«

Dieses schöne Zitat (das nur eine Frucht der Kontemplation sein kann) wie auch der häufige Gebrauch der Spiegelmetapher in ihren Schriften zeigt mir, dass Clara das Gebet aus der Erfahrung heraus als tatsächliche Verwandlung des Selbst verstand, als Spiegel der Herrlichkeit Gottes. Sie wagte es sogar, von einer Verwandlung des gesamten Seins in ein »Bild der Gottheit« zu sprechen.[129] Das entsprach sicher nicht dem üblichen katholischen Sprachgebrauch der Westkirche zu ihrer Zeit und wäre vielen anmaßend oder gar häretisch vorgekommen – auch heute noch.

Clara spricht unmittelbar aus, was die Ostkirche unter Vergöttlichung *(theosis)* versteht. Theosis war das wahrhaftige, objektive Mitteilen und Wachsen in unserer göttlichen Natur, das von Menschen wie in einem Spiegel erfahren werden konnte. Wir können im Grunde genommen nur unseren eigenen Spiegel polieren, um das Geschenk dieses Gott-Selbst besser wiederzugeben.[130] Das objektiv gegebene »Bild«, das wir bei unserer Zeugung empfangen, wird mit der Zeit zur subjektiven »Ähnlichkeit«, um hier die grundlegenden Metaphern zu benutzen: Wir sind Abbild und Ebenbild Gottes, wie die Genesis (1,26) sagt.

Clara behielt das wichtige theologische Gleichgewicht bei, indem sie sagte, dass es sich um eine wirkliche Verwandlung handelte, aber eben auch um ein Spiegeln. Wir Menschen können diesen perfekten Spiegel nicht durch persönliche Leistung zustande bringen. Jesus galt als vollkommenes Spiegelbild Gottes, das sein Licht dann wiederum auf uns warf (2. Korintherbrief 3,18). In einem ihrer relativ kurzen Briefe benutzt Clara das Bild des Spiegels acht Mal.[131] Sie vertrat einen durchaus orthodoxen christlichen Glauben, war also keine Pantheistin (»Alle Dinge sind Gott, mich eingeschlossen«), sondern eine klare Pan*en*theistin (»Gott ist in mir, ich bin in Gott und Gott ist in allen Dingen«). Damit ist ihr gesamter Lebensplan vorgezeichnet, wie vom Evangelium vorgesehen. Sie lebt ganz und gar aus der Nähe zu Gott, und so sind Armut, Zölibat und Gehorsam keine Last. Aber ohne regelmäßiges Spiegeln können diese Werte nicht wirklich gelebt und geliebt werden, sondern schaffen lediglich Junggesellen und alte Jungfern.

Praktizierte Kontemplation war nicht immer die stärkste Seite der Minderen Brüder, aber für die Armen Klarissen stand sie immer im Vordergrund und im Mittelpunkt. Die Brüder entdeckten den kontemplativen Blick jedoch immer wieder, und daraus entwickelten sich ganz neue Reformbewegungen: die Alumbrados, Illuminati, Recollecten, Reformati, Observanten und schließlich die Kapuziner. Erst heute erkennen wir, dass sowohl bei den männlichen als auch bei den weiblichen Gemeinschaften nach der Gegenreformation und der Aufklärung das »Wie« der Kontemplation ziemlich in Vergessenheit geraten ist. Alle Ordensgemeinschaften gingen dazu über, Gebete zu »rezitieren« und formelle Liturgien »abzuhalten«, statt zu lehren, wie Menschen innere Ruhe und emotionale Freiheit von sich selbst finden können. Bis heute gibt es nur sehr wenige erfahrene Lehrer echten kontemplativen Denkens. Die meisten glauben, Kontemplative seien introvertiert und nähmen sich eine ruhige Auszeit, aber nur selten geht es um die Entwicklung eines alternativen Bewusstseins, das für Gott bereit ist. Die ältere Tradition der Kontemplation wird heute aber wiederentdeckt, nachdem Thomas Merton und andere den Schleier weggezogen und gezeigt haben, wie viel da über die Jahrhunderte hin verloren gegangen ist.[132] Und das war ein großer Verlust, wie Sie nach der Lektüre der bisherigen Kapitel sicher verstanden haben.

Die ältere Praxis der Kontemplation wurde von ganz wenigen Franziskanern wirklich *unterrichtet,* darunter Bonaventura, Francisco de Osuna und Bernardino von Laredo.

Clara selbst war keine Lehrerin, aber ihre Schriften und ihre Fähigkeit, so lange (einundvierzig Jahre!) ein positives Leben in der Klausur zu verbringen, zeigen, dass sie die wahre Kontemplation gefunden hatte. Ich bin sicher, viele von ihren Nachfolgerinnen und viele Nachfolger von Franziskus praktizierten de facto Kontemplation, aber das »Gebet der Stille«, wie es die Wüstenväter und -mütter sich angeeignet hatten und wie es in den Klöstern der Ostkirche weitergeführt wurde, war nach den dualistischen Kämpfen der Reformation und dem anmaßenden Rationalismus seit dem 16. Jahrhundert fast überall verloren gegangen, bis in unsere Zeit hinein.

Teresa von Ávila (1515–1582) erkannte diesen Verlust, als sie das »innere Gebet«, wie man es inzwischen nannte, zu praktizieren versuchte. Sie nannte Francisco de Osuna einen »Köder für die Seele«, weil er sie in die ältere kontemplative Tradition eingeführt und sie gelehrt hatte, wie sie mit dem unruhigen Geist und den obsessiven Emotionen umgehen konnte, die uns fast alle beherrschen.[133] Wie die meisten von uns lebte sie von vorgefassten Gebeten, hatte aber fast keine innere Methode, keine wirksame Praxis, um mit inneren Dämonen, Fixierungen, Ängsten, Emotionen, Zorn und Verletzungen zurechtzukommen. Irgendwie fanden sie und Johannes vom Kreuz dann ganz allein dorthin, sicher unter der Führung des Heiligen Geistes. Aber sie mussten neue, eigene Häuser gründen, um diese Form des Gebets zu praktizieren, und sie wurden von ihren eigenen Leuten verfolgt.

Ein klarer Hinweis auf ein kontemplatives Denken zeigt sich, *wenn Menschen in der Lage sind, längere Phasen der Stille und Einsamkeit in Freude und Liebe auszuhalten, ohne dabei negativ oder narzisstisch zu werden.* Das ist nur möglich, wenn wir das dualistische Denken ablegen und nicht mehr vom Ego ausgehen. Die ersten Brüder gingen in ihre Höhlen und

Hütten, um die reine Seele der Kontemplation zu finden; die Frauen überwanden ihre Dämonen in der Sicherheit der Klausuren, die bald in ganz Europa entstanden. Zu dieser Zeit gab es für Frauen keine andere Möglichkeit, aber so wurden sie auch zu dem »Gefäß«, das die nötige Tiefe und Stabilität des gesamten franziskanischen Experiments enthielt.

Nach dem 16. Jahrhundert erlernten die Clarissen das Gebet der Stille – wie wir alle – nur noch durch eigenes Entdecken und durch die Führung des Heiligen Geistes (Römerbrief 8,26). Ich bin sicher, viele erlernten es auch durch ihre eigene große Sehnsucht und durch guten Willen, aber es wurde jedenfalls nirgendwo mehr systematisch gelehrt. Zu meiner Zeit waren wir jedenfalls ganz allein damit, und viele Kandidaten und Novizen fühlten sich betrogen, weil sie nie in Kontakt mit einem liebenden Gott kamen. Viele erlebten schon früh eine Desillusionierung, was die Möglichkeit zum Gebet anging, weil ihre Vorgesetzten ihnen nur die Staffage anboten, das »Lesen« der Messe, die »Teilnahme«, aber selten den Inhalt. »Ablenkungen bekämpfen« ist ein unmögliches Ziel (denken Sie mal *nicht* an einen Elefanten), solche Ansprüche haben uns auf den falschen Weg der willentlichen Konzentration geführt, statt auf den des willentlichen Gebets, des »So sei es« (vgl. Lukas 1,38). Das »Wie« des Loslassens widerspricht unserem Egobewusstsein so sehr, dass man es regelrecht lernen muss, und zwar von Leuten, die es selbst schon erfahren haben und die Hindernisse kennen. Fast all unser Denken ist obsessiv, aber das hat uns keiner gesagt.

Der kontemplative Geist, der nichts anderes ist als Gebet, kann nicht durch objektive Information weitergegeben werden. Er muss praktiziert und geübt werden, so wie Klavierspielen oder Basketballspielen. Ich habe den Verdacht, die

Betonung der Armut und des Loslassens bei den Clarissen verschaffte gerade ihnen einen Vorsprung, wenn es darum ging, das Gebet eher als Hingabe denn als Leistung zu verstehen, als Aneignung oder Vorführung, um Gott eine Freude zu machen. Sie waren bereits Expertinnen der Selbstentäußerung (Kenosis) und des Loslassens. Mit anderen Worten: Bei der Armut geht es ums Gebet, sie ist kein Selbstzweck.

Prioritätenwechsel

Für Franziskaner, und zwar für Männer und Frauen gleichermaßen, lag die erste Priorität auf einem *sichtbaren spirituellen Leben, das laut von Gottes Liebe erzählte.* Die »Lebensform«, so bezeichneten Franziskus und Clara ihre Ordensregeln, war nur eine Strategie, um das zu erreichen. Im einfachen Leben hofften sie, die Wissenschaft der Liebe zu erlernen. Ihre kleinen Gemeinschaften waren audiovisuelle Lebenshilfen und verbreiteten die verwandelnde Kraft des Evangeliums, im Wesentlichen eine Schule der Liebe. Franziskus und Clara lehrten uns, Jesus und seine Botschaft in den Vordergrund zu stellen, aber auch die Weisheit und den Schutz der Kirche zu genießen und zu nutzen, das einzig erreichbare Mittel zur Verbreitung dieser Botschaft. Obwohl sie sie häufig auch als Hindernis kritisierten, so beispielsweise in den Predigten des hl. Antonius von Padua im 12. Jahrhundert oder beim hl. Bernardino von Siena im 15. Jahrhundert. Franziskus und Clara selbst kritisierten die Kirche nie verbal, aber natürlich durch ihr ganz anderes Leben.

Die katholische Kirche gab den Brüdern und Schwestern Gründung, Zugang und Schutz, auch wenn sie uns allzu sehr in Abhängigkeit von ihren Erklärungsmustern und Gaben gehalten hat. Ironischerweise hat sie uns ja auch mit den Werkzeugen in Schrift, Geist und Theologie versehen, mit deren Hilfe wir ihre Strukturen und ihre Praxis von innen her – wie denn auch sonst – kritisieren können. Für viele von uns ist das ein großer Schock und eine Überraschung, und ich bin überzeugt, gerade aus diesem Grund gehen aus dem Katholizismus so viele große Seelen hervor. Um in einer so weltumspannenden Institution glücklich zu überleben, muss man nicht-duales Denken lernen. Katholiken sind oft Meister des »Ja, und außerdem«, ohne es selbst zu merken.

Brüder, die zu Priestern geweiht sind, lernen jedoch bald, wie schwierig es ist, die Institution zu kritisieren, die uns Status, Identität, Arbeit und öffentliches Ansehen als »Pfarrer« verschafft. Wir waren und sind viel weniger frei als die Schwestern und die Laienbrüder. Die Clarissen genießen ein gewisses Maß an Freiheit wie so viele kontemplative Gemeinschaften, weil sie sich überhaupt nicht in den aktiven oder gar sakramentalen kirchlichen Dienst einbringen. Dabei handelt es sich natürlich um eine absichtliche Selbstbeschränkung, die gleichzeitig ihre ganz eigenen Probleme hervorbringt. Viele klausurgebundene Gemeinschaften nehmen die Heiligkeit, die Persönlichkeit, die Exzentrik und selbst den Ärger oder die besondere Anbetungspraxis ihrer langjährigen Äbtissin an. Das birgt ein großes Risiko. Wenn sie allerdings eine heile, heilige Frau ist, dann ist es ein großer Segen und auch ein Vorteil. So war es auch in der ersten Gemeinschaft, die Clara leitete.

Aber wie Clara immer im Schatten des Franziskus stand, so wurden auch ihre hart erkämpften Tugenden und ihre Spiritualität zugunsten der männlichen und westlichen Tugenden – Leistung, Erfolg, Auftritt – übersehen. Die Brüder prägten – zum Guten wie zum Schlechten – das Bild der franziskanischen Spiritualität, was selbstverständlich auch damit zu tun hatte, dass die Clarissen bis in die jüngste Vergangenheit fast immer in der Abgeschiedenheit lebten.[134] Die meisten späteren Franziskanischen Schwestern folgten allerdings der Regel des »Dritten Ordens« und nahmen aktiv am kirchlichen Dienst teil – vermutlich kennen Sie daher überhaupt franziskanische Schwestern. In den USA können sie ihre fröhlichen Gesichter in Allegany, Oldenburg, Tiffin, Rochester, Milwaukee, Clinton, Philadelphia, La Crosse, Rio Rancho, Wheaton, Reading und Little Falls finden – und das ist immer noch nur ein Teil der Mutterhäuser, von denen aus sie Tausende von Diensten erbringen, für die andere gar nicht die Freiheit haben. Die meisten Gründerinnen mussten sich diese Möglichkeiten und diesen speziellen Auftrag hart erkämpfen, in der Regel leider gegen den Widerstand von Rom, von Bischöfen und Priestern.[135]

Die Franziskanerbrüder, die Claras radikal einfachen evangeliengemäßen Lebensstil mit seiner Gründung in der Kontemplation nicht teilten, wurden oft lax in Bezug auf ihre Berufung und wendeten sich viel zu sehr nach außen. Das war nicht ihre Schuld, es hatte nichts mit bösem Willen zu tun und lag auch nicht daran, dass sie Männer sind, ich bin ja schließlich selber einer, aber so geht es, wenn man zu viel Außenleben und zu wenig Innenleben hat, zu viele Rollen und Funktionen und zu wenig kontemplatives Gebet, zu viel männlichen Kampfgeist und Leistung und zu wenig innerliche Gegenwart und Stille.

Die Schwestern hielten uns ganz einfach immer wieder den Spiegel authentischer Innerlichkeit und Nähe zu Gott vor. Wir männlichen Franziskaner wurden nur allzu oft zu komplexen Tätern, statt einfach zu sein. Clara war ganz schlicht und einfach ein Mensch. Ihre Biografie und ihre Schriften sind spärlich und scheinbar naiv, ein kleines Licht, könnte man sagen. Aber ich weiß, dass sie ihren Weg durch eine »zweite Einfachheit« fand und durchlitt, wie ich sie in meinem Buch *Reifes Leben* beschrieben habe. Eine solche Reise zur Fülle nach all den Prüfungen und Schwierigkeiten der ersten Lebenshälfte und der Lebensmitte ist die endgültige Frucht von Kontemplation und Integrität. Clara ist wirklich das Urbild eines gut geerdeten Menschen der zweiten Lebenshälfte, auch wenn sie sich den Jahren nach noch in der ersten Hälfte befand.[136]

Eine Spiritualität für alle

Clara behütet für uns eine kontemplative Spiritualität, die Frauen und Männer betrifft, Menschen im Zölibat und solche, die in einer Partnerschaft leben, Extrovertierte und Introvertierte, obwohl ich zugeben muss, dass Introvertierte sich damit leichter tun werden, Menschen mit Leib und Seele, Christen und Nicht-Christen. Um noch einmal die Vogeltränke-Metapher zu benutzen: Claras Weisheit hilft uns auf die verschiedensten Weisen, unsere Flügel auszubreiten. Ihr Leben war so unverstellt, so tief und klar im Umgang mit der menschlichen Begrenztheit, dass sie eine Lebensweise entwickeln konnte, *in der Tiefe und Gottesbegegnung möglich, emotional notwendig und eigentlich unvermeidlich wurden.* Das fasst meine Bewunderung für sie und ihre Lebensweise gut zusammen und zeigt, warum sie das ganze franziskanische Unterfangen in Wahrhaftigkeit und Tiefe erden konnte.

Manchmal werden selbst Päpste zu Dichtern, beispielsweise in der Predigt, die Alexander IV. bei ihrer Heiligsprechung im Jahr 1255 hielt: »Im Inneren verborgen, dehnte sie sich weit aus. Ja, sie hat sich verborgen, und doch ist ihr Leben ans Licht getreten. Chiara war still, doch heute spricht man überall von ihr. Sie lebte in einer kleinen Zelle, und doch wird man sie fortan in den großen Städten dieser Welt kennen.«[137] Sie ist eine der wirklich wenigen Frauen, deren Schriften uns aus den ersten 1300 Jahren des Christentums überliefert sind, obwohl sie eigentlich nicht besonders gebildet war. Sie hat die erste Ordensregel für Frauen geschrieben, die uns bekannt ist. So viel kann inneres Erleben und spirituelle Bildung für die Seele tun. Und für uns alle.

Ken Wilber, der heutige Thomas von Aquin der Philosophie und Spiritualität, fasst Claras letztendliche Erfahrung zusammen, wenn er sagt: »Wenn die Türen der Wahrnehmung gereinigt sind, wird der ganze Kosmos zu unserem verlorenen und wiedergefundenen Geliebten, zum Urbild der ersten Schönheit, für alle Zeit, endlos. Und angesichts dieser erschütternden Schönheit werden wir in unseren eigenen Tod gleiten.«[138] Genau das hat Clara getan.

Ihre letzten überlieferten Worte scheinen genau darauf hinzudeuten, fast als hätte sie voller Freude ihr Verschwinden beobachtet und voller Vertrauen mit ihrer eigenen Seele gesprochen, in wunderschönen weiblichen Bildern: »Geh nun, du hast einen guten Begleiter. Der dich erschaffen hat, sorgt für dich. Der dich erschaffen hat, wird dich beschützen, wie eine Mutter ihr kleines Kind beschützt.«[139]

Für Clara war ihr Ende so sicher wie ihr Anfang, aber das gilt ja für uns alle (vgl. Epheserbrief 1,4 ff.). Aber sie wusste es, nahm es für sich in Anspruch, liebte es und dankte Gott dafür, dass er ihr das Leben geschenkt hatte.[140]

Jetzt ist sie selbst eine vertrauenswürdige Begleiterin für uns alle, die wir ihr nachfolgen wollen.

KAPITEL 10

Die Welt der anderen: Franziskus und der ägyptische Sultan

> Wenn ich es ihnen sage, halten sie mich für einen Narren; wenn ich schweige, plagt mich mein Gewissen.[141]
>
> *Franziskus zu seiner Warnung an die Kreuzfahrer*

Die Verbindung, die Franziskus in seinem Leben mit dem »Feind« aufgenommen hat, könnte seine kraftvollste Erklärung zur Zusammenschau des inneren und äußeren Lebens mit all seinen gesellschaftlichen, politischen und ethnischen Implikationen gewesen sein. Er lädt damit auch zu einer Art interreligiösem Dialog ein, zu einer sehr notwendigen Überschreitung der Grenzen mit dem Ziel, andere Völker zumindest ansatzweise zu verstehen. Mehr als die meisten anderen Ereignisse seines Lebens trug die Begegnung mit dem ägyptischen Sultan Franziskus weit über die süßlichen Bilder hinaus, die wir von ihm kennen. Seine Art der Grenzüberschreitung ist bis heute von großer Bedeutung, denn viele christlich-muslimische Probleme seiner Zeit existieren bis heute.

Franziskus hat mehrere Male versucht, die Kreuzfahrerheere im Heiligen Land zu besuchen. Sein erstaunlicher Besuch beim Sultan Malik al-Kamil im September 1219 im ägyptischen Damietta ist von mehreren angesehenen Autoren genauer und kritischer erforscht worden.[142] Diese drei Studien, die gut zugänglich sind, bringen ein Ereignis zum Vorschein, das weit über die fromme Hagiografie hinausgeht und eine große gesellschaftliche, politische und spirituelle Bedeutung annimmt.

Der kulturelle und religiöse Kontext

Es ist schon bemerkenswert, dass im 13. Jahrhundert das Misstrauen, die Angst und der Hass zwischen Ost und West und zwischen Christentum und Islam ebenso groß – wenn nicht größer – waren als heute. In Europa wusste man praktisch nichts von der islamischen Kultur und Religion, auch unter Gebildeten und Päpsten. Es gab nur gruselige Feind-Stereotypen.

Die überwiegende Mehrheit der Stimmen in der Westkirche – mit den Päpsten an der Spitze – hatte sich vom Eifer der anti-islamischen Kreuzzüge ab 1095 mitreißen lassen. Es gab neun Kreuzzüge, Franziskus griff in den fünften ein. Immer wieder benutzten Päpste das Versprechen des ewigen Lebens und boten Ablass und Sündenvergebung für diejenigen, die an den »heiligen Kriegen« teilnahmen. Und sie wurden darin von Königen und offiziellen Kreuzzugpredigern unterstützt. Fast niemand lehnte die Kreuzzüge ab oder begriff, dass es sich dabei um einen massiven Missbrauch von Macht – und des Evangeliums – handelte.[143]

Irgendwann zu Beginn der Kreuzzüge hörte die bisherige Sünde der Simonie (vgl. Apostelgeschichte 8,9–24, gemeint ist die Bezahlung für Sakramente, Vergünstigungen, Gottesdienste oder Weihen) aus irgendeinem Grund auf, eine Sünde zu sein. Sie verschwand ebenso wie die Sünden des Geldausleihens auf Zins und der Störung der Sabbatruhe, weil sie kulturell kein Ansehen mehr genoss und wohl auch nicht mehr benötigt wurde. Konservative Katholiken denken gern, ihre

Kirche sei seit jeher unverändert und »semper eadem«, immer die gleiche. Aber wer die Geschichte wirklich kennt, der weiß, dass eher das Gegenteil der Fall ist.

Franziskus wusste, dass kein Geringerer als der hl. Bernhard von Clairvaux die Kreuzzüge gerechtfertigt hatte. Bernhard hatte gemeinsam mit mehreren Päpsten zu dem katastrophalen Zweiten Kreuzzug aufgerufen, sie wurden von einer eigenen Flagge und dem oft zitierten Motto »Deus Vult« – Gott will es – angeführt. Trotzdem sagte Franziskus, es sei *nicht* Gottes Wille, dass die Christen die Kreuzzüge siegreich beendeten. Vielmehr richte sich dieser Krieg »gegen den Willen des Herrn.«[144] Das war kühn und revolutionär gesprochen. Einige Forscher glauben, selbst Bonaventura habe die Sache in seiner Franziskus-Biografie heruntergespielt, um Franziskus für Rom und die christlichen »Patrioten« annehmbarer zu machen. Bis in die jüngste Vergangenheit hinein haben franziskanische Forscher der Sache nicht allzu viel Bedeutung zugeschrieben und alles für eine fromme Legende gehalten. Ich auch.

Was wirklich geschah

Franz von Assisi verließ seine eigene Kultur auf eigene Kosten, um den Sultan aufzusuchen, um sich in die Welt eines anderen zu begeben, eines Mannes, der in der Öffentlichkeit als Feind seiner Welt und seiner Religion galt. Er hat es wohl drei Mal versucht, ist aber erst beim dritten Mal ans Ziel gekommen. Bei diesem dritten Versuch reiste er vor allem deshalb nach Ägypten, um den eigenen christlichen Truppen zu erklären, dass sie etwas Falsches taten, indem sie am Fünften Kreuzzug teilnahmen, den Papst Innozenz III. und andere katholische

Führer ausgerufen hatten. Franziskus warnte sie, diese Schlacht und der ganze Krieg würden scheitern.

Bemerkenswert ist daran, dass er zu den Christen sprach und nicht zu den Muslimen. »Er verbot ihnen mit heftigen Drohungen den Krieg und verwarf alle seine Gründe. Aber sie machten ihn lächerlich und verhärteten ihre Herzen und ließen sich nicht raten.«[145]

Vielleicht lässt sich Franziskus' gesamte Haltung zu Feinden und damit zum Islam am besten mit Kapitel 23 seiner ersten Ordensregel zusammenfassen, von der einige Forscher inzwischen glauben, es handele sich um seine Abschiedsrede vor der Reise nach Ägypten, weil er damit rechnen musste, möglicherweise nicht zurückzukehren. Er hielt diese Rede für sein Vermächtnis, und sie fasst nicht nur seine Haltung gut zusammen, sondern sie ist auch ein sehr hoch entwickeltes Beispiel für nicht-duales Bewusstsein. Und wie bei Jesus gehen die meisten von uns Entweder-oder-Denkern darüber hinweg und glauben nicht, dass irgendjemand so etwas wirklich sagen und meinen könnte:

Liebet eure Feinde, tut wohl denen, die euch hassen. Unser Herr Jesus Christus selbst, in dessen Fußstapfen wir gehen, hat den Verräter als seinen Freund bezeichnet und sich aus freiem Willen den Häschern ausgeliefert. Deshalb sind auch die unsere Freunde, die uns ohne Grund Schwierigkeiten bereiten, Leid, Schande oder Verletzungen, Schmerz oder Folter, selbst Martyrium und Tod. Wir müssen sie lieben, sehr lieben, denn sie schenken uns das ewige Leben.[146]

Diese Demut, dieser Respekt für den anderen, auch für den Islam, verschaffte ihm mehr Zeit mit dem Sultan, etwa drei Wochen. Am Ende ließ ihn der Sultan unter seinem Schutz und mit einem Geschenk, einem Horn, mit dem zum islamischen Gebet gerufen wurde, ziehen. Offenbar waren Achtung und Respekt also gegenseitig.

Ein derartiges Verhalten ist uns aus dem gesamten Mittelalter vorher nicht bekannt. Nach Franziskus kenne ich nur einen einzigen Franziskaner, der einen ähnlichen Kontaktversuch unternahm, nämlich den Mallorquiner Raymond Lull (1236–1315). Er reiste mindestens sieben Mal in die Arabische Welt und versuchte, ein neutrales Vokabular zu entwickeln, das alle drei monotheistischen Religionen gut hören konnten. Durchaus denkbar, dass er dazu sogar die Tradition des Enneagramms bemühte.[147] Er lehrte, dass die Verwandlung im Gebet und nicht der Krieg Muslimen und Christen helfen würde, über ihre Gegensätze hinwegzukommen.

Mit großer Klugheit unterschied Franz von Assisi zwischen einem institutionellen Übel und dem Individuum, das darunter leidet. Er empfand Mitgefühl für den einzelnen Soldaten, obwohl er den Krieg ablehnte. Er trauerte zutiefst über die bevorstehende Schlacht und um die Soldaten, vor allem die Spanier wegen ihrer »größeren Unbesonnenheit«.[148] Er verstand die Torheit und doch Gewissheit ihres Patriotismus, der sie leider dazu anleitete, sich unpatriotisch gegenüber dem viel größeren Reich Gottes zu verhalten, dem seine eigene erste und letzte Treue galt.

Franziskus erklärte seinen Brüdern in der ersten, ganz einfachen Regel, dass es im Umgang mit den »Sarazenen« nicht darum gehe, zu streiten oder zu diskutieren, sondern jedem menschlichen Wesen um Gottes willen zu dienen und sich damit zufrieden zu geben, den eigenen christlichen Glauben zu bekennen. Heute nennen wir das »Verkündigung mit dem eigenen Leben«. Wir können nur vermuten, dass er das 1219 selbst genauso hielt. Sodann drängte er seine Brüder, nur dann mit Worten zu »predigen«, wenn sie davon ausgehen mussten, dass diese Form dem Willen Gottes entsprach. Vielleicht hat er den Begriff »in'shallah« von den Muslimen gelernt.[149]

Bei Franziskus wie bei Jesus war die Kehrtwende des Bewusstseins vollständig. Der Feind des kleinen Selbst wurde zum Freund der Seele, und derjenige, der sein kleines Leben verlor, konnte das große Leben finden. Nur ein solcher »neuer Mensch« kann die gesellschaftlichen Übel unserer Zeit – und jeder Zeit – ertragen, ohne vom Zynismus zerstört zu werden.

Man fragt sich allerdings, ob das dualistische, zänkische Denken unserer Zeit eine solche radikale Spiritualität überhaupt noch verstehen, zulassen oder gar unterstützen kann. Und was passieren würde, wenn eine Führungsfigur heute so sprechen würde. Nach meinem Eindruck sind wir über das Dilemma, das Franziskus im Jahr 1219 formulierte, noch nicht weit hinausgekommen: »Wenn ich es ihnen sage, halten sie mich für einen Narren; wenn ich schweige, plagt mich mein Gewissen.«

Der einzige Unterschied liegt vielleicht darin, dass heute Menschen wie Sie Bücher wie dieses hier lesen und hoffentlich zulassen, dass es ihr Herz berührt, ihren Geist weckt und ihren Füßen ein festes Auftreten schenkt. Hier geht es nämlich nicht um das höhere Gewissen eines Franz von Assisi. Hier geht es um das Gewissen schlechthin.

KAPITEL 11

Bonaventura: Hingabe an die Liebe und Rückkehr zur Quelle

> Christus hat etwas mit allen Geschöpfen gemein. Mit dem Stein teilt er die Existenz, mit den Pflanzen das Leben, mit den Tieren die sinnliche Wahrnehmung und mit den Engeln die Intelligenz. Alle Dinge werden in Christus verwandelt, denn in seiner Fülle umfasst er einen Teil von allem, was geschaffen ist.[150]
>
> *Bonaventura*

Kein anderer Lehrer hat die Vision von Franziskus und Clara so gut auf die Ebene der Theologie und Philosophie, auf die Ebene einer ganz und gar symmetrischen Weltanschauung mitgenommen wie Bonaventura von Bagnoregio (1217–1274). Ich glaube, er war für Franziskus, was Paulus für Jesus war. Beide sind auf ihre Weise weniger »radikal« als die, die sie interpretieren, aber beide helfen den Nachfolgern und Denkern, systematischer zu erkennen, was das Leben von Jesus und Franziskus uns lehren könnte.

Beide scheinen zu sagen: »Wenn es wahr ist, dann zeigt es dies.« Bonaventuras Schriften sind so umfangreich, breit, klug und poetisch, dass ich Ihnen hier nur einen kleinen Vorgeschmack geben kann. Der große Mittelalterforscher Étienne Gilson sagt, die Lehre Bonaventuras markiere »den Höhepunkt der christlichen Mystik und die vollständigste Synthese, die sie jemals erreichte.«[151] Also, lassen Sie sich verwöhnen.

Bonaventura wird auch als der seraphische, der »engelsgleiche« Kirchenlehrer bezeichnet, weil seine Schriften die Wärme und das Feuer enthalten, das man mit den Seraphim in Verbindung brachte. Er ist wohl auch deshalb ein so beispielhafter franziskanischer Mystiker, weil er seinen genialen Kopf seinem feurigen Herzen unterordnet und die Kontemplation in ein außerordentlich aktives Leben integriert, wie wir in einem seiner häufig zitierten Verse hören, der umso erstaunlicher ist, weil er doch ein solcher Intellektueller war:

Sucht Gnade, nicht Unterricht, Sehnsucht, nicht Verständnis,
sucht das Stöhnen des Gebets statt fleißigem Lesen,
sucht den Liebsten statt des Lehrers,
sucht Gott, nicht die Menschen, Dunkelheit statt Klarheit,
nicht das Licht, sondern das Feuer.[152]

Bonaventuras Vision von Gott, Liebe und Glauben

Für Leser, denen eher der mittelalterliche Sprachgebrauch mit Feuer und Schwefel, Würdigkeit und Unwürdigkeit, Sünde, Schuld, Verdienst und Verwerflichkeit, Rechtfertigung und Buße vertraut ist, wie er in den letzten 500 Jahren überhandgenommen hat, werden sich vielleicht wundern, all das bei Bonaventura kaum oder gar nicht zu finden. Bonaventuras Vision ist positiv, mystisch, kosmisch, von Nähe geprägt und im Wesentlichen darauf konzentriert, die Brille unserer Wahrnehmung und unserer Absichten zu putzen, damit wir voller Freude sehen und genießen können.

Er fängt ganz schlicht an: »Nur wenn wir die Dinge von ihrem Ursprung und von ihrem Ende her betrachten und wahrnehmen, wie Gott durch sie hindurchleuchtet, werden wir verstehen.«[153] Für Bonaventura schließt sich mit Gott und seiner Schöpfung ein vollkommener Kreis, der sich selbst vervollständigen muss und wird. Bonaventura weiß, dass Alpha und Omega letztlich dasselbe sind und dass die entscheidende Klammer das »Christusmysterium« ist, die grundlegende Einheit von Materie und Geist, Menschheit und Gottheit. Das Christusmysterium wird zum Muster der gesamten Schöpfung, genauer gesagt, der Gekreuzigte, der den notwendigen Kreislauf von Verlust und Erneuerung offenbart, der alles zum neuen Leben hin trägt. Heute wissen wir, dass Tod und Geburt jedes Sterns, jedes Atoms zu diesem selben Muster von Verlust und Erneuerung gehören, aber das Muster selbst ist nach wie vor verborgen oder wird verleugnet. Gerade deshalb muss es von Gott offenbart werden, und das Kreuz ist genau diese Offenbarung.

In Bonaventuras Theologie geht es nie darum, einen fernen oder zornigen Gott zu besänftigen, sich Vergebung zu verdienen oder eine abstrakte Rechtfertigungstheorie zu entwickeln. Er besteht ganz und gar aus kosmischem Optimismus und Hoffnung. In dem Moment, da das Christentum diese Art von Mystik verlor, verdrängten die Angst und ein Gefühl der Unwürdigkeit und Schuld die Teilhabe und Freude an einem alles durchdringenden, alles umfassenden Plan. Wie Paulus sagt: »Denn in ihm hat er uns erwählt von der Grundlegung der Welt.« (Epheserbrief 1,4) Das Problem ist seit Anbeginn von der Schöpfung gelöst.

In Bonaventuras Welt war der Rahmen der Realität noch groß, hoffnungsvoll und positiv. Ein Grund dafür – der auch auf viele andere katholische Mystiker zutrifft – war seine zutiefst trinitarische Haltung. Für ihn strömt die Liebe immer und für alle Zeit in eine einzige, positive, vorwärtsgewandte Richtung. Darin lag für ihn Anfang und Ende. Das Christentum war während des überwiegenden Teils seiner Geschichte nur dem Namen nach trinitarisch, muss ich leider sagen. Es beschäftigte sich weitgehend mit der Anbetung Jesu, der aus der Dreieinigkeit herausgelöst und damit auch vom ewigen Christus abgetrennt wurde (siehe Kapitel 14). So wurde aus einem leuchtenden Beispiel der Menschlichkeit, das vor allem existierte und alles umfasst (Kolosserbrief 1,17–20), ein harter Weltenrichter.

Bonaventuras feste Gründung in der Dreieinigkeit schenkte ihm einen nicht-dualen Geist, mit dessen Hilfe er dem unfassbaren Geheimnis Gottes und der Schöpfung nachgehen konnte. Ein dualistischer Geist verschließt sich jeder Vorstellung von Trinität, weil er sie nicht verarbeiten kann. Für Bonaventura jedoch ist Gott kein beleidigter Monarch auf dem Thron, der Blitz und Donner schleudert, sondern ein »Brunnen der Fülle«, der fließt, überfließt und alles mit Güte erfüllt. So wird die Wirklichkeit zu einem Prozess, an dem wir teilhaben können. Sie ist die Liebe selbst, keine rein platonische Welt, keine abstrakte Idee und auch kein statisches, unpersönliches Prinzip. Gott als trinitarischer Strom ist die Blaupause, das Muster aller Beziehungen und damit auch aller Schöpfung. Und die heutige Naturwissenschaft zeigt uns, genau das ist der Fall.[154]

Ich mag Bonaventura vor allem wegen seines starken Empfindens für kosmische Ganzheit, für das, was zu seiner Zeit als »die große Kette des Seins« bezeichnet wurde – wir würden heute wohl von Ökosystemen oder vom Kreislauf des Lebens sprechen. Mich zieht auch sein stark ausgeprägter Sinn fürs Paradoxe an. Der Theologe Ewert Cousins sieht darin übrigens den Schlüssel für das Verständnis von Bonaventuras Schriften und spricht vom »Zusammenfall der Gegensätze«.[155] Wenn man Bonaventura gelesen hat, werden die gekreuzten

Linien des Kruzifix' zu einer geometrischen Metapher für alle scheinbaren Widersprüche dieser Welt, die – voller Mitgefühl ausgehalten – eine tiefe Weisheit in unserer Seele hervorbringen. Es ist gut, dass das Kreuz unser Symbol der Erlösung wurde,[156] und es überrascht mich nicht, dass es zum zentralen »Logo« zum christlichen »Zeichen des Jona« (Lukas 11,29) geworden ist.

Die rechten Winkel des Kreuzes können als »durchkreuzter Sinn« aller Wirklichkeit gesehen werden. An diesem Punkt hängt Jesus, von dort aus unterrichtet er uns. Bonaventura war ganz klar ein nicht-dualer Denker mit der Fähigkeit zum ganzheitlichen Sehen. Selbst seine Lehre von der Kontemplation ist ein Crashkurs des 13. Jahrhunderts über das, was wir inzwischen wiederentdeckt haben und als »Centering Prayer« oder »Gebet der Sammlung« bezeichnen. In seiner Schrift »Reise des Geistes zu Gott« fasst er diese Lehre sehr gut zusammen. Bonaventura war erfahren in dem älteren Verständnis der Kontemplation und lehrte es auch. Nach den verschiedenen dualistischen Kämpfen vom 16. bis 20. Jahrhundert ging dieses Verständnis weitgehend verloren. Erst Francisco de Osuna, Teresa von Ávila und Johannes vom Kreuz haben es im 16. Jahrhundert wieder beschrieben. Im 20. Jahrhundert hat Thomas Merton es wiederentdeckt.

Bonaventuras Theologie

Bonaventuras visionäre Logik, wie Ken Wilber es wohl nennen würde, und die herrliche Symmetrie seiner Theologie, können in dem zusammengefasst werden, was er selbst als die drei großen Wahrheiten bezeichnete, die alles zusammenhalten:

Emanation: Wir kommen aus Gott und sind Träger des göttlichen Bildes. Unsere DNA ist die DNA Gottes.

Beispielhaftigkeit: Alles, die gesamte Kette des Seins und jeder Teil der Schöpfung, ist ein Beispiel und eine Illustration des einen Gottesgeheimnisses in Raum und Zeit, und zwar durch »Ursprung, Größe, Vielfalt, Schönheit, Mannigfaltigkeit, Aktivität und Ordnung.«[157]

Vollendung: Wir kehren zu der Quelle zurück, aus der wir kamen. Omega und Alpha sind gleich, und genau dies ist Gottes höchster, letzter Sieg.

Was für eine positive, sichere Welt beschreibt er da! Bonaventuras Lehre liegt eine zusammenhängende, gut geerdete Anschauung zugrunde, die die postmoderne Welt nicht mehr kennt und nach der sie sich doch so sehr sehnt. Wir sprechen hier ganz klar nicht von dem späteren Bezugsrahmen aus Belohnung und Strafe, der fast vollständig die Herrschaft übernahm, sobald Menschen Gott nicht mehr erfuhren, sondern nur noch an bestimmte Lehrgebäude glaubten. Die meisten Menschen sind heutzutage nicht mehr sicher, woher wir kommen, wer wir sind und wohin wir gehen; für viele haben diese Fragen gar keine Relevanz mehr.

Was wäre, wenn wir wieder zu einem Bild von der Welt und von Gott kämen, das sich aus Bonaventuras Lehren speiste? Dann hätten wir die Grundlage, die in unserer oft ziellosen, dahintreibenden Zeit fehlt. Glauben Sie, dass es gelingen könnte, uns eine solche positive Weltanschauung zurückzuerobern? Sie könnte genau jenes »kosmische Ei« sein, das unser Leben in Zeiten der Verzweiflung und des Zynismus zusammenhält. Unsere spätere beschränkte Vorstellung von individueller Erlösung funktioniert viel besser, wenn alles in einer großen kosmischen Erlösung zusammengefasst ist – dann steht der Teil für das Ganze. Im Moment fühlen wir uns alle allein, als gäbe es gar kein Ganzes, an dem wir teilhaben können.

Bonaventura beschrieb die große Kette des Seins in historischer und linearer Weise, aber auch mit Bezug auf eine allgegenwärtige kosmische Verbindung. Darin war er Paulus ganz nahe, der im Kolosserbrief schreibt: »Denn in ihm wohnt leibhaftig die ganze Fülle Gottes und durch ihn seid auch ihr erfüllt.« (2,9 f.) Und weiter: »Alles und in allen Christus.« (3,11) Wir wurden in Einheit erschaffen, schreiten nur dort fort, wo wir in Einheit sind, und kehren am Ende zu Gottes Geschenk der Einheit zurück. So jedenfalls liest Bonaventura die Evangelien. Gnade am Anfang, in der Mitte, am Ende und danach.

Für Bonaventura ist die Schöpfung ganz einfach Spiegel und Abbild Gottes. Er benutzt Metaphern wie Fußspur, Fingerabdruck, Bildnis, Gleichnis, »vestigia Dei«, um das immer wieder klar zu machen. Diese Einheitsvision ähnelt der des späteren Jesuiten Teilhard de Chardin (1881–1955). Beide Lehrer haben mir die Zuversicht gegeben, zu glauben und zu lehren, dass »alles dazugehört«. Beide beschreiben und verteidigen die universale Zusammengehörigkeit der gesamten Schöpfung und zeigen uns, dass der kosmische göttliche Sieg alle angstbasierten Gedanken des späteren, ausschließenden, strafenden Christentums klein und unnötig macht.

Leider haben wir im Westen sehr viel von der Hoffnung verloren, die bei Bonaventura noch so wunderbar zu sehen war. Sind die Weltkriege, die christliche Nationen geführt haben, nicht ein deutliches Zeichen für diesen Verlust? Völkermorde sind doch nicht zuletzt auch Symptome einer tiefen Selbstverachtung und Angst. Bonaventuras Gott war viel größer und herrlicher, als dass man ihn hätte fürchten können. Er war nicht damit beschäftigt, die bösen Jungs zu bestrafen, weil sein Kosmos selbst so riesig, so wohlwollend und zusammenhängend war. Hat dieser große Gott einen ebenso großen, großzügigen Kosmos hervorgebracht? Oder beinhaltet ein so großer Kosmos einfach auch einen sehr großen Gott? Fangen Sie an, wo Sie wollen. Viele Menschen werden heutzutage durch Ehrfurcht vor dem Universum zur Verehrung des Schöpfers gebracht, der diese geheimnisvolle, schöne Unendlichkeit erschaffen hat. Wie schon Franziskus sagte, als er eines Nachts den Sternenhimmel betrachtete: »Wenn das die Geschöpfe sind, wie muss dann erst der Schöpfer sein?« Ich beobachte genau dieses demütige Staunen heute auch bei vielen großen Naturwissenschaftlern. Kosmologie ist ein neues Wort für Theologie.

Das ganze Universum dreht sich um Verbundenheit und Beziehung – von den kleinsten Atomen bis zu den Galaxien und zu allem, was dazwischen ist. Sünde und Böses entstehen, wenn wir versuchen, uns außerhalb dieses Kreislaufs von Verbundenheit zu stellen. Bonaventuras Weltanschauung war nicht nur zusammenhängend, sondern auch dynamisch. Er glaubte, wenn man die Dinge nur richtig benennte und in Ehren hielte, würde sich alles andere schon ergeben. Aber der Großteil des Mainstream-Christentums hat nie eine klare, stolze Identität formuliert, sondern die Menschen immer nur mit einer nebulösen Identität gedacht: »Möglicherweise bist du eine Tochter Gottes, wenn du ein braves Mädchen bist, aber erst später.« Oder: »Kann schon sein, dass dies hier Gottes Welt ist, aber vor allem ist sie das Reich des Satans.« Solche Wetten und Ratespiele lassen uns alle im Ungefähren und machen uns Angst, sie lassen keine gute Grundlage für Glauben und Liebe entstehen.[158] Das wahre Evangelium, wie Bonaventura es sah, gibt uns Identität und Hoffnung, und zwar jetzt und hier.

Bonaventura war wirklich ein großer Philosoph und Theologe, aber er war vor allem ein leidenschaftlich Glaubender, ein Christ und natürlich ein Mitbruder. Er war selbst ein großartiges Beispiel für die Verbindung von Aktion und Kontemplation – mehr als siebzehn Jahre lang ein rastloser Arbeiter und Reisender im Dienst der Brüder, obwohl er vermutlich viel lieber als Lehrer in Paris geblieben wäre. Dabei schrieb er gerade in diesen Jahren seine größten, tiefschürfendsten Bücher. Wenn er an der Akademie geblieben wäre, so sagen viele, hätte seine ganz und gar systematische Lehre die des Thomas von Aquin ergänzt und herausgefordert. Thomas lehrte ja zur gleichen Zeit dort. Aber die Vorsehung hat Bonaventura die Möglichkeit gegeben, draußen in der Welt zu lernen, zu lehren und zu schreiben, statt als Professor an der Universität zu enden. Vielleicht hat das den großen Unterschied ausgemacht und dafür gesorgt, dass er absolut franziskanisch blieb.

Bonaventuras praktische, lösungsorientierte Seite war allerdings vielleicht auch seine dunkle Seite. Er ist zumindest teilweise für die »Klerikalisierung« der Minderen Brüder verantwortlich, ebenso für die geschwächte Rolle der sogenannten »Laienbrüder«. Franziskus selbst war Laienbruder gewesen, wie auch die meisten Mitbrüder der ersten Generation. Aber der bescheidene Dienst der Brüder brachte nicht genug ein, während gebildete Kleriker dem sich abmühenden, schnell wachsenden Orden Geld und Status gaben.[159] Und sie zu sichern war seine Aufgabe als Ordensoberer. Form und Mode folgen nun einmal oft der Funktion, und er wollte seine zerlumpte Truppe in Mode bringen und orthodox machen.

So wurde auch Bonaventuras Franziskus-Biografie zum

offiziellen Text, und andere Versionen wurden unterdrückt. Bonaventura wollte die »weiche« Frömmigkeit und Legendenbildung einschränken, die sich zu dieser Zeit um Franz von Assisi bildete und die sich bis heute fortsetzt. Aber diese Zensur verstellt uns den Zugang zu vielen wichtigen frühen Quellen. Er verwischte sogar die Spuren zu einigen von Franziskus' Friedensbemühungen mit den Muslimen, um den Orden in den Augen Roms akzeptabler und orthodoxer zu machen. Schließlich hatte Rom die Kreuzzüge ohne Einschränkung unterstützt.[160] Ähnlich ging er auch mit der radikalen Armut um, die Franziskus propagiert hatte, von der er aber wusste, Päpste und Bischöfe würden sie weder für durchführbar, noch für gerechtfertigt halten. Und was die Brüder anging, war er sich ebenfalls nicht sicher.

Vielleicht gilt für Bonaventura die Erkenntnis von C. G. Jung, dass Menschen umso mehr Schatten werfen, je mehr Licht sie haben. Vielleicht macht uns diese Erkenntnis geduldiger mit unserem eigenen Schatten und dem der anderen (auch dem von Bonaventura). Selbst Heilige haben ihre blinden Flecken. Unsere eigene Rolle und unser Platz in einer Gruppe bestimmen oft, was wir sehen oder nicht sehen – oder sagen. Deshalb lautet eines unserer Kernprinzipien im *Center for Action and Contemplation:* »Praktische Wahrheit findet sich in den meisten Gruppen eher am Rand und am Boden.« Deshalb wollte Franziskus immer möglichst weit unten und möglichst weit am Rand bleiben – nur hier kann man Prophet sein. Ich würde Bonaventura als Mystiker, Theologen und genialen Lehrer bezeichnen, nicht als Propheten, wie Franziskus einer war. Dasselbe gilt übrigens für Paulus im Verhältnis zu Jesus. Er bezahlte für seine Stellung an der Spitze des Ordens und viele Jahre lang in der Akademie. Einer Legende zufolge war er gerade beim Geschirrspülen, als man ihm den Kardinalshut brachte, und sagte den Leuten, sie sollten ihn an einen Ast hängen. Ich hoffe und vertraue darauf, dass diese Geschichte wahr ist. Er war sicher ein sehr demütiger Mann.

Schließlich würde ich Bonaventura gern als Beispiel dafür heranziehen, wie wir der eigenen mystischen Erfahrung vertrauen können und müssen und wie sie trotzdem der heiligen Schrift und der Tradition verantwortlich ist. Bonaventura zitiert die Bibel großzügig und baut gern auf kreativen biblischen Metaphern auf. Er kannte die große Tradition von den hebräischen Schriften über Augustinus und Dionysius bis hin zu Richard von St. Victor und Pierre Lombard. Dann kombinierte er diese traditionellen Quellen ganz besonders schön und zusammenhängend. Auf diese Weise appelliert Bonaventura an unseren Sinn für Vernunft und Ordnung, ohne sich an die Ordnung und an die beschränkte Vorstellung von »Rationalität« zu binden. Für diejenigen von uns, die nach der Aufklärung geboren sind, ist dieses Gleichgewicht sehr schwer zu erreichen.

Man muss wissen, dass das Gegenteil von Glauben nicht der Zweifel ist, sondern die Gewissheit und die Forderung nach Gewissheit. Bonaventura lebte in einer guten Weise auf dem Scheitelpunkt einer breiten, tiefgreifenden Verbindung von Wissen und Nichtwissen, Nichtsprechen und Schweigen. Er liebte zuerst die Wirklichkeit und fand dann fruchtbare Metaphern, um uns zu einer Liebesbeziehung mit dieser Wirklichkeit zu führen. Bonaventura lädt uns ein und inspiriert uns eher mit seiner poetischen Klarheit als mit Erklärungen und Definitionen, die irgendwelche fordernden Gewissheiten präsentieren. Er hat einen ganz anderen Stil.

Bonaventura ist sicher und vollkommen christlich, und doch hat er universelle Wahrheiten und Themen so präsentiert, dass Mystiker aller Religionen seine Lehre annehmen konnten. Sein Christus ist größer als das, was irgendeine christliche Konfession umfassen kann. Das wissen inzwischen selbst die protestantischen Theologen zu schätzen.[161] Er ist ein früher Teilhard de Chardin und als »Prozess-Theologe« seiner Zeit um 700 Jahre voraus,[162] obwohl Teilhard natürlich den Vorteil hatte, die moderne Naturwissenschaft zu kennen, Teleskope und Kosmologie – lauter Dinge, von denen Bonaventura nur träumen konnte. Ich bin mir absolut sicher, wenn Bonaventura die heutigen fruchtlosen Debatten zwischen Vertretern der Kreationslehre und Evolutionslehre hörte, würde er in aller Bescheidenheit sagen: »Ich weiß gar nicht, wo das Problem liegt.« Er würde erkennen, dass Gott in genialer Weise Dinge erschaffen hat, die sich selbst weitererschaffen. Und dass Gott so demütig, geduldig und verborgen ist, dass er oder sie uns und der Naturwissenschaft alle Verdienste lässt. Gott ist vollkommen bereit, seiner Schöpfung als anonymer Spender zu erscheinen, und versteckt sich, außer für diejenigen, die ihn gern sehen wollen. »Deine Herrlichkeit hast du ausgebreitet über die Himmel. Aus dem Mund der Kinder und Kleinen hast du dir ein Bollwerk bereitet« (Psalm 8,2 f.). Diesen Psalm zitiert Jesus für alle, die von Verleugnung und Groll erfüllt sind (Matthäus 21,16). Aber bei Bonaventura gibt es weder Verleugnung noch Groll. Sein Herz war nie kleinlich, sondern immer großzügig und bereit zur Liebe.

Bonaventuras »Baum des Lebens«, sein »Zusammentreffen der Gegensätze«, seine »Reise des Geistes zu Gott« und seine große Kette des Seins schaffen einen Raum der Freude für alles, in einem göttlichen Kreislauf des Lebens. Für ihn ist Gott »ein Kreis, dessen Mitte überall und dessen Umfang nirgends ist«. Und damit wissen wir, dass alle und alles, auch wir, sicher und glücklich in diesem einen guten Kreis leben können.[163]

KAPITEL 12

Johannes Duns Scotus: alles andere als ein Dummkopf

Wissen ist das Ergebnis des Wissenden und des Gewussten.
Johannes Duns Scotus

Im Englischen gibt es das hässliche Wort »dunce« für Dummkopf, Hohlkopf usw. Es leitet sich von der kleinen Stadt Duns im Süden Schottlands ab, wo Johannes der Schotte geboren wurde. Sein Denken war so subtil, genial und schwer zu verstehen, dass seine Gegner sich später über ihn lustig machten, indem sie seinen Professorenhut in Oxford als Narrenkappe bezeichneten, als Kopfbedeckung eines Menschen, der unfähig ist, irgendetwas zu lernen. Mit dieser kleinen Anekdote will ich Ihre Faszination für einen wirklich ausgesprochen faszinierenden Menschen wecken.

Scotus war ein Philosoph und Theologe, der sich den ersten Franziskanern anschloss, die 1224, also noch zu Lebzeiten von Franziskus, nach Canterbury kamen. Über sein Leben ist wenig bekannt, aber dass er sich dieser neuen, zerlumpten Truppe ohne jeden akademischen Ruf anschloss, sagt einiges über seine Prioritäten. Auf seinem Grabstein in der Minoritenkirche zu Köln, wo er im Jahr 1308 mit zweiundvierzig Jahren starb, steht in lateinischer Sprache: »Schottland hat mich geboren, England hat mich aufgenommen, Frankreich hat mich gelehrt und Deutschland behält mich.«

Obwohl Johannes vielen ganz unbekannt ist, haben wir

Franziskaner immer dazu geneigt, seine Philosophie höher zu schätzen als die des Thomas von Aquin, und ich empfinde es als einen Segen, in den frühen Sechzigern vier Jahre lang am Duns Scotus College in Michigan seine Weisheit studiert haben zu dürfen. Einige seiner Ideen sind erst in unserer Zeit zur Fülle gelangt und werden auch erst jetzt wirklich geschätzt. Ganz besonders gilt das für diese drei:

- Die »Univozität des Seins« liefert die philosophische Begründung für das, was wir heute als Kreislauf des Lebens oder als Ökosysteme bezeichnen, für Holone und Fraktale (also Teile, die das Ganze wiederholen), für unitives Denken und letztlich für die Mystik.
- Seine Versicherung, dass Gott in dieser Ganzheit nur einzelne Individuen erschafft, eine Qualität, die er »Diesheit« nannte. Sie hat ihn bei Dichtern und Mystikern gleichermaßen beliebt gemacht und ist Beispiel und Begründung für das Prinzip der Inkarnation im Konkreten und Spezifischen. Für Scotus war selbst Maria eine spezielle, einzigartige Wahl Gottes, und ihm werden die philosophisch-theologischen Grundlagen dessen zugeschrieben, was man später die offizielle Lehre der unbefleckten Empfängnis nannte – bis heute nicht die Mainstream-Position. Für Scotus personifizierte und betonte Maria die »Diesheit«, den Skandal der Entscheidung Gottes. Selbst glühende Katholiken zögerten oft zu denken, Gott hätte nur eine einzige Ausnahme vom universalen Muster der Zerbrochenheit (der Ursünde) gemacht.
- Seine Versicherung, die göttliche Inkarnation selbst sei »der erste Gedanke Gottes« gewesen und kein nachträglicher Versuch, das Problem der Sünde zu lösen. Tatsächlich lehrte Scotus, vom Augenblick des Urknalls an sei die Gnade Teil des Universums gewesen (wie es auch Genesis

1,2 nahelegt – der Geist Gottes schwebt über dem Chaos. Scotus' kosmische Christologie impliziert, dass Gnade kein Phänomen der späteren, gelegentlichen Ergänzung ist, sondern die Urgestalt des Universums. Das Christusmysterium der geisterfüllten Materie ist Gottes Plan A und kein Plan B, um das Chaos wiedergutzumachen, das Adam und Eva angerichtet haben, indem sie den Apfel aßen.

Drei Ideen, die die Welt verändern. Die erste verändert Ihre Philosophie, die zweite Ihre Kosmologie und die dritte geht an die Grundlagen Ihrer christlichen Theologie. Ich will mich zunächst in einigen kurzen Gedanken mit der Univozität des Seins beschäftigen, weil sie die Grundlage bildet, nicht zuletzt für die Mystik: Unser Sein ist nicht nur analog zu Gott, sondern wir können von zwei angeblich verschiedenen Wesen ausgehen, die »mit einer Stimme sprechen«. Schon daran erkennt man, dass Scotus ein nicht-dualer Denker und damit ein Kontemplativer war.

Die Univozität des Seins

Ich bin überzeugt, dass Scotus die philosophischen Grundlagen für das legte, was Michael Talbot und Ken Wilber heute als holografisches Universum bezeichnen, in dem alles ein Holon ist.[164] Auch Mandelbrots Entdeckung der Fraktale, der wiederholenden, imitierenden Muster in Natur, Mathematik und Kunst, beruhen darauf. Diese Entdeckungen zeigen uns, dass das Teil das Ganze enthält oder wiederholt und doch jeweils eine Ganzheit in sich selbst trägt. Und aus der Sammlung all dieser Teile entsteht das ganze Ganze! Heute glauben wir, dass diese Ganzheit physikalisch, biologisch und spirituell wahr ist und als Grundlage jedes Verständnisses einer mystischen Vereinigung gelten kann. Diese Vorstellung setzt eine »angeborene Sympathie« zwischen Gott und allen erschaffenen Dingen voraus – und auch zwischen diesen »zehntausend Dingen«. Jeder von uns wiederholt das Ganze und besitzt doch eine gewisse Ganzheit in sich – aber wir sind nie ganz getrennt vom größeren Ganzen. Holone erschaffen eine sehr feine Sprache für das, was ich das »Mysterium der Teilhabe« nenne, für den Gedanken, dass Heiligkeit sich weiterverbreitet und dass Gottes Leben ganz und gar Teilhabe ist. Wer allein »heilig« ist, der ist überhaupt nicht heilig.

Erlösung ist keine göttliche Leistung, die stattfindet, weil wir moralisch perfekt sind, sondern vielmehr ein organisches Sich-Entfalten, ein Werden, wer wir wirklich sind, eine angeborene Sympathie und Fähigkeit zur Wahrnehmung dessen, der uns erschaffen hat. Jeder von uns ist ein Teil der dem Ganzen gleich ist und zum Ganzen beiträgt, wie Paulus in seiner Leib-Analogie gelehrt hat (1. Korinther 12,12–30). Die Welt, in der wir heute leben, hat keine natürliche Empfindung mehr für diese Ganzheit und deshalb auch nicht für Heiligkeit. In unserem säkularen Denken nehmen wir nicht natürlicherweise an der Schöpfung teil, sondern glauben, wir müssten uns den Eintritt irgendwie erkaufen. Dieser tragische spirituelle Verlust zeigt sich heute in vielen Formen. Er hat zu einer traurigen, einsamen Welt geführt, zu einem Leben außerhalb des Paradieses, ausgeschlossen von Engeln, die wir selbst erfunden haben (Genesis 3,24).

In diesem Kapitel wollen wir aber vor allem die zwei anderen großen Themen des Scotus diskutieren, denn um die Univozität des Seins hat sich ja das ganze bisherige Buch gedreht. Ich kann diese beiden Ideen hier nicht so akademisch und mit tausend Belegen vorstellen, wie sie es verdienen – das wäre eine Aufgabe für gelehrtere Leute.[165] Aber ich kann der franziskanischen Berufung und Strategie folgen, große Wahrheiten und Gelehrsamkeiten für die einfachen Menschen und Christen aufzubereiten, damit jeder davon profitieren und daran wachsen kann. Genauso wie schlechte Theologie benutzt worden ist, um Sklaverei und Unterdrückung zu begründen, kann gute Theologie – in einfacher Form, die die meisten Menschen verstehen – die außerordentlich nötige Befreiung von Individuen und Gesellschaft fördern. Das jedenfalls ist meine Hoffnung und meine Berufung.

Diesheit

Warum ist Scotus' Lehre von der »Diesheit« also so gut und wichtig? Zunächst handelte es sich bei diesem Denken um einen Durchbruch im hierarchischen Mittelalter, wo nur Spitze und Mitte etwas galten. Wenn die Spitze hielt, so dachte man, dann würde alles andere auch halten. Nur sehr, sehr selten schrieb jemand über einfache Leute und ihr Leben. Die Vorstellung vom Individuum abseits der Gruppe war noch nicht geboren, obwohl Jesus doch gesagt hatte, man solle die neunundneunzig Schafe verlassen, um das eine zu suchen. Könige und Königinnen, Papsttum, Bischofsamt und Nation waren viel wichtiger als irgendein lokales, unmittelbares, konkretes oder spezifisches »Dies«. »Mein König ist besser als deiner« und »meine Religion ist die einzig wahre« – solche Sätze wurden zum Ersatz für persönliche Verwandlung oder irgendein Gefühl der Verbindung zwischen Gott und der einzelnen, ganz gewöhnlichen Seele (und genau darum geht es ja in der Mystik). Die Gruppe, die neunundneunzig, die ethnische Zusammengehörigkeit wurden der einzelnen Seele vorgezogen. Und genau deshalb konnte es zum Krieg kommen: Bewusstsein auf der ersten Stufe. Stammesbewusstsein.

Dass Johannes Duns Scotus über das Stammesbewusstsein hinauskam und das einzelne Individuum ehren konnte – natürlich immer ausbalanciert gegen den gemeinsamen Leib Christi – ist schon sehr erstaunlich. Ein solcher Sprung ist nur möglich, wenn das Ego gestorben ist und gemeinsame Weisheit ihren Anfang genommen hat.[166] Bis heute sind wir auf dem Weg zu jener Synthese, die Scotus vertrat: Das gemeinsame Gute und das individuelle Gute sind gleich wichtig und müssen in einer hart erkämpften, aber kreativen Spannung gehalten werden. Meiner Meinung nach erreichen diese Synthese nur ganz wenige.

Scotus zeigt uns den Jesus, der die neunundneunzig Schafe verlässt, um das eine zu suchen. Aber genau wie Jesus lässt er das eine immer im Gemeinsamen leben, er ist kein Individualist westlicher Prägung. Das würde seine Erkenntnis nur billig machen. Er vertritt die Lehre der Inkarnation, unsere große, christliche Trumpfkarte. Die universale Inkarnation zeigt sich immer im Spezifischen, Konkreten, Einzelnen, sie weigert sich, reine Abstraktion zu sein. Niemand drückt das besser aus als Christian Wiman: »So wie die Natur das Vakuum scheut, so scheut Christus das Vage. Wenn Gott die Liebe ist, dann ist Christus die Liebe zu diesem einen Menschen, zu diesem einen Ort, diesem einen vergänglichen, zerzausten Selbst.«[167]

Die Lehre von der Diesheit besagt, dass wir nur über das Konkrete, Spezifische und Gewöhnliche auf eine tiefe, richtige Weise zur universalen Bedeutung kommen. Andersherum geht es nicht, und darin liegt eine große Gefahr für alle Ideologien, also für alle übergreifenden, universellen Erklärungen, die unsere Welt im letzten Jahrhundert heimgesucht haben. Jeder Teil des Universums ist ein Holon und ein Fraktal und also wichtig! Das Prinzip hier lautet: »Geh an irgendeinem Ort in die Tiefe und du wirst alle Orte finden.«

Wenn wir mit großen, universellen Ideen anfangen, auf der Ebene von Konzepten und »Ismen«, dann bleiben wir allzu oft dort und streiten uns um Theorien und immer noch mehr Unterscheidungen. Auf dieser Ebene kontrolliert der Geist alles, und es fällt leicht, die Menschheit zu lieben, aber nicht den einzelnen Menschen. Wir verteidigen das Prinzip der Gerechtigkeit, machen uns aber nicht die Mühe, ein gerechtes Leben zu führen. Das tun nur Menschen, die so leben wie Franziskus und Clara. Wenn wir es politisch betrachten, nimmt das auf der Linken und Rechten unterschiedliche Formen an. Liberale lieben die politische Korrektheit, werden aber autoritär, wenn es um gerade definierte Prozesse und Sprachregelungen geht. Konservative lieben ihre eigene Gruppe um ihrer selbst willen und werden autoritär, wenn es um die Symbole dieser Gruppe geht. Sie verteidigen und definieren ewig die Regelungen und Rechte der Gruppenmitgliedschaft. Beide Seiten riskieren dabei, zur »Wörterpolizei« zu werden, zu »Symbolschützern«, statt irgendetwas zu verändern – oder gar sich selbst –, indem sie heilende liebende Energie zur Verfügung stellen würden.

Manchmal kommt dann keine Gruppe mehr zu konkreten Akten der Nächstenliebe, Barmherzigkeit, Befreiung, des Dienstes. Wir streiten um Theorien und korrekte Definitionen, auch ich habe das schon getan. Wenn wir unser Denken spezifisch, aufs Jetzt bezogen, konkret und individuell machen, können wir uns dabei auf Scotus beziehen. Seine ganze Philosophie macht die Liebe und die Bereitschaft zur ganz konkreten Liebe wichtiger als den Intellekt und das Verstehen oder irgendwelche Theorien.

Tatsächlich sieht man darin oft den grundsätzlichen Unterschied zwischen Scotus und Thomas von Aquin. Für die franziskanische Denkschule steht die Vorstellung von Gott als ewiges Verströmen der Liebe vor der Idee, Gott sei gleichbedeutend mit dem göttlichen Logos, also dem rationalen Muster. Das göttliche Muster ist zuerst und an sich Liebe und nicht ein Denken von einem rational verstehbaren Gott, der uns befiehlt zu lieben, uns einen Auftrag gibt. Für Scotus wie auch für Bonaventura ist die Dreifaltigkeit der absolute Ausgangspunkt – und ebenso der Endpunkt. Das Verströmen der Liebe ist die angeborene Gestalt des Universums, und erst wenn wir lieben, existieren wir ganz und gar in diesem Universum. Wir müssen nicht »verstehen«, was passiert oder wer Gott ist. Wir müssen in der Liebe leben. Der Wille zur Liebe geht jedem Bedürfnis nach dem Verstehen voraus, würde die franziskanische Schule sagen.

So sieht der große Unterschied zwischen den spirituellen Schulen aus, und ich muss sagen, die Kirche nach der Reformation lebte fast ganz in der thomistischen statt in der franziskanischen Schule. Verstehen war immer ein höheres Ziel als der Wille zur Liebe. Fast in allen Seminaren wurde zuerst Thomas von Aquin gelehrt, in vielen sogar ausschließlich, abgesehen von einigen franziskanischen Einrichtungen. Viele päpstliche Dekrete setzten den Thomismus geradezu mit dem Evangelium gleich. Ich bin sicher, Sie sehen, wie uns das ein paar Nuancen von einer eher mystischen, einigenden Lesart des Evangeliums entfernte. Kurz gesagt: Wahrheit wurde mit Wissen und nicht mit Liebe gleichgesetzt. Josef Pieper, selbst ein thomistischer Gelehrter, hat ganz richtig gesagt: »Der natürliche Lebensraum der Wahrheit sind menschliche Beziehungen.«[168] Ideen als solche sind niemals ganz »wahr«, sie sind Platonismus, kein inkarniertes Christentum. Auf dieser Ebene streiten wir nur um Worte, und dieser Streit hält uns von der Liebe fern.

Die Sühnetheorie

Der Einfachheit und Kürze wegen lassen Sie es mich so sagen: Die übliche christliche Lesart der Bibel besagt, dass Jesus »für unsere Sünden starb« – entweder, um unsere Schulden beim Teufel zu bezahlen, das ist die Variante der ersten tausend Jahre, oder um unsere Schulden bei Gottvater zu bezahlen. Die zweite Variante stammt von Anselm von Canterbury (1033–1109), und man hat diese Theorie gelegentlich als »das schlimmste erfolgreiche Stück Theologie aller Zeiten« bezeichnet. Scotus hat sich auf keine dieser Lesarten eingelassen. Er ließ sich nicht von der Tempelsprache mit Schulden, Buße, Blutopfer und notwendiger Wiederherstellung der Ehre leiten, sondern von den kosmischen Hymnen des Kolosser- und Epheserbriefs (siehe Kapitel 14).

Wenn Scotus' Vorstellung vom »Wie« und von der Bedeutung der Erlösung (seine Sühnetheorie) gelehrt worden wäre, dann hätten wir ein viel positiveres Verständnis Jesu und vor allem des Vaters. Die Christen haben einen unglaublich hohen Preis für das bezahlt, was Theologen nach Anselm als »stellvertretende Sühnetheorie« oder »Satisfaktionslehre« bezeichnet haben: die Vorstellung, bevor Gott seine Schöpfung lieben konnte, habe er von Jesus ein Blutopfer verlangt und gebraucht, um für die sündhafte Menschheit zu büßen.

Denken Sie bitte einmal darüber nach, wie unmöglich, gefesselt und kleinlich ein Gott sein müsste, den eine solche Theorie voraussetzt und uns präsentiert.[169] Christus ist in dieser Vorstellungswelt nicht der erste Gedanke Gottes, wie

Scotus gelehrt hat, sondern dafür zuständig, das traurige Problem unserer radikalen Unwürdigkeit nachträglich zu lösen. Und woher kommt das? Wenn man negativ beginnt, ist es nahezu unmöglich, jemals wieder zu etwas Positivem und Wunderbarem zu kommen. Wenn Sie aber positiv anfangen, lösen sich die Dinge von innen her.

Wir haben genug Mühe damit, Menschen zu helfen, dass sie Gott lieben, vertrauen, ihn auch nur mögen können. Wir brauchen keine zusätzlichen Hindernisse. Die Vorstellungen eines stellvertretenden Opfers haben nur Angst in die Herzen derer gesät, die wir bekehren wollen. Bei der Verbreitung des Evangeliums in der Welt helfen sie nicht. Selbstsicheren Menschen haben sie den Eindruck vermittelt, das Christentum sei eine Krämerreligion mit mythologischem Charakter. Der ewige Gott wurde als harter Verhandler präsentiert, ähnlich vielen Leuten, die wir nicht mögen. Als würde Gott Bezahlung oder gar eine Gewalttat brauchen, um seinen eigenen Kindern vergeben und sie lieben zu können. Und Menschen, die durch einen zornigen, fernen, abwesenden leiblichen Vater oder durch Missbrauch vorgeprägt waren, ließen sich nur zu leicht auf derartige Gedanken ein. Diese weit verbreitete und sehr wirksame Annahme verlangt tiefe innere Heilung bei vielen Menschen, in meiner frühen Arbeit mit Männern ging es im Wesentlichen darum.[170]

Scotus jedoch bestand auf der absoluten, vollkommenen Freiheit Gottes zu lieben und zu vergeben, wie er wollte – die Kernbedeutung von Gnade. Ein solcher Gott konnte nicht durch ein angeblich beleidigtes Gerechtigkeitsgefühl gebunden sein. Für Scotus konnten die Inkarnation Gottes und die Erlösung der Welt keine Reaktion auf die Sündhaftigkeit des Menschen sein, sondern nur eins: die präzise, freie und aktive Tat Gottes von allem Anfang an. Wir sind »erwählt vor

Grundlegung der Welt«, wie Paulus im Epheserbrief (1,4) sagt. Motiv für die Inkarnation Gottes können nicht Sünde und Probleme sein, sondern nur die vollkommene Liebe. Das Christusmysterium war von Anfang an die Blaupause der Wirklichkeit (Johannes 1,1). Gottes erster »Gedanke« war das Verströmen unendlicher göttlicher Liebe in endliche, sichtbare Formen. Der Urknall ist unser naturwissenschaftlicher Name für diesen ersten Gedanken, Christus ist unser theologischer Name, und es geht immer darum, dass die Liebe sich explosionsartig nach allen Seiten ausdehnt. Für Scotus reagiert Gott nie einfach nur, sondern er agiert überlegen und frei, ganz und gar aus Liebe.

Kein Wunder, dass das Christentum über die Jahrhunderte hin nicht mehr Mystiker und Heilige hervorgebracht hat. Unbewusst, manchmal sogar bewusst, vertrauten viele Menschen diesem Vatergott nicht, mochten ihn nicht einmal, und wünschten sich auf keinen Fall Einheit mit ihm. Er musste mit Blut dafür bezahlt werden, dass er uns liebte und für seine eigene Schöpfung sorgte, was kleinlich und strafend erscheint, und am Ende hatten wir eine zusammenhanglose Botschaft und ein ebenso zusammenhangloses Universum. Paulus hat uns gesagt, dass die Liebe »das Böse nicht nachträgt« (1. Korintherbrief 13,5). Aber offenbar bildete ausgerechnet Gott die große Ausnahme zu dieser Regel. Jesus sagt uns, wir sollen bedingungslos lieben, aber Gott tut das offenbar nicht. Für die Seele und für eine reife Spiritualität funktioniert das einfach nicht.

Sobald Sie das Verständnis für Gottes vollkommene und absolute Freiheit und Bereitschaft zur Liebe verlieren, auf dem Scotus bestand, wird die Menschheit in die Welt des Zählens zurückgeworfen. Alles muss gemessen, berechnet, verteilt, verdient und zurückgezahlt werden. So wirkt sich jede Vorstellung eines heldenhaften Opfers oder einer notwendigen Sühne auf die Psyche aus.[171] Deshalb hat Jesus auch gesagt, dass die Tempelreligion ein Ende nehmen müsse, einschließlich aller Versuche, göttliche Gunst zu kaufen und zu verkaufen (Johannes 2,13–22). In ihrem Szenario muss Gott besänftigt und entschärft werden; eine launische, zornige und sehr ferne Gottheit muss bezahlt werden. Das ist aber nicht die Botschaft Jesu.

Diese verdrehte Weltanschauung hat tragischerweise die letzten tausend Jahre einen Großteil unserer gesamten Spiritualität beeinflusst und taucht in den meisten katholischen Hochgebeten immer noch auf. Katholischen Laien und einem erheblichen Teil des Klerus hat sie eine unmögliche und vollkommen falsche Vorstellung von Gnade, Barmherzigkeit, Liebe und Vergebung gebracht – sie hat also alle Kernstücke unserer Botschaft verdreht. Die beste Kurzzusammenfassung, die ich von Scotus' Versuch geben kann, die Gleichung zu ändern, ist diese: Jesus ist nicht gekommen, um Gott in Bezug auf die Menschheit umzustimmen. Das war nämlich gar nicht nötig! Er ist gekommen, um die Menschheit in Bezug auf Gott umzustimmen. Christus war für Scotus der Plan A, das Hologramm des Ganzen, das Alpha und deshalb auch das Omega der gesamten kosmischen Geschichte. Wenn du den Anfang verstehst, siehst du auch, wohin das Ganze hinausläuft. Das war Bonaventuras Vorstellungen natürlich sehr ähnlich.

Gott hat in Jesus versucht, die Menschen über das Zählen und Messen hinauszubringen. Das Ego jedoch zieht diese alte Welt der ganz neuen Welt vor, die Jesus mitbrachte und in der Gottes Fülle eine Ökonomie der Dienste, des Opfers, der Reparation und Sühne vollkommen unnütz und unnötig macht. Jesus hat »ein für alle Mal« (Hebräerbrief 7,27; 9,12; 10,10) alle

Vorstellungen von Menschen- und Tieropfern aufgehoben und sie durch seine neue Ökonomie der Gnade ersetzt. Sie stellt das Herzstück der evangelischen Revolution dar. Jesus kam, um das gesamte Spiel der menschlichen Psyche und der Religion zu verändern.

Mit anderen Worten: Wir alle sind durch Gnade erlöst und durch die absolute Freiheit Gottes, zu lieben, wen und was er will, ohne dass unser Aufrechnen ihm in die Quere kommt. Er hat die absolute Freiheit zur Liebe. Wie Petrus schon zu den ersten Aposteln sagte, als der Heilige Geist sich auf die Ungetauften herabsenkt und sie diese Möglichkeit leugnen: »Gott sieht nicht auf die Person« (Apostelgeschichte 10,34). Und doch fühlen wir uns immer wie Lieblingskinder, wenn wir Gottes Liebe erleben.

Wir alle müssen wissen, dass Gott uns nicht liebt, weil wir gut sind, sondern weil er gut ist. Nichts, was Menschen tun können, wird Gottes Bereitschaft zur Liebe behindern, bestimmen, verringern oder vergrößern. Das ist die eine absolute Wahrheit des biblischen Glaubens, wie Papst Franziskus gesagt hat. Alles andere ist relativ dazu. Alle anderen Behauptungen einer theoretischen »absoluten Wahrheit«, selbst die der Kirche, finden nur in unserem Kopf statt, und da brauchen wir die Wahrheit nicht. Für uns ist das Wort Fleisch geworden. Wir müssen die Wahrheit also in unseren Beziehungen und in uns selbst finden, nicht in Theorien. Nur große Liebe kann mit großen Wahrheiten umgehen.

Eine so gute Lehre in Bezug auf so viele grundlegende Wahrheiten sollte uns eigentlich glücklich machen. Für mich hat der jesuitische Dichter Gerard Manley Hopkins die Wirkung von Scotus' Lehre auf den mystischen Geist ganz wunderbar formuliert.

Und doch! Er lebte von der Luft
die ich sammle und loslasse.
Berührte Kraut und Wasser,
Mauern,
dieser eine Mensch, der meinem Geist den Frieden bringt.[172]

Die Weltanschauung von Johannes Duns Scotus kann und wird unserem Geist diesen kosmischen Frieden bringen: Gott ist gut, also müssen auch wir, seine Kinder, gut sein. Gott ist frei, also müssen wir keine Angst vor wahrhaftiger Freiheit haben. Gott ist gewaltlose Liebe, und darin besteht die einzige Hoffnung für eine Welt, in der selbst Christen glauben, Gewalt sei ein Weg zur Erlösung. Falsche Gottesbilder führen zu falschen Bildern dieser Welt.

KAPITEL 13

Ein spirituelles Naturtalent

> Ich wusste nicht, was Liebe ist, bis ich eine Liebe entdeckte, die sich immer noch mehr und mehr öffnete.[173]
> *Christian Wiman*

Wenn Ihr einziges Ziel darin besteht, zu lieben, dann kann es kein Scheitern geben. Franziskus gelang es, mit einem so reinen Herzen zu leben und alles Scheitern auf den Kopf zu stellen. So wurde selbst sein Scheitern zum Erfolg. Diese intensive Bereitschaft zur Liebe verwandelte sein ganzes Leben in einen erstaunlichen Sieg des menschlichen und göttlichen Geistes und zeigte, wie die beiden ganz wunderbar zusammenarbeiten können.

Diese Bereitschaft zur Liebe bildet den Kern und Grund seines spirituellen Genies. Er war einer Liebe begegnet, die sich ihm immer weiter öffnete, und gab sie weiter, indem auch er sich der größer werdenden Welt um ihn herum immer weiter öffnete. Er ließ sich bereitwillig in den »strahlenden Abgrund« fallen, wie es der Dichter Christian Wiman nennt, in jenen Abgrund, in dem alles Abwägen und Zählen unnötig und lästig wird. Nach seiner Bekehrung lebte er den Rest seiner Jahre unter ganz anderen Vorzeichen – den verrückten Vorzeichen der Gnade, wo zwei plus zwei auf einmal 100 ergibt und alle Defizite zu Vorteilen werden.

Eine solche Verwandlung der Seele mit allem, was sie aufnimmt und abgibt, bildet den Erfahrungskern des Evangeliums für Franz von Assisi. Er brachte das Geheimnis des

Kreuzes zur Anwendung, statt es nur als christliches Logo zu sehen, weil er erfahren hatte, dass sowohl die Annahme der Liebe als auch ihr Loslassen zugunsten anderer etwas mit Sterben zu tun hat – mit dem Sterben unseres bisherigen Seins. Wenn wir uns zur Liebe entschließen, werden und müssen wir das Ich sterben lassen, das wir waren, bevor wir liebten. Deshalb halten wir uns so oft zurück. Unser früheres Ich wird uns vom Objekt unserer Liebe weggenommen, aber das erkennen wir erst, wenn wir losgelassen haben. Sonst würden wir uns wohl immer vor der Liebe fürchten.

Kein Wunder, dass Gott die Stigmata, die »Markenzeichen Jesu« (vgl. Galaterbrief 6,17) an Franziskus' Leib erst am Ende seines Lebens erscheinen ließ. Erst da, so glaube ich, hatte Franziskus die Botschaft, den Preis und die Herrlichkeit der Liebe in jeder Zelle seines Körpers verinnerlicht. Vollständiges Wissen ist immer psychosomatisch, und Franziskus ist ein Beispiel für einen Menschen, der mit seinem ganzen Sein im Evangelium aufging, nicht nur mit dem Kopf. Einige sprechen in diesem Zusammenhang von »kinästhetischem Wissen«, ich würde hier von kinästhetischem Glauben sprechen.

Der »Lebensstrom« des Franziskus

»Mark des Evangeliums« nennt Franz von Assisi seine Ordensregel von 1221,[174] von der die Forschung heute einhellig sagt, sie enthalte seine grundlegende, radikale Botschaft, obwohl sie nie formell von Rom bestätigt wurde. Hier zeigt sich, dass er sich wünschte, seine Leute würden das Evangelium als »Lebensform« verstehen, als Strom des Lebens und nicht nur als juristische Gebote oder Lehrreden. Wie zu erwarten, beurteilte man in Rom seine Regel als ein Flickwerk von Schriftzitaten, von denen sie zweifellos annahmen, die Brüder müssten sie ohnehin schon kennen und danach leben. Franziskus jedoch widmete seine Aufmerksamkeit, ohne irgendjemanden anzuklagen, ganz anderen Texten als die organisierte katholische Kirche. Seine erste Regel galt als naiv und harmlos, also musste er jetzt deutlicher auftreten. Er bat seinen Mitbruder Bonizo, einen Kirchenrechtler, um Hilfe, damit die zweite Fassung pointierter, abgemessener und kraftvoller würde. So entstand die von Rom anerkannte Regel von 1223, die bis heute existiert und immer noch ziemlich schlicht und radikal ist.

Aber letztlich war Franziskus selbst das überzeugende Bild, mehr als jede Regel oder Lehre, durch seine praktische Lebensweise mehr als durch irgendeine neue Institution, durch die Natur statt durch eine Anlehnung an die Kirche. Es ging ihm um ein geradezu erstaunliches Glück und nicht um theologische Erklärungen, er war Dichtung statt Prosa. Und so fragen wir uns bis heute: Wer ist dieser Mann wirklich? Jahrhunderte nach seinem Tod können wir immer noch mit seinem Mitbruder Masseo fragen: »Warum? Warum dir? Warum läuft ausgerechnet dir die ganze Welt nach, Franz von Assisi?«[175] Denn so ist es ja bis heute.

Der vielleicht größte protestantische Theologe des 20. Jahrhunderts, Paul Tillich, lobte das revolutionäre Leben des Franz von Assisi auf mancherlei Weise und nannte ihn sogar den »Vater der Renaissance«, weil es ihm gelungen sei, die allgemein akzeptierte Spaltung zwischen Religion und Natur zu überwinden. Tillich hatte den Eindruck, Franziskus habe den übernatürlichen Ansatz der katholischen Kirche untergraben, indem er gezeigt habe, dass für den, der sehen könne, alles übernatürlich sei.[176]

In unserer Zeit jedoch gibt es genug Vertreter, die seine Bedeutung nicht sehen. Der sehr konservative Kommentator George Weigel hält Franziskus in seinem Buch über die katholische Theologie von Krieg und Frieden[177] für eine Randfigur, die man nicht ernst nehmen muss und die außerhalb des katholischen Mainstreams steht. Leider hat er insofern recht, als Franziskus sich außerhalb des katholischen Mainstreams befindet, aber das heißt ja nun gerade nicht, dass man ihn nicht ernst nehmen müsste. Franziskus wird immer eine Bedrohung für diejenigen sein, die eine nostalgische Vergangenheit bewahren und idealisieren wollen, eine abgetrennte Überlegenheit oder irgendeinen selbstgenügsamen Status quo.

Eine lebende Antwort

Ich kann die Frage sicher nicht vollständig beantworten, warum Franz von Assisi immer noch so anziehend auf Menschen wirkt, aber ein paar Dinge will ich doch dazu sagen, weil ich versprochen habe, mehr über die Quelle zu sprechen, nachdem Sie einen Teil des Stroms gesehen haben. Franziskus gibt nicht viele systematische Antworten auf theologische Fragen, sondern er *ist* eine lebende Antwort für diejenigen, die die richtigen Fragen stellen. Mutter Teresa erfüllte im 20. Jahrhundert eine ähnliche Funktion. Wir schauen auf das, was sie taten, wie sie den Kern des Evangeliums lebten, und nicht auf Theologie und Lehrmeinungen. Keiner von ihnen wird normalerweise in akademischen Schriften zitiert. Papst Franziskus ist ebenfalls eine lebende Antwort, auch ohne dass man ihm viele Fragen stellt. Die Kardinäle im Konklave müssen sich gefragt haben, was sie da getan hatten, als er zum ersten Mal den Mund aufmachte.

Meine persönliche Ansicht ist folgende: Der Mainstream des organisierten Christentums hat nur allzu oft die Freiheit und Freude des Evangeliums übersehen und sich oft mit etwas Nettem, Anständigem und kulturell Angepasstem zufrieden gegeben. Er hat sich zu einer formalen Religion entwickelt, die tatsächlich für viele Menschen lebendige Spiritualität möglich machte. Aber die Hauptströmung des kirchlichen Lebens in den meisten Konfessionen ist eher »Fastfood«-Religion als echte Nahrung, die Menschen in der Tiefe und im Unterbewusstsein nährt und verändert. Belastbare Statistiken über Teilnahme, Spendenbereitschaft, Gottesdienstbesuch und Mitarbeit zeigen das überdeutlich. Das Christentum spiegelt weitgehend die gängigen kulturellen Werte, bürgerliche Werte in der Regel. Alfred North Whitehead drückt das Ganze etwas unfreundlicher aus: »Die moderne Religion hat sich zu einer Anstandsformel entwickelt, mit der die Menschen ein ansonsten recht komfortables Leben noch ein wenig ausschmücken können.«[178]

Ich wünschte, das wäre nicht wahr.

Ich meine damit nicht, dass jene, die »ein ansonsten recht komfortables Leben noch ein wenig ausschmücken«, Ungläubige, Verlorene, lieblos oder von Gott verworfen sind – oder in irgendeiner Weise weniger als ich. Aber es zeigt sich deutlich, dass in allen Konfessionen der Weg von den ersten Schichten des menschlichen Bewusstseins – also der bloßen Befriedigung des Bedürfnisses nach Sicherheit, Ordnung durch Machtentfaltung und Zugehörigkeit – weitergegangen ist.[179] Nur leider hat sich – mit den entsprechenden Ausnahmen – in der kirchlichen Organisation nicht viel getan, weder im Klerus, noch unter den Laien. Ein Großteil des kirchlichen und allgemein religiösen Lebens beruht auf einem System der Zugehörigkeit, das Menschen ein gutes, praktikables Bild von sich selbst verschafft hat. Damit kann man in der ersten Lebenshälfte schon mal anfangen,[180] aber mit der radikalen, riskanten und oft dunklen Suche nach Gott und dem Glauben, der Franziskus und so viele Heilige und Mystiker charakterisiert, hat es nichts zu tun.

Zwei der letzten Päpste haben einen Großteil des Klerus als »Karrieristen« bezeichnet, die eine allgemein anerkannte Beschäftigung gefunden haben, statt Menschen zu sein, die auf der teuren Suche nach Gott sind oder das Bedürfnis haben, anderen zu dienen. Leider stelle ich das ebenfalls oft fest. Wir neigen dazu, Gottesdienste zu leiten oder daran teilzunehmen, statt wirklich dem Guten zu dienen. Das wird den demütigen Ehrenamtlichen und Laien überlassen. Wir Brüder waren eigentlich dafür vorgesehen, unbezahlte Diener des Evangeliums zu sein; das ist die Kernbedeutung des Begriffs »Mendikanten«. Ich erinnere mich noch, wie überrascht ich unmittelbar nach meiner Priesterweihe war, als Leute darauf bestanden, mir Geld für meinen in meinen Augen doch vollkommen selbstverständlichen Dienst zu geben, den ich gern und eifrig tat, und natürlich ohne Bezahlung. Mein Job, mein Privileg! Ich muss traurig zugeben, dass ich mich irgendwann angepasst habe.

Für Franziskus mussten Botschaft und Bote übereinstimmen, ebenso wie Ausbildung und Dienst, sonst würde die Botschaft schnell verloren gehen. Nur Liebe kann Liebe suchen, geben oder empfangen. So einfach ist das – fast. Unser Problem liegt jedoch auf der strukturellen Ebene, nicht so sehr auf der individuellen. Franziskus gründete eine ganz andere Schule für seine Gefolgsleute, eine Art »Untergrundseminar«, wenn Sie so wollen, wo man den Glauben leben musste, bevor man darüber sprach. Unsere Regel bestand ursprünglich nur aus »Reisetipps« für das Leben auf der Straße, im Großstadtdschungel wie auch in der Einsamkeit der Natur, wo wir die Liebe schmecken und berühren konnten. Es war keine formelle Schule, wo man Liebe einfach definieren konnte. Aber wie schon erwähnt: Bewegungen, die keine Institutionen entwickeln, sind oft nicht von Dauer, also mussten wir genau das tun, um Stabilität und Kontinuität zu sichern. Franziskus jedoch hatte die Dinge in ihren Grundfesten erschüttert, statt sie nur ein bisschen an der Oberfläche umzusortieren, und indem er das getan hatte, legte er die Probleme an der Wurzel frei. Kein Wunder, dass man ihn einen Radikalen (von »radix«, die Wurzel) und einen Propheten genannt hat.

Auf dem Weg nach oben

Franziskus war ein lebendes Beispiel für das, was uns alle anzieht und leitet. Ebenso wie der kosmische Christus als Omegapunkt (Teilhard de Chardin) der gesamten Geschichte dient, ist Franziskus die große Triebkraft, das, was die Scholastiker einen »letzten Anstoß« nannten (siehe Kapitel 16). Beide, Christus und Franziskus, ziehen die Menschheit vorwärts, indem sie den ganzen Weg selbst gehen. Verwandelte Menschen verwandeln andere und legen die Latte der Geschichte für uns alle höher. So »helfen« wir letztlich anderen Menschen viel mehr als durch irgendwelche co-abhängigen Formen des Helfens.

Wenn wir selbst uns vollständig auf der ersten Bewusstseinsstufe befinden (Sicherheit und Ordnung als Bedürfnisse), selbst noch auf der zweiten (Bedürfnis nach Antworten und Erklärungen), und wenn die strukturellen Erwartungen sich ebenfalls auf dieser Ebene bewegen, dann gibt es fast keine

Möglichkeit für uns, auch nur im Geringsten zu verstehen, was einen Menschen der dritten Bewusstseinsebene wie Franziskus antrieb, warum und wie er lebte. Das gilt selbstverständlich auch für Jesus, der die höchste Ebene nicht-dualen Denkens verkörpert (»Ich und der Vater sind eins«, heißt es im Johannesevangelium, 10,30). Trotzdem sind beide weitgehend von Kulturen und Kirchen betrachtet und interpretiert worden, die sich noch auf der ersten Bewusstseinsebene befanden. Sehen Sie das Problem? Wir alle neigen dazu, Tiefgründiges im Menschen und in Gott auf unser eigenes bequemes Level herunterzuschrauben, und wir haben nur wenig Neugier oder Fähigkeiten, uns um ihre wichtigsten Botschaften zu kümmern.

Entwicklungspsychologen sagen, Menschen können bestenfalls, an ganz guten Tagen, jemanden verstehen, der bewusstseinsmäßig ein kleines bisschen über ihnen steht. Deshalb gibt es dieses historische Muster, dass Propheten und Mystiker die Menschen einladen und ständig auf größten Widerstand stoßen. In Bezug auf die letzten Jahrhunderte wissen wir das, man schaue auf Menschen wir Abraham Lincoln, Gandhi, Nelson Mandela, Dorothy Day, viele UN-Generalsekretäre und Martin Luther King jr. In der Regel lieben wir weiter fortgeschrittene Menschen nicht, sondern hassen und fürchten sie oft sogar. Insofern ist Franziskus eine wirklich erstaunliche Ausnahme. Irgendwie ist es ihm gelungen, geliebt, bewundert und nachgeahmt zu werden, selbst in den nicht-christlichen Religionen und von sehr säkular eingestellten Menschen – bis heute.

Gott schickt uns also hoch entwickelte Menschen, um uns voranzubringen. Das christliche Wort für diese Menschen ist »Heilige«. Wir können uns nichts vorstellen, bis wir ein lebendes Vorbild oder einen Archetyp zu sehen bekommen. Dann verankert sich dieses Bild in unserem Bewusstsein und wir haben das Gefühl, etwas Ähnliches könnte uns auch möglich sein. Durch seine Lebensgeschichte schmiert Franziskus bis heute die Räder des Bewusstseins und der Heiligkeit. So etwas färbt ab und verbreitet sich wie durch Osmose. Ich habe das sehr stark so empfunden, als ich kürzlich die Einladung bekam, den Dalai Lama zu begleiten. Er sagte nicht viel mehr als »Meine Religion ist die Freundlichkeit«, aber das Stadion war überfüllt und die Schlangen der Wartenden zogen sich über die Ohio-Brücke in Louisville. Lauter Menschen, die ihn sehen oder vielleicht berühren wollten. Viele wiesen auf die direkte Verbindung zwischen diesem Ereignis und der Anwesenheit von Thomas Merton in der Gethsemani Abbey ein Stück die Kentucky Road hinunter hin. Merton, Mutter Teresa, Papst Franziskus und der Dalai Lama – sie alle sind gute Beispiele für solche Vorbilder in unserer Zeit.

Im wahrsten Sinne des Wortes war Franziskus' Energie ansteckend. Im Evangelium würde es heißen, dass »eine Kraft von ihm ausging« (vgl. Lukas 8,46). Die östlichen Religionen verstehen die Bedeutung von lebenden Vorbildern besser als wir, daher die häufige Bildung von Ashrams und Schülerkreisen um solche Menschen. Bei uns gibt es die Heiligsprechung erst nach dem Tod, als wüssten wir das Echte nicht zu schätzen, solange es bei uns ist. In vielen Ländern, in denen ich unterrichtet habe, beobachteten die Leute meine Augen, mein Lächeln oder den Mangel daran, meine Gesten, meine Bedürftigkeit, meinen Frieden oder den Mangel daran. All das wurde zur wichtigsten Botschaft, die sie anzog oder abstieß, viel mehr als all mein Theologisieren und meine Predigten. Wenn mein Ausdruck und meine Energie nicht reichte, konnte ich mir die Predigten sparen.

Gott schenkte uns Franziskus in einer entscheidenden historischen Phase, als die westliche Zivilisation anfing, sich zum reinen Geist, zur Funktionalität, zum Konsumdenken hin zu entwickeln. Und in einer Zeit ständiger Kriege. Er war selbst Soldat gewesen, sein Vater war Stoffhändler. Er kam aus genau der Welt, die er später kritisierte, aber er kritisierte diese Systeme auf positive Weise, genau in dem Moment, als ihre heute acht Jahrhunderte währende Weltherrschaft begann. Adolf Holl sagt dazu, er sei aufgetaucht, gerade als wir »Uhren in unsere Kirchtürme einbauten«.[181] Als wir anfingen zu zählen, hörte Franziskus damit auf. Er verließ die übliche Leistungsökonomie und bewegte sich in den Bereich der Furcht erregenden und wunderbaren Ökonomie der Gnade, hin zu diesem Gott, der nicht zählt, sondern nur gibt.

Gerade als wir anfingen, alles auf einer hohen Ebene von Kontrolle und Mode zu zentralisieren und zu organisieren, sagte Franziskus wie ein Gauner: »Wen kümmert's?« Gerade als die römisch-katholische Kirche unter Papst Innozenz III. den Höhepunkt ihrer geistlichen und weltlichen Macht erreichte, sagte er: »Ich kenne einen anderen, viel besseren Weg.« Gerade als wir eine Art der Produktion und des Konsums entwickelten, die die Erde in höchste Gefahr bringen sollte, beschloss er, die Erde zu leben und ganz einfach, barfuß, auf ihr zu leben. Franz von Assisi ist ein Beispiel für das, was wir uns wirklich wünschen, was wir unbedingt brauchen und was wir letztlich sind. Und er tat das alles mit »vollkommener Freude« – was den ganz großen Unterschied ausmacht.

Menschen fürchten sich nur so lange vor dem Tod, bis sie wissen, wer sie sind. Und wenn Sie wissen, dass Sie objektiv ein Kind Gottes sind, dann sind Sie schon zu Hause und erhalten Ihr Erbteil im Voraus. Dann können Sie anfangen, zu leben und zu genießen, statt zu klettern, sich und anderen etwas zu beweisen oder sich zu verteidigen. Ihr falsches Selbst – das sagen alle Religionen auf die eine oder andere Weise – muss sterben, bevor Sie sterben. Erst dann können wir wie Franz von Assisi in ruhiger Sicherheit sagen: »Willkommen, Schwester Tod!« Ich habe den ersten Tod erlebt und nichts Wichtiges verloren. Und so kann mir der zweite Tod nichts mehr anhaben, wie Franziskus in seinem Schöpfungslied sagt. Der Tod wird alles nur noch viel weiter öffnen, und ich glaube, genau das meinen wir, wenn wir von Auferstehung sprechen.[182]

All das erschafft ganz andere Formen in unseren spirituellen Leben. Es ist dann nicht mehr elitär oder separatistisch oder auf Wettstreit ausgelegt, sondern es verändert unsere tiefsten Vorstellungen hin zu immer noch größerer Schlichtheit. Unsere Vorstellungswelt verändert sich erst, wenn wir uns in eine neue Lebenssituation begeben oder hineingestoßen werden. In einem unserer Kernprinzipien im CAC heißt es: »Du denkst dich nicht in eine neue Lebensweise hinein, du lebst dich in ein neues Denken hinein.« Franziskus und Clara versetzten sich in neue Welten, in denen ihre Herzen sich sehr unterschiedliche Dinge vorstellen konnten und in denen sie auf etwas anderes achten mussten als auf Bequemlichkeit.

Die Übertragung von Energie

Der Dichter und Essayist Christian Wiman sagt: »Der Weg durch den Nebel Gottes hin zur Klarheit Christi ist schwierig, weil die Klarheit so unschön und ›ungöttlich‹ aussieht.«[183] Ich muss ihm da leider zustimmen, denn es ist schon ein

Schock, wenn wir plötzlich sehen, dass die Inkarnation in unserem ganz normalen Alltag stattfindet, hier, jetzt, überall. Zuerst ist es eine Enttäuschung. Aber wenn wir in der kontemplativen Weltsicht geübt sind, in der »Diesheit« des Sehens, dann ist das alles nicht mehr trivial, sondern Gnade. Diejenigen, die sich für eine gespaltene Welt des Heiligen oder Profanen entschieden haben, wissen nicht in einer Welt zu leben, in der alles heilig ist. Ihnen ist alles fast zu klar, zu »ungöttlich«.

Jeder Teil der Schöpfung tut lediglich »sich selbst«, wie der Dichter Gerard Manley Hopkins sagt, und im Tun seiner selbst als Selbst offenbart und zieht es uns in den ewigen Christus. Dann gibt es kein Heilig und Säkular mehr, weil der kosmische Christus alles von Anbeginn mit Gnade umhüllt hat. Ich versuche auf diese Weise Hopkins' Ehrerbietung vor der ganz gewöhnlichen Inkarnation in allem wiederzugeben, seinen Blick auf alles, was »widersinnig, ursprünglich, spärlich und fremd« war, wie er von Johannes Duns Scotus (siehe Kapitel 13) gelernt hat. Gnade ist ein Teil der Wirklichkeit, kein Zusatz.

Die Inkarnation muss verkörperte, einzigartige Formen annehmen, das, was Walter Brueggemann den »Skandal des Einzelnen« nennt. Es offenbart sich in Ausnahmefällen wie den Stigmata oder im katholischen Glauben, Christus könne wirklich in gewöhnlichem Brot und Wein anwesend sein, oder in der Offenbarung einer sexuellen Begegnung. Inkarnation ist immer göttlich und ungöttlich zu gleich. Das ist die Spaltung, die Christen überwinden müssen, bis alles göttlich ist.

Das Zölibat von Franziskus und Clara beispielsweise war eine absichtliche Einsamkeit, genau wie bei mir. Aber es war auch eine fruchtbare, positive Energie für andere Menschen, bis hin zu uns. Es beinhaltete die Entscheidung für eine allumfassende Liebe statt der Liebe zu einem Einzelnen – eine Entscheidung, die wir alle irgendwann treffen müssen. Christian Wiman sagt, es gebe ein Insistieren auf Einsamkeit, das wirklich teuflisch ist … aber wenn die Einsamkeit sich mit Liebe verbindet, dann nimmt sie an Ausdehnung und aktiven Möglichkeiten zu, und der Körper wird zu einem Kanal für das Unsichtbare.[184] Er ist selbst glücklich verheiratet, aber er spricht von einer »heiligen Durchlässigkeit«. Ich weiß selbst, dass Einsamkeit auch eine positive Bedeutung hat, so wie es auch bei dem selbst gewählten Zölibat von Franziskus und Clara der Fall ist. Solche Menschen haben eine derartige Lust zu lieben, dass sie erotische Energie auf eine ganz andere Weise verkörpern als nur durch körperliche Sexualität.

Aber es gibt auch eine schlimme Einsamkeit, eine negative Energie, die ihre Wurzeln in der Furcht vor Nähe oder in einem Verlangen nach einem besonderen, abgetrennten Status hat. Man muss das unterscheiden können, denn diese zwei Formen der Einsamkeit wirken auch mit zwei sehr unterschiedlichen Formen von Energie auf die Welt ein: Die eine schenkt Ruhe, Mitgefühl und wirkt einladend, die andere saugt uns in ihre eigene Kleinheit und Bedürftigkeit hinein oder, schlimmer noch, stößt uns von sich. Die eine ist eine durchlässige, lebendige Zelle, die andere ist wie eine Krebszelle, unfruchtbar. Wir alle brauchen die Begegnung und den Umgang mit Menschen, deren Einsamkeit durch die Liebe hindurchgegangen ist, nicht nur formale Zölibatäre und formale Ehepaare. Und wir müssen selbst solche Menschen werden. Menschen, die in dieser Weise frei sind, brauchen Sie nicht zu sehr, und man fühlt sich von ihnen nicht manipuliert. Wenn Sie geben, dann aus freien Stücken und ohne Widerhaken. Liebe ist erst dann wahrhaftige Liebe, wenn Sie nicht mehr erwarten, etwas zurückzubekommen. In dem

Moment, da Sie eine Gegengabe erwarten, wird jede Liebe geschwächt und prostituiert sich. So ist das mit der verwandelnden göttlichen Energie: Sie ist ansteckend, und sie ist Heiligkeit. So sind Franziskus und Clara.

Nur solche kontemplativen Köpfe und Herzen sind dazu in der Lage, das große Mysterium von einer Generation zur nächsten weiterzugeben, von Mensch zu Mensch. Das berechnende Nützlichkeitsdenken[185] zerstört den Kern der Botschaft. Das kontemplative, nicht-duale Denken dagegen erschafft eine große »Gemeinschaft der Heiligen«, die so offensichtlich verstreut, verborgen und formlos ist, dass niemand sagen kann: »Hier ist sie«, oder: »Dort ist sie«. Sie ist immer »mitten unter euch« (Lukas 17,21), unsichtbar und uninteressant für die meisten, aber offenbar und begeisternd für die Suchenden (Matthäus 22,14).

Die energetische Bewegung vollzieht sich von der Dreieinigkeit zu Jesus, von Jesus zu den vielen, die so waren und sind wie Franziskus und Clara: Bonaventura und Scotus und Hopkins, Teilhard de Chardin, Mutter Teresa, Thomas Merton, Dorothy Day und Papst Franziskus, und wir selbst werden ein Teil dieses einen großen Festzugs, werden mitgenommen »im Triumphzug Christi«, wie Paulus es nennt, und verbreiten selbst »den Duft seiner Erkenntnis« (2. Korinther 2,14) – und zwar viel mehr durch eine Übermittlung wahrhaftigen Lebens als durch Ideen und Lehrmeinungen.

Bemerkenswert ist, dass die letzten Erkenntnisse über Spiegelneuronen im Grunde genommen beweisen, dass diese energetische Bewegung stattfindet, körperlich und von einer Person zur anderen.[186] Das alles ist keine fromme Erfindung. Nur wenn Sie jemals den Blick der Liebe empfangen haben, sind Sie von Ihrem Nervensystem her in der Lage, sie auch weiterzugeben. Nur dann wissen Sie, wie das geht und was

Liebe ist. Nur wenn Sie angenommen haben, dass jemand Sie so annimmt, wie Sie sind, nur dann können Sie sich Liebe vorstellen und weitergeben. Und Gott kann Sie so annehmen. Solange das nicht geschieht, schauen Sie weg, wenn Sie ein liebender oder bewundernder Blick trifft. Ich habe es selbst allzu oft getan.

Die Geschichte der Menschheit ist eine einzige Riesenwelle der unverdienten Gnade, und Sie sind nichts anderes als eine kleine Welle, die auf den Sand der Zeit trifft, vorwärtsgetrieben von den vielen Wellen, die nach Ihnen kommen. Sie sind angenommene Söhne und Töchter und gehören zu der einen, ewigen Familie Gottes. Der einzige Sinn und Zweck Ihres Christentums oder Ihrer Zugehörigkeit zum Franziskanerorden besteht darin, diese objektive Wahrheit anzunehmen. Auf diese Weise können Sie begreifen, wie der Auferstandene seine Vergebung in der Geschichte ausbreitet. Wir geben keine Rollen, keinen Dienst und keine Gruppenzugehörigkeit weiter, darum geht es nicht in der apostolischen Nachfolge. Wir geben Liebe weiter, von Generation zu Generation: die Liebe Gottes.

Franziskus hat diesen Staffelstab wunderbar an alle weitergegeben, die ihn haben wollten. Er hat kein Interesse an Ehre oder an einer Abkehr von seinem Platz im ewigen Strom des Göttlichen, er wollte keine Ausnahme sein und auch kein Idol. Er schloss sich der großen »Wolke der Zeugen« an (Hebräerbrief 12,1), und Sie ehren ihn am meisten, wenn Sie sich ihr ebenfalls anschließen. Wir sind erlöst, wenn wir im Kreislauf des Lebens und der Liebe bleiben und nicht abseits oder darüber stehen. Diese eine Liebe wird Sie hinübergeleiten und tragen, wenn Sie sterben. Wenn Sie schon hier in diesem Leben in der Liebe zu Hause sind, werden Sie bereitwillig ins ewige Zuhause der Liebe hinübergehen, das die meisten von uns »Himmel« nennen. Der Tod ist kein Übergang in eine andere Welt, wie die meisten annehmen, sondern eine unendliche Ausweitung der Wände dieser Welt. Wenn Sie hier Liebe bekommen, dann haben Sie das ewige Basislager schon gefunden und werden ganz einfach und natürlich ins ewige Leben gehen.

Im Leben geht es nie um Korrektheit, sondern immer nur um Verbindung. *Bleiben Sie in Verbindung,* um jeden Preis! Nur durch Teilhabe gelangen wir zur Heiligkeit, durch Hingabe an den Leib der Liebe, nicht durch irgendeine persönliche Leistung. So halten sich Generationen an den Händen; sie können – und werden – immer noch die Welt verändern. Weil es nur eine Liebe gibt, wird sie entweder geteilt und weitergegeben, oder sie ist nicht wahr. Die eine große Liebe ist immer bereit. An dieser Bereitschaft erkennen wir, dass wir es mit etwas Göttlichem und Ewigem zu tun haben.

Lenin soll kurz vor seinem Tod gesagt haben, seine Revolution hätte erfolgreich sein können, wenn er zehn Männer wie Franz von Assisi gehabt hätte. Gut möglich, dass er recht hatte. Franziskus' Revolution ist immer noch im Gange, und sie kann gar nicht scheitern, weil sie nicht mehr und nicht weniger ist als die Entfaltung der Liebe selbst, die, wie Paulus sagt, niemals aufhört (1. Korintherbrief 13,8).

ANHANG I

Jesus von Nazareth und der kosmische Christus: eine dynamische Einheit

> Seht, ich mache alles neu … es ist geschehen. Ich bin das Alpha und das Omega, der Anfang und das Ende.
> *Offenbarung 21,5f.*

Ich setze dieses Zitat vom Ende der Bibel an den Anfang dieses Kapitels, um Ihnen eine Frage zu stellen: Spricht hier Jesus von Nazareth oder jemand anders? Denn wer auch immer hier spricht: Er zeigt uns einen vollständigen, optimistischen Bogen, der sich über die gesamte Geschichte wölbt. Und er ist nicht nur der bescheidene Zimmermann aus Galiläa. Diese Botschaft ist nicht nur »religiös«, sie ist auch historisch und kosmisch. Sie beschreibt die letztgültige Flugbahn zu einer Kohärenz zwischen dem Anfang und dem Ende aller Dinge. Sie beschreibt eine Hoffnung und Vision für die Menschheit. Dadurch erhält die Geschichte Richtung und Sinn und ist nicht mehr nur eine Aneinanderreihung isolierter Ereignisse.

Tatsächlich spricht hier der kosmische Christus. Jesus von Nazareth sprach nicht so. Christus ist von den Toten auferstanden, und selbst diese Aussage verlangt keinen »Sprung des Glaubens« mehr, sobald Sie begreifen, dass Christus nie gestorben ist und auch nicht sterben kann, weil er das ewige Geheimnis der Vereinigung von Materie und Geist verkörpert. Jesus stirbt bereitwillig, und Christus ist auferstanden. Ja, er ist immer noch Jesus, aber jetzt umfasst und offenbart er alles andere in Ganzheit und Herrlichkeit. Wenn Sie den

Kolosserbrief, Kap. 1,15–20 gelesen haben, wissen Sie, dass das nicht nur meine Idee ist.

Als diese Bibelverse geschrieben wurden, war es sechzig bis siebzig Jahre her, dass der menschliche Körper Jesu »in den Himmel aufgestiegen« war. Inzwischen hatten die Christen eine ganz und gar erreichbare Präsenz erlebt, die ihr Leben definiert, befreit, ihm ein Ziel und eine Richtung gibt. Im Wesentlichen in der Nachfolge von Paulus, der um das Jahr 50 herum schrieb, nannten sie diese scheinbar neue und zugängliche Präsenz ein Mysterium das sie als »Herr und Messias« ansprachen (Apostelgeschichte 2,36) und nicht mehr nur als »Jesus« (noch so ein Fall von Nicht-Dualität). Voller Begeisterung hatten sie diese Präsenz gespürt, die nach der Auferstehung Jesu in der Welt spürbar geworden war.[187]

Dabei ist diese Präsenz immer da gewesen, wie wir aus den Erfahrungen von Abraham, Isaak und Jakob (siehe Lukas 20,37 f.) wissen. Aber nach dem Tod Jesu bekam diese ewige Präsenz einen präzisen, konkreten und persönlichen Bezugspunkt. Ein vielleicht noch vager Glaube, eine spirituelle Intuition wurde spezifisch, bekam in Jesus ein Gesicht, das die Menschen sehen, hören und berühren konnten (1. Johannesbrief 1,1). Im nächsten Kapitel werde ich beschreiben, wie wichtig und machtvoll eine solche »personale« Gottesempfindung ist.

Die Bedeutung des kosmischen Christus für das franziskanische Weltbild

Ich will dieses Thema in einem Buch über franziskanische Mystik behandeln, weil wir hier sehen, wie Bonaventura und Scotus die intuitive Weltanschauung des Franz von Assisi aufgriffen und explizit wie schriftgemäß machten. Sie gaben ihr eine theologische Grundlage und zeigten der Welt den ewigen Christus, wie es Paulus getan hatte – nicht den Jesus ohne Christus, wie es die Norm war. Dies ist eine wichtige Erkenntnis, wenn wir über ein rein sentimentales, individualistisches Christentum hinauskommen wollen. Ich glaube, Franziskus war einzigartig und seiner Zeit voraus, indem er eine Beziehung sowohl zum historischen Jesus als auch zum ewigen Christus pflegte, sicher ohne ganz zu begreifen, was er da tat. Franziskus selbst wusste es einfach und lebte es so, wie wir in Kapitel 5 beschrieben haben. So leben im Übrigen die meisten von uns auf einer intuitiven Basis. Eine gute Theologie schließt sich nur daran an und hilft uns zu begreifen, dass wir nicht verrückt sind und dass unsere tiefste Intuition etwas Wahres, Echtes berührt. Wie sonst sollte der Heilige Geist uns etwas lehren können (1. Johannesbrief 2,21)?

Die meisten Christen sind nie dazu ermuntert worden, das Personale mit dem Kosmischen zu verbinden, Jesus und Christus. Man hat uns auch nicht gesagt, dass wir sie beide ehren und lieben können, oder gar, dass es sich um dieselbe Liebe handelt, nur in einem unterschiedlichen Bezugsrahmen. Die Liebe zu Jesus bringt Menschen zum Glauben, die Liebe zu Jesus Christus macht sie zu kosmischen Gläubigen. Einige Väter der Ostkirche und frühe Mystiker, darunter Maximus der Bekenner, Symeon der neue Theologe und Gregorius von Nyssa, haben diese Vorstellungen in genialer Weise gelehrt, aber nach der Kirchenspaltung von 1054 entwickelten sie sich im Westen nicht weiter. Hier sehen wir besonders klar, wie das Christusmysterium jedes Mal zerteilt wurde, wenn der Leib Christi sich teilte (1. Korinther 1,12 f.).

Es ist wichtig, dass wir uns in den größtmöglichen Rahmen stellen, sonst fallen wir immer wieder an einen sehr un-katholischen (also un-vollständigen) Ort zurück, an dem der Erlöser wie auch die Erlösten viel zu klein werden, weil Jesus von Nazareth vom ewigen Christus getrennt wird. Aber wenn das geschieht, wird das Christentum zu einer Weltreligion unter anderen, und die Erlösung wird zur Privatsache, weil die soziale und historische Botschaft verloren geht. Das vollständige Evangelium ist so viel größer und schließt so viel mehr ein: Jesus ist die historische Gestalt, Christus die kosmische – und zusammen bringen sie das Individuum wie auch die Geschichte weiter. Bisher haben wir die Geschichte nicht viel weiter gebracht, weil »mitten unter uns einer stand, den wir nicht kennen« (Johannes 1,26): »Nach mir kommt ein Mann, der mir voraus ist, weil er vor mir war«, sagt Johannes der Täufer dazu (Johannes 1,30).

Wir haben »Christus« zum Nachnamen Jesu gemacht, statt zu begreifen, dass es sich um eine Beschreibung seiner kosmischen Rolle in der Geschichte und in allen Weltreligionen handelt. Ich glaube unbedingt, dass es nie eine Seele gegeben hat, die nicht Christus gehörte, selbst in den Jahrhunderten vor der Inkarnation. Und ich glaube auch, dass die Heilige Schrift, richtig verstanden, und die großeTradition sie zum selben Schluss führen werden. Christus ist ewig, Jesus ist in die Zeit hineingeboren. Jesus ohne Christus führt unweigerlich zu einer zeit- und kulturgebundenen Religion, die einen Großteil der Menschheit von der Umarmung des Christus ausschließt. Andererseits würde Christus ohne Jesus viel zu leicht zu einem Subjekt abstrakter Metaphysik oder reiner Ideologie ohne persönliches Engagement. Liebe braucht immer ein direktes Gegenüber. Wir brauchen beide, Jesus und den Christus, und deshalb ist es nur folgerichtig, dass wir an Jesus Christus glauben, wie es die meisten Christen auch formulieren.

Paulus hat unermüdlich versucht zu zeigen, dass Jesus der Christus war (siehe Apostelgeschichte 9,22). Die Bekräftigung dieser Aussage durch Petrus bildet den ersten Höhepunkt im Markusevangelium (8,29). Diese Synthese ist aber auch der Kern von Paulus' Bekehrungserlebnis und erklärt, warum er nicht der Ansicht war, er würde seinen jüdischen Glauben aufgeben, sondern lediglich seine universale Dimension finden: im Christusmysterium oder Christusgeheimnis, wie er es nannte.[188] Denken Sie daran: Paulus hat Jesus nie leibhaftig kennengelernt und zitiert ihn kaum einmal wörtlich. Er führt sein kosmisches Verständnis mit dem mystischen Begriff »en Christo« ein, den er in seinen Briefen häufiger benutzt als alle anderen. Dieser Begriff scheint sein Codewort für die Erfahrung der großzügigen Teilhabe zu sein, von der er der Welt so gern erzählen will – diese Teilhabe, die ihn weit über ein ausschließliches Judentum oder Christentum hinausführt.

Erst in unserer Zeit erkennen wir die wahrhaft dynamische Einheit von Mensch und Gott, Person und Kosmos, Jesus und Christus so ganz allmählich. Bisher handelte es sich dabei um eine alternative, eher selten vertretene Glaubensaussage. Mit unserer heutigen viel stärkeren Wahrnehmung des Universums ist die Zeit dafür reif, wenn das Christentum eine soziale oder historische Bedeutung haben soll. Nach dem Konzil von Nizäa (325) haben wir gesagt, Jesus sei »eines Wesens mit dem Vater«. Nach dem Konzil von Chalkedon (451) haben wir uns auf eine philosophische Definition geeinigt, nach der Menschlichkeit und Göttlichkeit in Jesus vereint waren. Aber diese Nicht-Dualität blieb weitgehend akademische Theorie, weil wir die praktischen, wunderbaren

Implikationen für die Geschichte, die Entwicklung der Menschheit und uns selbst nicht sahen. Sie blieb ein starres Dogma, an das man glauben sollte, aber die evolutionäre Dynamik darin wurde weder verstanden noch genossen. Die Auswirkungen auf die praktische Spiritualität waren leider gering, und die Ergebnisse waren tödlich für das Christentum und die Geschichte.[189] Wir haben viel vom Kern unserer verwandelnden Botschaft verloren.

Wie in ihm, so auch in uns und im ganzen Universum: Das hätte unsere Schlussfolgerung sein sollen! Was Religion in der Regel getrennt voneinander betrachtet, Materie und Geist, Menschheit und Gottheit, war aber nie wirklich getrennt: Der Geist ist immer in der Materie gefangen, die Materie ist der Ort, an dem sich der Geist zeigt. Es gibt nur diese eine, heilige Welt. Oder wie Scotus gesagt hat: »Christus war der erste Gedanke Gottes.« Und Teilhard von Chardin sagt: »Christus ist das Omega der Geschichte.« Wir dürfen zwischen Alpha und Omega in Sicherheit leben, während sich die gesamte Geschichte sinn- und absichtsvoll weiterbewegt. Ohne Alpha und Omega paddeln wir verzweifelt und oft auch zornig in alle möglichen Richtungen.

Man hat uns nicht erklärt, dass Christus Archetyp und Modell der gesamten Schöpfung ist, wie ihn die Heilige Schrift uns zeigt (Epheser 1,3–14; Kolosser 1,15–20). Stattdessen haben wir einen Großteil unserer Zeit mit dem Versuch zugebracht, zu beweisen, dass Jesus »Gott« war, was unsere Religion anderen gegenüber in Vorteil bringen und unsere eigene Stellung festigen würde. Die meisten Christen, die Jesus aus der Trinität herausgelöst haben, hatten kein übergreifendes Schema und keine Erklärung, woher dieser Gott kam und wohin er sie führte, nämlich zurück zu Gott. Wir haben nicht zugelassen, dass Jesus und Christus »alles zusammenhalten«, wie es uns der Autor des Kolosserbriefs (1,17) verspricht. Am Ende hatte Gott alle Mühe, uns noch zusammenzuhalten. Wir wurden zu einem »Text« außerhalb jedes sinnvollen »Kontextes«. Jesus wird immer zu klein, wenn man den Christus vergisst, ignoriert oder nicht laut verkündet.

In der Folge fanden wir uns in einem unzusammenhängenden Universum wieder, das keine Mitte, keine Richtung und keinen Sinn hatte außer dem unmittelbaren Überleben – die religiöse Form von »Save our Souls«, SOS. Kein Wunder, dass die Naturwissenschaft die Rolle des wichtigsten Erklärungs- und Sinngebungsmusters übernommen hat. Für einige wenige Menschen kam es zu einer tiefgehenden, lebensverändernden Begegnung mit Jesus, aber für die Gesellschaft insgesamt hatte er keine historischen Auswirkungen. Und die wenigen anfänglichen Gedanken an »soziale Gerechtigkeit« sind im letzten Jahrhundert ausgestorben. Wir haben Jesus in die neue Welt gebracht, aber selten als Christus, wie wir an unserem Umgang mit den Ureinwohnern und mit der Erde sehen können. Und auch die meisten Sklavenhalter waren »Christen«.

Die große Vorstellung der christlichen Erlösung ist zu einem privaten Fluchtplan in die nächste Welt geworden und zwar für einige wenige Menschen. Das Volk Gottes hat sich nicht besonders um eine »neue Erde« oder um die Wiederherstellung des Universums gekümmert, von der die Bibel spricht (Offenbarung 21,1 f.; Römerbrief 8,21 f.; Apostelgeschichte 3,21). Die Schöpfung als solche hatte für die meisten Christen keinen großen Wert oder Sinn, sondern war lediglich Hintergrund und Bühnenbild für die Rettung der Menschenseele – und natürlich die einzige Quelle von Nahrung und Energie für uns Menschen. Dieser »Kleinglaube« hat es uns möglich gemacht, in dieser Welt ein ziemlich narzisstisches Leben zu führen. Und so blieb die Welt sehr »unerlöst« von jenem Christus, der doch tatsächlich gekommen war, um ihr einen Namen zu geben, sie zu lieben und frei zu machen, »damit Gott alles in allem ist« (1. Korinther 15,28).

Leider leben wir inzwischen in einer postmodernen und weitgehend post-christlichen Welt, die jedes »große Drehbuch«, jeden letztgültigen Sinn der Geschichte ablehnt. Für die menschliche Zivilisation ergeben sich daraus eine schwere Krise und der Verlust jeder tieferen, womöglich ewigen Bedeutung. Existenziell wird das als Verlust von Hoffnung wahrgenommen. All unsere Extravaganzen, Technologien und Unterhaltungsmittel können das tiefe Loch in der Psyche des Menschen nicht füllen. Mit anderen Worten: Der größte Teil der Welt, auch der christlichen Welt, muss das Evangelium noch zu hören bekommen!

Nur wenige haben die Vision, einen Zusammenhang zwischen der Quelle und dem Ziel wahrzunehmen – eigentlich denken nur die Dichter und Mystiker und einige Naturwissenschaftler überhaupt darüber nach. Es gibt immer ein paar, die wie T. S. Eliot in seinen *Four Quartets* sagen: »In meinem Anfang ist das Ende« (East Coker I) oder »And the end and the beginning were always there … and is always now« (Burn Norton V). Er betrachtete die Zeit selbst als erlöst und erlösend. Ironischerweise erleben wir eine solche Erlösung der Zeit und durch die Zeit, wenn wir in ein »ewiges Jetzt« fallen, wie es in den Werken von Jean-Pierre de Caussade, Paul Tillich und Eckhart Tolle, ausgedrückt wird, das Vergangenheit und Zukunft zu einer wunderbaren Offenbarung zusammenzieht. Wir leben für solche Augenblicke, in denen die Zeit als reine Dauer (chronos) zur Fülle (kairos) wird. Am Ende unseres Lebens erinnern wir uns nicht an Jahre, Monate oder Tage, sondern nur noch an Momente, heißt es. »Jedoch den Punkt zu erkennen, wo sich Zeitloses mit Zeit schneidet, ist eine Beschäftigung für Heilige«, sagt Eliot in »Dry Salvages« V.[190]

In einer solchen unerlösten Zeit verliert die christliche Botschaft immer mehr an Bedeutung für denkende Menschen, für Naturwissenschaftler, Schriftsteller, Kosmologen, Sozialarbeiter und all jene, die versuchen, einen Sinn und ein Ziel in diesem Universum zu sehen. Schauen Sie sich die schrecklichen europäischen Statistiken in Bezug auf Kirchenbindung an – Europa war einmal ein komplett christlicher Kontinent! Kann eine Zivilisation gedeihen, wenn sie ihre eigene Religion hasst? Die meisten Menschen im Westen interessieren sich heute nicht mehr dafür, sie trennen sich nicht einmal mehr davon, bekämpfen sie nicht mehr und schließen sich ihr auch nicht mehr an. Wir sind eine moralinsaure Religion unter vielen geworden, die gern den Sieg über andere davonträgt. Das Christentum war für eine sehr begrenzte Zeit überwiegend mit dem Aufbau eines Reiches und einem kleinen Stück des Planeten, nämlich mit Europa beschäftigt. Es ging ihm nie um die gesamte menschliche Zivilisation, um andere Rassen oder irgendeine glorreiche Zukunft (Römerbrief 8,18 ff.). Die Kosmologie selbst nimmt heute die Form christlicher Theologie an – die Statistiken und die Größe des Universums wie auch die ganze Reichweite der Inkarnation stehen uns heute als lebendiges Datenmaterial zur Verfügung.

Es kann also kaum überraschen, dass so viele Christen, vor allem in den USA, die Evolutionslehre bekämpften[191] und in den frühen Auseinandersetzungen um Menschenrechte (Frauenwahlrecht, Wahlrecht für Randgruppen, Rassismus, Klassengesellschaft, Homophobie, Umweltschutz, soziale Gerechtigkeit, selbst in der Frage der Sklaverei) auf der falschen Seite standen. Wir hatten einfach keine evolutionäre Vorstellung von jenem Christus, der mit der gesamten Schöpfung »bis jetzt seufzt und in Wehen liegt« (Römerbrief 8,22). Wir hätten in all diesen Fragen ganz vorn mit dabei sein müssen, und unsere mutige Verkündigung von Liebe und Gerechtigkeit hätte die Menschheit in großartiger Weise vorangebracht. Die christliche Religion wäre eigentlich maßgeschneidert dafür, die Räder des menschlichen Bewusstseins zu schmieren, damit sie sich in Richtung Liebe, Gewaltlosigkeit, Gerechtigkeit und Universalität der Botschaft drehen.

Wenn das wahr ist, dann muss es überall und immer wahr sein. Das Christentum war in einzigartiger Weise dazu geeignet, diese Ganzheit zu erkennen. Eigentlich nennen wir uns deshalb »katholisch« (von *kata holon,* auf das Ganze bezogen).[192] Aber wir hatten leider große Mühe, die verschiedenen Teile der Schöpfung zu lieben, und deshalb fiel es uns auch so schwer, das Ganze zu lieben. Bis heute haben wir uns viel mehr mit Ausschluss als mit Einschluss beschäftigt, und das kommt daher, dass unser Jesus nicht gleichzeitig der Christus ist. »Ist denn Christus zerteilt?«, fragt Paulus seine Gemeinde in Korinth voller Zorn (1. Korintherbrief 1,13).

Indem wir Jesus so klein definiert haben, als Lösung für unser Problem der Sünde, wurde die Sünde zu unserem Hauptproblem. Tatsächlich passierte in dieser Welt nicht mehr viel außer Sünde und ihren Folgen. Die meisten Mönche und fast alle Reformatoren waren wie besessen davon. Was für ein kleines Szenario des Lebens, das sich hauptsächlich mit Scham- und Schuldgefühlen, mit Buße und Wiedergutmachung beschäftigt, als wären wir die ängstlichen Kinder eines gewalttätigen Vaters. Vielleicht ist diese Haltung unsere größte »Sünde«? Wie sollen wir jemals an dem großen Triumphzug teilnehmen, wenn das unser Ausgangspunkt ist und wenn Gott sich nur darum kümmert, zu »richten«?

Haben denn Leben und Geschichte und Gottheit keine größere Bedeutung? Der Ausgangspunkt kann doch nicht eine unüberwindliche Felswand sein! Das Ziel kann doch nicht nur wenigen von uns gelten! Wenn das so wäre, dann wäre Gott doch kein Gott! »Alles und in allem Christus!«, ruft Paulus uns zu (Kolosserbrief 3,11). Wie konnten wir das überhören?

Ja, wir glauben formell, dass Jesus »irgendwie« sowohl menschlich als auch göttlich war, aber unser weitgehend dualistisches Denken hat dazu geführt, dass wir nur menschlich sind und Jesus aus praktischen Gründen nur göttlich. Wir haben das Wichtigste übersehen, nämlich die Verbindung in ihm, die uns vielleicht Mut gemacht hätte, dasselbe auch in uns zu entdecken. Wir haben unseren einschließenden Retter, den wir nachahmen und an dem wir teilhaben konnten, zu einem Erlöser gemacht, den wir als ausschließenden Gott verehren mussten. Jesus, der Zeit seines Erdenlebens alles und alle einschloss, hat offenbar eine Religion hervorgebracht, die eine ganz andere Philosophie vertrat.

Wir haben nicht gelernt, dass wir mit ihm im großen Triumphzug gehen sollen (2. Korinther 2,14), sondern man hat uns angewiesen, als dankbare Zuschauer am Rand zu stehen. Und nur allzu oft haben wir die erlösende Verwandlung verpasst, die uns ebenfalls angeboten wurde: »Seid untereinander gesinnt, wie es einem Leben in Christus Jesus angemessen ist.« (Philipper 2,5) Die Ostkirche spricht in diesem Zusammenhang von *Theosis* oder Vergöttlichung – dies ist ihr wichtigster Beitrag zum weltweiten Christentum. Aber selbst sie hat daraus nicht die richtigen Schlüsse für den Einzelnen, geschweige denn für die Gesellschaft, die Armen oder die Gerechtigkeit gezogen.[193] Und das Ergebnis war ein totalitärer Kommunismus in allzu vielen orthodoxen Ländern.

Bitte halten Sie mich nicht für einen Häretiker, aber es ist formal nicht korrekt, zu sagen: »Jesus ist Gott«, wie es die meisten Christen tun, ohne darüber nachzudenken. Jesus ist ein Drittes, er ist die Einheit von »ganz Gott« und »ganz Mensch«. Für Christen ist Gott die Dreieinigkeit, und Jesus ist in die Welt gekommen, um uns mit zurück in diese ewige Umarmung zu nehmen, aus der wir ursprünglich gekommen sind (Johannes 14,3). Das ist gemeint, wenn wir von einer ewigen Seele sprechen, und dies ist eine ganz andere Beschreibung von Erlösung. Ich möchte fast sagen, nur darum geht es.

Diese dynamische Einheit macht Jesus zum Beispiel, zum »Urheber und Vollender unseres Glaubens« (Hebräerbrief 12,2). Wir müssen nicht beweisen, dass Jesus Gott ist (was im Übrigen überhaupt keine Auswirkungen auf uns hätte). Unser tiefstes Bedürfnis besteht darin, das Geheimnis der Vereinigung in uns selbst und in der gesamten Schöpfung zu erleben – »durch ihn und mit ihm und in ihm«, wie wir in der Eucharistie sagen. So sieht die Erlösung durch Jesus aus, so ist Erlösung letztlich gemeint. Die gute Nachricht ist: Wir sind auch Teil des ewigen göttlichen Tanzes, aber eben als Fortführung des Leibes Christi in Raum und Zeit.[194]

Da wir aber die Spaltung in uns selbst nicht überwinden konnten, wie sollten wir sie dann für den Rest der Schöpfung überwinden? Die verschmutzte Erde, die ausgerotteten Arten, die gequälten Tiere, die ständigen Kriege, die Abholzung der Wälder – all das ist die Folge. Es ist weniger schwierig, an eine Wiederkehr Christi zu glauben als an eine Erde, auf die er wiederkehren könnte. Und doch hat Jesus der Christus der Schöpfung eine kosmische Hoffnung eingepflanzt, und Sie können gar nicht anders, als sie in vielen unerklärlichen, wunderbaren Ereignissen und Menschen zu sehen. Das »Problem des Guten« ist ein ebenso großes Rätsel und Mysterium wie das oft beklagte »Problem des Bösen«.

Im Neuen Testament gibt es klare Sätze zur kosmischen Bedeutung Christi (Kolosserbrief 1; Epheserbrief 1; Johannes 1; 1. Johannesbrief 1; Hebräerbrief 1,1–4-) und die Kreise um Paulus und Johannes waren zu Anfang geradezu überwältigt von dieser Botschaft. Im frühen Christentum machten sich nur einige wenige Väter der Ostkirche, darunter Origenes von Alexandria und Maximus der Bekenner, Gedanken darüber, dass Christus älter, größer und anders war als Jesus. Sie besaßen die mystische Erkenntnis, dass Jesus die Vereinigung von Mensch und Gott in Raum und Zeit ist und dass Christus die ewige Vereinigung von Materie und Geist ist, und zwar von Anbeginn der Zeit. Spätere Jahrhunderte jedoch haben dieses mystische Element zugunsten eines Fastfood-Christentums aufgegeben, das zumindest für den normalen Gläubigen immer einen dualen Charakter hatte.

Die frühen franziskanischen Denker waren verliebt in die Person Jesu, sahen in ihm aber auch eine Person, die zu einer Gemeinschaft gehört, einen Typus, einen Archetypus, ein Modell, das das Ganze repräsentiert und bestimmt. Wir können das daraus erkennen, wie sie das Christusmysterium in jedem Teil der Schöpfung gespiegelt sahen, in den Elementen, im Wetter, in den Planeten und Tieren, in der Einstellung zu Nicht-Christen, zur Kunst und zu den Feinden. Roger Bacon (1214–1292), ein früher englischer Mitbruder, der in Oxford lebte und lehrte, wird der »Vater der experimentellen Naturwissenschaft« genannt, weil die natürliche Welt auf einmal nicht mehr nur »Natur« war, wenn man das Evangelium mit den Augen des Franziskus sah. Naturwissenschaft war nicht mehr säkular, obwohl viele Christen bis heute diese frühe Erkenntnis nicht übernommen haben.

Alle diese Denker bauten auf Franziskus auf, der kein junges Schaf auf der Weide sehen konnte, ohne um das Lamm Gottes zu weinen, und der bei jedem zertretenen Wurm an den Gekreuzigten dachte (siehe auch Psalm 22,6), weil für ihn die gesamte Schöpfung ein Spiegel des Göttlichen war. Wer es lernt, vollständig zu sehen, sieht ein sakramentales Universum, wie es auch der Schöpfungsgesang des Franziskus so schön zeigt.

Kosmischer Christus und Mystik

Eine kosmische Christusvorstellung bewegt die Mystik über die rein individuelle, private Ebene hinaus, die bisher ihre größte Schwäche war. Diese Schwäche ist wohl einer der Hauptgründe für das Misstrauen und die Abneigung vieler Menschen gegenüber »Mystik«, wie sie sie erleben: Sie fühlt sich viel zu privat, fromm und geheimniskrämerisch an und dringt nie zu einem transpersonalen, sozialen oder kollektiven Level vor. Falsche Mystik, wie sie leider viel zu oft vorkommt, hat den Anstrich von »mein kleiner Jesus und mein kleines Ich«. Gesellschaftliche, historische, gemeinschaftliche oder auf Gerechtigkeit hin orientierte Verbindungslinien zieht sie nicht. Wie Papst Franziskus sagt: Sie ist viel zu selbstbezogen und selbstreferenziell. Wenn eine authentische Gotteserfahrung dazu führt, dass Sie die Spaltung zwischen sich und dem Göttlichen überwinden, dann sollte sie auch zu einer Überwindung der Spaltung zwischen Ihnen und der übrigen Schöpfung führen – und schon werden das erste und das zweite Gebot gleichzeitig wahr.

Für einige Wenige scheint die Spaltung bereits in der Person Jesu überwunden, aber immer mehr Menschen erleben die Vereinigung mit dem Göttlichen erst durch Christus: in der Natur, in Augenblicken reiner Liebe, im Schweigen, in innerlicher und äußerlicher Musik, im Zusammensein mit Tieren, im Staunen oder im Miteinander mit »Bruder Sonne und Schwester Mond«. Und warum? Weil die Schöpfung selbst die erste Inkarnation Christi ist, die ursprüngliche und grundlegende »Bibel«, die uns den Weg zu Gott offenbart. Das ewige Christusmysterium hat vor etwa 14,6 Milliarden Jahren begonnen, in dem Ereignis, das viele heute den Urknall nennen. Wir sind die erste Generation, die zumindest näherungsweise sagen kann, wie lange dieses Ereignis zurückliegt. Gott hat sich bereits in die sichtbare Wirklichkeit verströmt und sein göttliches Sein offenbart, als die Menschen noch gar nicht dabei waren: Die Trilobiten in Nordamerika, die riesigen Schreitvögel in Neuseeland, die ersten Quellen in den Ozeanen und die Pterodactylen in Asien – und viele Tausend weitere Arten – haben Menschen nie zu sehen bekommen. Gott schon. Und darin lag bereits mehr als genug Sinn und Herrlichkeit.

Neandertaler und »Barbaren«, Mayas und Babylonier waren doch wohl keine Abfallprodukte oder Generalproben eines Gottes, der umfassende Liebe in die Welt verströmte! Hat die Göttlichkeit vielleicht auf römische Katholiken und amerikanische Evangelikale gewartet, bevor ihre große Show begann? Das glaube ich nicht. Ein Gott von solch universaler Sichtbarkeit und Fruchtbarkeit kann nicht so ineffizient, lieblos, »sieglos« und unbewusst sein. Die Schöpfung existiert um ihrer selbst willen, um Gott die Ehre zu geben. Psalm 104 zeigt uns diese Botschaft auf unnachahmliche Weise, und Psalm 98,8 f. kleidet dieselbe Botschaft in eine wunderschöne

Metapher: »Klatscht in die Hände, ihr Ströme, ihr Berge, stimmt ein in den Jubel im Angesicht des Herrn!« Manchmal scheinen die Elemente besser über sich selbst Bescheid zu wissen als die Menschen. Ich sage es immer wieder einmal in der Messe: »Gott tut sich leichter, Brot und Wein davon zu überzeugen, wer sie sind, als uns.«

Wenn Sie anzweifeln, was ich da sage, dann will ich noch Folgendes hinzufügen: Auch vor dem Christentum und sogar vor dem Judentum hatten Menschen Zugang zu Gott! Das ist die »ecclesia ab Abel«, die Kirche, die seit Abel existierte, von der die Kirchenväter und die Dokumente des Zweiten Vatikanischen Konzils so oft sprechen.[195] Vom ersten unschuldigen Opfer an (Genesis 4,10; Matthäus 23,35) bis heute schreit alles menschliche Leid zu Gott und weckt göttliches Mitgefühl und menschliche Gemeinschaft. Das ist eine bedeutsame, universale Wahrheit. Im »Christusmysterium« sind wir wahrhaftig gerettet, seit es Bewusstsein gibt. Und dieses Bewusstsein nimmt nur zeitweise die Organisationsform einer Kirche an.

Wahrhaftige Christen und wahrhaftige Franziskaner lieben beide: Jesus und Christus. Sie können sich entweder dem einen oder dem anderen anschließen, aber lieben müssen Sie irgendwann beide. Allzu viele Christen haben mit Jesus angefangen und sind dabei hängengeblieben. Sie haben den Leib Christi nie kennengelernt. Und viele Nicht-Christen haben mit dem Christus – unter welchem Namen auch immer – angefangen und wissen gar nicht, dass die Christen genau davon sprechen. Ich habe Hindus kennengelernt, die ganz und gar in diesem verborgenen Christus leben, und ich habe viele Katholiken und Protestanten kennengelernt, die vor dem Christus davonlaufen, sei es als praktizierende Materialisten oder als fromme Spiritualisten. Tertullian (160–225), den man auch den »Vater der westlichen Theologie« nennt, hat ganz zu Recht gelehrt, dass »das Fleisch der Dreh- und Angelpunkt der Erlösung« (Caro Salutis Cardo) sei. Die Inkarnation von Fleisch und Geist ist seit jeher die große Trumpfkarte des Christentums – und doch bevorzugt es oft entweder Fleisch oder Geist.

Eine authentische mystische Erfahrung verbindet uns dauerhaft auf immer neuen Ebenen, in die Breite und Tiefe, »damit Gott alles und in allem ist« (1. Korintherbrief 15,28). Oder, wie Paulus im gleichen Brief etwas früher sagt: »Die Welt, das Leben, der Tod, die Gegenwart, die Zukunft – alles gehört euch; ihr aber gehört Christus, Christus aber gehört Gott.« (3,22 f.) Vollständige Erlösung ist letzte, universelle Zusammengehörigkeit und Verbindung. Früher haben wir dazu »Himmel« gesagt. Wenn eine Religion zerstreut statt zu sammeln, ist sie in Wirklichkeit antireligiös.

In der großen Basilika in Assisi, wo Franziskus bestattet wurde, gibt es eine wunderbare Bronzeskulptur, die zeigt, wie er um den Heiligen Geist bittet. Aber statt nach oben zu blicken wie auf den meisten Gemälden, schaut er ehrfürchtig und sehnsüchtig nach unten, zur Erde. Franziskus hatte begriffen, dass der Heilige Geist tatsächlich herabgestiegen ist und vor allem und in alle Ewigkeit hier bei uns auf der Erde lebt.

Das Geheimnis des Tiefpunkts

Für Christen begann die »Salbung« oder »Taufe« aller Materie mit dem Heiligen Geist bereits bei der Schöpfung, wie auch Genesis 1,2 andeutet. Dieser göttliche Charakter aller physischen Dinge kommt in aller Stille zum Vorschein, wenn Jakob einen kleinen Stein als Denkmal aufstellt und salbt: Jenen Stein, den er als Kopfkissen benutzt hat, als er im Traum die Himmelsleiter sah, auf der Gottes Engel hinauf und hinunter stiegen (Genesis 28,10–18). Mit Blick auf einen schlichten Stein hat er die Stirn zu sagen: »Wie furchtbar ist diese Stätte! Hier ist nichts anderes als das Haus Gottes und die Pforte des Himmels!« (28,17) Für das spätere Judentum und fromme Protestanten handelt es sich dabei nur um die Verehrung stehender Steine, die die Kanaaniter pflegten. Dabei spürt Jakob ganz richtig, dass er es hier mit einem Versprechen und Vorgeschmack der Inkarnation zu tun hat. Ich glaube, Jakob hat in diesem Moment das verborgene Christusmysterium gesehen und geehrt und es in jenem Stein aufgespürt, den er dann ja auch Bet-El, das Haus Gottes nennt.

Paulus sagt später in Bezug auf das Wasser aus dem Felsen, das die Israeliten in der Wüste rettete: »Sie tranken nämlich aus dem geistigen Felsen, der sie begleitete; der Fels aber war Christus.« (1. Korintherbrief 10,4) Das Evangelium geht noch weiter und sagt: Wer Jesus als den Christus erkennt, wird zum Felsen (Matthäus 16,18). Ich sehe hier lauter Post-it-Notizen, die Themen aus dem großen Unterbewussten zusammenfügen und nichts, was wir logisch erklären könnten. Von Jakob über Mose und Jesus bis hin zu Petrus findet eine allmähliche Entdeckung statt: das Geheimnis des Tiefpunkts. Sowohl die physische Welt als auch der Mensch erweisen sich als Versteck und Ort der Offenbarung Gottes. Und was noch besser ist: Wir werden zu Felsen, wenn wir dieses allgegenwärtige Christusmysterium entdecken.

Bei Kontemplationskursen sage ich immer: »Fangt mit einem Stein an.« Wenn Sie lernen können, konkrete, bruchstückhafte und spezifische Dinge zu lieben und zu ehren, dann können Sie darauf aufbauen. Alles, was Sie tun, deutet darauf hin, wie Sie »Christus tun«. Christen beginnen mit Jesus und sollten enden, indem sie mit Paulus rufen: »Alles und in allen Christus« (Kolosserbrief 3,11).

Um es noch einmal kurz zusammenzufassen, will ich die irische Autorin Elizabeth Bowen zitieren. Sie sagt: »Wenn ich mich von allem abwende und einem einzigen Gegenüber zuwende, dann werde ich zum Gegenüber für alles.«

Jesus ist das eine Gegenüber. Wir stehen ihm als Schnittstelle gegenüber. Und Christus ist alles.

ANHANG II

Ist Gott eine Person? Die franziskanische Sicht des Göttlichen

> Sage nicht: »Ich habe den Weg der Seele gefunden!«
> Sage vielmehr: »Ich bin der Seele auf meinem Weg begegnet.«
> Denn die Seele geht auf allen Wegen.[196]
> *Khalil Gibran*

Ich halte die Frage nach der Personalität Gottes für wichtig, um die Mystik und die Erfahrung individueller Heiliger ernsthaft verstehen zu können. Ja, die meisten Hindus, Sufis, jüdischen und christlichen Mystiker einschließlich Franz und Clara von Assisi sprechen – teilweise – von Gott, als säße er höchstpersönlich und freundlich im Sessel neben ihnen wie ein ganz besonderer Mensch. Darin zeigt sich die tiefe Verwandlung, die von mystischen Erfahrungen ausgehen kann. Aber wir dürfen daraus nicht schließen, dass sie nicht wissen, was sie sagen und was sie nicht sagen, wenn sie in dieser Weise von Gott sprechen. Damit wir sie nicht als naiv und einer für uns unerreichbaren Vergangenheit verhaftet abtun, möchte ich das Thema in diesem Kapitel vertiefen.

Für viele moderne und postmoderne Denker ist die Idee Gottes – schon gar die Idee eines »personalen Gottes« – überholt, eine anthropomorphe, infantile Projektion. So sehr diese Denker Franziskus und Clara bewundern mögen, ihr Gottesbild ist ihnen zu persönlich. Manchmal sprechen sie von einer allzu schlichten »Gott-Mystik« im Gegensatz zur »gestaltlosen« oder »nicht-dualen« Mystik,[197] in der Gott nach unseren menschlichen und kulturell geprägten Bildern gestrickt wird, als von der Menschheit getrenntes Wesen, eine Art Weihnachtsmann, der am Nordpol lebt, in der Regel männlichen Geschlechts und auf jeden Fall ein strafender Richter. Dieses weit verbreitete, naive Gottesbild ist tatsächlich der Grund für einen Großteil des Atheismus. Allerdings ist dieses Gottesbild eben auch eine Art Strohmann und leicht wegzublasen. Und genau deshalb müssen wir mit dem ganzen Thema auf positive Weise umgehen.

Viele haben vollkommen berechtigterweise das Gefühl, die Menschheit habe sich weit von dem »alten Mann mit dem Bart auf dem Thron« entfernt, der immer irgendwie so aussieht wie Autoritätspersonen aus unserer eigenen Vergangenheit, den wir fürchten, der aber auch manipuliert werden kann, damit er tut, was wir wollen. Diese Sichtweise verdirbt jede ehrliche, tiefgreifende Gottesvorstellung und ist mit Sicherheit von unreifen Leuten und Klerikern missbraucht und manipuliert worden. Die Kritiker haben zum Teil sogar recht: Gott ist weder männlichen Geschlechts noch ist er eine Art Übermensch. Aber ich glaube auch, sie machen es sich zu leicht mit ihrer schnellen, leichtfertigen Ablehnung, und sie halten uns damit von einigen wunderbaren Möglichkeiten und offenen Türen fern. Vielleicht ist Gott ja »das höchste Personale« überhaupt! Aber ich denke, wir brauchen erst einmal ein paar Begriffsklärungen.

In diesem Kapitel würde ich gern auf meinen üblichen »Ja, und außerdem«-Ansatz zurückkommen; in der mittelalterlichen katholischen Theologie hätte man von »sic et non« gesprochen. Er kann Christen und Ungläubigen helfen, herauszufinden, was an einer personalen Gottesvorstellung gut und zutiefst wahr ist, dann aber auch weit darüber hinauszugehen. Franziskus stand in einer engen, liebevollen und persönlichen

Beziehung zu Gott als »Jesus«, aber er sah Gott auch im »Bruder Wind« und in der »Schwester Wasser«, im »Bruder Feuer« und in unserer »Schwester, Mutter Erde«. Wenn Sie zu einer reiferen Ebene der mystischen Vereinigung gelangen, wird alles zur Metapher für das Göttliche, und sie greifen nach Metaphern, um das Geheimnis zu beschreiben, das in allem und überall ist. Es ist interessant zu sehen, dass Franziskus seinen »Schöpfungsgesang« in Claras Garten schrieb, während sie versuchte, ihn gesund zu pflegen. Man kann sich kaum vorstellen, dass sie ihn nicht inspirierte, da sie doch selbst so gern alle Dinge als Spiegel betrachtete.

Eine kurze Geschichte der Personenvorstellung

Das Wort »Person«, wie wir es heute verwenden, im Sinne eines abgegrenzten menschlichen Individuums, findet sich nicht in der hebräischen Bibel, sehr wohl aber die Vorstellung von einem »Gesicht«. Die hebräischen Autoren suchten nach einem Wort, um zu beschreiben, was passierte, wenn man ihrem Gott Jahwe von Angesicht zu Angesicht gegenüberstand – diesem Gott, der sich eine so enge Beziehung und Kommunikation mit ihnen wünschte: »Der Herr lasse sein Angesicht über dich leuchten und sei dir gnädig! Der Herr erhebe sein Angesicht hin zu dir und schaffe dir Heil!« (Numeri 6,25 f.) In den griechischen Übersetzungen wird das Wort »proposon« für Gesicht verwendet. Es bezeichnet eigentlich die Bühnenmasken, die griechische Schauspieler trugen und die ihnen zur Erweiterung ihrer Identität als auch als Verstärker ihrer Stimme dienten. Derselbe Gebrauch findet sich auch in einigen Psalmen (42,2; 89,15 f.; 95,2), wo er oft als »Gegenwart« übersetzt wird. Eigentlich müsste von einer »mitgeteilten Gegenwart« die Rede sein, von einer Übertragung des Selbst.

Auch im Neuen Testament wird das Wort »Person« nicht oft verwendet. Eine der wenigen Stellen, an denen es auftaucht, wird im Deutschen ebenfalls mit »Gesicht« übersetzt. Paulus schreibt: »Denn Gott, der sprach: Aus Finsternis soll Licht aufleuchten, er ist in unseren Herzen aufgeleuchtet zum Lichtglanz der Erkenntnis der Herrlichkeit Gottes auf dem Antlitz Christi.« (2. Korintherbrief 4,6) Auf dieser Sprache bauen dann im 2. und 3. Jahrhundert Lehrer wie Tertullian und im 4. Jahrhundert die Kappadozischen Väter auf, wenn sie beschreiben, wie Gott einer und drei zur gleichen Zeit sein kann. Jeder Teil der Dreieinigkeit wurde als eine *»persona«* (Lateinisch für *»proposon«*), als ein *»Gesicht«* Gottes verstanden. Die Bedeutung entwickelt sich langsam. Jede Person der Trinität teilt ihr Gesicht und ihre Herrlichkeit mit den anderen, behält aber gleichzeitig ganz und gar das eigene »Gesicht«, die eigene Identität.

Jede Person der Trinität *»klingt durch«* (Lateinisch *»per sonare«)* die anderen hindurch – auch dies ist eine geniale Art, die Dreieinigkeit zu beschreiben. So funktionieren Beziehungen, so funktionieren alle Ökosysteme. Und die Theologie der Gestalt Gottes führte mit der Zeit zu einem psychologischen Verständnis des Menschen. Der Begriff »Person« wurde zuerst auf Gott und dann auch auf uns Menschen angewendet, nicht umgekehrt. Mit anderen Worten: Wir sind so geschaffen, dass wir Gottes Fähigkeit zur Liebe und Kommunikation teilen. Unsere spätere Vorstellung vom menschlichen Individuum stammt von dem lateinischen Wort *»persona«*, das zuerst auf den dreieinigen Gott angewandt wurde. Durch uns hindurch klingt etwas Größeres, jemand anderes. Wir sind Bühnenmasken, Gesichter, Mittler und Zeichen einer gemeinsamen DNA, die wir von unseren Vorfahren und von unserer Kultur übernommen haben. So ist unsere Vorstellung von Seele entstanden.

Die negative Seite dieses Phänomens wurde »Erbsünde« oder »Ursünde« genannt. Aus dieser Bezeichnung ergeben sich neue Probleme, aber wir wissen, dass Augustinus lediglich in mitfühlender Weise vom Haar in der Suppe jeder sichtbaren Wirklichkeit sprechen wollte. Die moderne Philosophie, Hirnforschung, Neurologie, Physik und überhaupt die meisten Naturwissenschaften bestätigen die Unvollkommenheit, die wir in allen Dingen beobachten. Für kluge Menschen wird diese Unvollkommenheit zu einer Art »negativer Feedbackschleife«, die sie paradoxerweise in einem Zustand notwendigen Ungleichgewichts und Wachstums hält. Und dies hält die Dynamik des Lebens in Gang. Das alles ist überraschend und irgendwie enttäuschend für diejenigen unter uns, die in vollkommener Perfektion anfangen, weitermachen und enden wollen. Haben Sie schon mal darüber nachgedacht, was wir meinen, wenn wir sagen: »Ich bin auch nur ein Mensch«? Das heißt: »Ich darf unvollkommen sein.« Ich glaube, Menschsein und Unvollkommenheit sind ein und dasselbe.

Tatsächlich sind wir Gemeinschaftswesen, durch die etwas »hindurchklingt«, und vieles, was wir tun, ist durch unsere Vergangenheit vorprogrammiert und festgelegt. Das ist verletzend und wunderbar zugleich.[198] Es ist sehr demütigend, aber auch sehr befreiend, mit dieser Unvollkommenheit von vornherein zu rechnen. Die Naturwissenschaft würde wohl von »Chaostheorie« oder vom »Prinzip der Unbestimmtheit« sprechen. Wachstum vollzieht sich niemals linear.

Psychologie und Anthropologie haben erkannt, dass die menschliche Person ausnahmslos die einzigartige Manifestation einer größeren, geteilten Wirklichkeit ist. Genau wie die

Dreieinigkeit sind wir »Inter-Wesen«, Schnittstellen, Verbindungsstellen. Eine individuelle Manifestation unserer vollkommen geteilten Menschlichkeit wird als »der Mensch« bezeichnet, aber die Bedeutung hat sich um 180 Grad gedreht, sodass heute eine Person als abgetrennte, autonome Einheit gilt und nicht als »Teilbarkeit«. In diese Richtung bewegt sich das egozentrische und private Selbst immer wieder: zur Abtrennung und nicht zur Vereinigung. Und diese Bewegung hin zur falschen Autonomie gedeiht in unserer postmodernen Welt ganz prächtig.

Daraus entwickeln sich bei Liberalen und Konservativen unterschiedliche Formen der Autonomie. Liberale wünschen sich persönliche und intellektuelle Autonomie, während Konservative die Autonomie auf ihr Geld, ihre Macht und ihr Land übertragen. So gesehen, sind sie alle keine Menschen, die nach dem Bilde Gottes geschaffen sind, sondern versuchen sich selbst zu erschaffen – als ob sie das jemals könnten.

Die Kappadozischen Väter des 4. Jahrhunderts versuchten die Vorstellung vom Leben als Teilhabe zu vermitteln, indem sie den Strom der Dreieinigkeit als »Kreistanz« *(perichoresis)* »drei drei« beschrieben, als »Durchklingen« von drei Personen, jede eine Maske und ein Verstärker für das größere Ganze. Sie griffen damit ein weiteres kluges Wort aus dem Bereich des Theaters und der Volkskultur auf. Trotz all ihrer Versuche, sich allgemeinverständlich auszudrücken, blieb die Trinitätslehre für allzu viele Christen unfassbar und abstrakt – langweilige Theologie, die man ohne Weiteres ins Regal stellen konnte. Sie war nicht viel mehr als ein Anlass zu spekulativer Neugier oder ein mathematisches Rätsel, auch wenn sie von keinem rechtgläubigen Christen jemals in Frage gestellt oder angezweifelt wurde. Wir haben einen hohen Preis dafür bezahlt, dass wir das ursprüngliche Muster der

Dreieinigkeit nicht ernst genommen, ja ignoriert haben.[199] Sie war eigentlich wie maßgeschneidert dafür geeignet, unser dualistisches Denken zu zerstören, indem sie auf das dynamische Prinzip der Drei setzte.

Es ist vielleicht schlimmer, etwas zu ignorieren, als es direkt zu leugnen. Wenn wir etwas leugnen, mühen wir uns wenigstens damit ab oder messen ihm eine gewisse Bedeutung zu.

Wer hat wen erschaffen?

Aber das bringt mich zu meinem wichtigsten Thema in diesem Kapitel, zu einem Punkt der viele spirituelle Implikationen hat. Es geht nicht darum, dass wir Personen sind und einen anthropomorphen Gott nach unserem Ebenbild erschaffen haben. Es geht auch nicht um unseren frommen Versuch, Gott als Person zu denken, damit wir mit ihm sprechen und ihn lieben können, obwohl auch das natürlich wahr ist. Nein, tatsächlich ist es genau anders herum. Gott ist Gesicht und Verbindungsstelle zugleich, er kann unendlich viel Bedeutung, Tiefe, Geheimnis, Gegenseitigkeit und Kommunikation in sich aufnehmen. Und wir sind nach seinem Bild erschaffen. Ich bin mir absolut sicher, dies ist der Kern der jüdisch-christlichen Offenbarung. Sowohl Jahwe als auch Jesus sind die Essenz dessen, was wir meinen, wenn wir von »Personalität« sprechen. Aber damit ist nicht gesagt, dass Gott nicht auch transpersonal wäre: Energie, Leben, Selbst, Gestaltlosigkeit, Bewusstsein, Grund allen Seins, Wahrheit, Liebe und so weiter. Möglicherweise existieren unsere Metaphern für den Heiligen Geist als dynamischem Strom – Feuer, Wasser und sich herabsenkende Taube –, um diese Dynamik und diese Bewegung am Leben zu erhalten.

Wir leben demnach in einem ganz und gar personalisierten Universum. Wir sind zur Gemeinschaft und zur Beziehung mit allen geschaffen. Nennen wir es ruhig »göttliche Neugier« und »Ehrfurcht vor dem Geheimnis«. Wenn Sie nicht sehr neugierig, offen und auf der Suche sind, dann fürchte ich, Sie stehen auch nicht in tiefer Verbindung mit dem Einen, der ständig die »zehntausend Dinge« um uns herum erschafft. Gott ist nichts anderes als unendliche Phantasie und Kreativität. Unser offizielles franziskanisches Leitwort spricht diesen Punkt ebenfalls an: »Mein Gott und alle Dinge« – *Deus Meus et Omnia.*

Der einfache Satz aus der Bibel, »Lasst uns den Menschen machen nach unserem Bild, uns ähnlich« (Genesis 1,26f.), bekommt damit eine ganz neue Tiefe und Bedeutung – beachten Sie die Pluralform! Gott und die Menschheit sind miteinander kompatibel, und die Dreieinigkeit ist tatsächlich die Blaupause aller erschaffenen Wirklichkeit, wie uns heute die Forschung von den Atomen bis hin zu den Galaxien beweist. Deshalb waren so viele christliche Mystiker absolut fasziniert von Gott als Trinität, und deshalb sollten wir es auch sein. Ihre Intuition war vollkommen korrekt, obwohl sie Mühe hatten, sie zum Ausdruck zu bringen, genau wie wir. Die Trinitätslehre sollte eigentlich alles Gerede von Gott zu einem demütigen Gestammel machen. Die moderne Naturwissenschaft versorgt uns heute mit einigen neuen Stimmen dazu.

Unser Personsein macht es uns also möglich, die Personalität Gottes zu verstehen und dazu in Beziehung zu treten. Wir haben eine eingebaute Fähigkeit zum Göttlichen *(capax Dei).* Wir wurden mit einem ganz eigenen Potenzial und einer Sehnsucht zur Verbindung, Kommunikation, inniger Liebe, Vergebung und Gegenseitigkeit erschaffen. Das ist unser »Naturgesetz«, unsere »erste Natur«, und ich glaube, darin würde mir jeder gute Psychologe zustimmen. Kann es uns da überraschen, dass die meisten Massenmörder und Psychopathen zutiefst einsame Menschen sind? Und Heilige sind immer mitfühlend und in Verbindung mit anderen. Immer.

Personal und transpersonal

Reife Glaubende kommen irgendwann zu einer transpersonalen Gottesvorstellung: zu einem Bild von Gott als Präsenz, Bewusstheit, reines Sein, Grund allen Seins, Kraftfeld des Heiligen Geistes, Gott in uns und allen Dingen. Und doch empfinden es dieselben Leute oft als hilfreich und sogar notwendig, zu Gott in Beziehung zu treten wie ein vertrauensvolles Ich zu einem anderen. »Warum nicht?«, frage ich da nur. Ich glaube, zur Liebe gehören immer zwei: ein Geber und ein Empfänger. Normalerweise gibt man sich keiner Vorstellung und keiner Energie hin, man verliebt sich auch nicht in eine Kraft oder in die Erleuchtung. Personen lieben Personen, und das ist doch gerade das Geniale am jüdisch-christlichen Glauben: dass er das gesamte spirituelle Leben so ausgesprochen personal erhält, in einem sehr reichen Sinn des Wortes. Vielleicht unterscheidet dies auch die christliche Mystik von der buddhistischen Erleuchtung, die jeden Glauben an einen personalen Gott vermeidet und unsere ganze Beschäftigung mit Metaphysik für unnötig hält. Andererseits konnte sich der Buddhismus dadurch mit anderen wichtigen Dingen beschäftigen als mit den üblichen Streitpunkten der Christen.

Das Problem verschärfte sich für den biblischen Glauben, weil wir heute so oft »personal« und »persönlich« verwechseln und damit eine sehr abgegriffene, individualistische und weitgehend emotionale Sichtweise annehmen: Ich, Richard, kann von mir aus eine Privatbeziehung zu meinem persönlichen Privatgott aufbauen. So etwas ist absolut unbiblisch, egal ob es in katholischem, orthodoxem oder protestantischem Gewand daherkommt. Amerikaner sagen oft: »Ich muss eine persönliche Beziehung zu Jesus Christus als meinem eigenen Herrn und Erlöser pflegen.« Da ist viel zu viel »Ich« im Spiel, obwohl ich zugebe, dass die meisten wohl an dieser Stelle anfangen müssen. Aber man muss nicht so weitermachen. Auf dieser individualistischen Ebene gedeihen Dinge wie Rassismus, Sexismus, ungerechte Steuergesetze, Mangel an Mitbestimmung, ein exzessives Bedürfnis nach Waffen und Sicherheit, Klassenhass und Kriegstreiberei. Und das alles in den USA, die von den meisten doch als christliches Land bezeichnet werden. Unsere Altvorderen haben gesagt: »Die Verderbnis der Besten ist immer das Schlimmste.«

Die göttliche Natur

Wohin führt uns das alles? Nun, Gott kann sicher nicht weniger als »personal« sein, und er ist es vermutlich in der millionsten Potenz. Die jüdische Tradition sieht Göttlichkeit als unendliche, geniale Fähigkeit zur Verbindung und Mitteilung, angefangen mit Jahwes schöpferischem, ständigem Austausch mit dem Volk Israel. »Personal« nach meiner Definition umfasst die Möglichkeit eines wirklichen Gebens und Nehmens. Und gläubige Menschen pflegen nicht nur Umgang mit einer unpersönlichen Kraft, einer Idee, einem Gesetz oder einer Regel. In diesem Sinne pflegen viele Christen eigentlich überhaupt keine »persönliche« Beziehung mit Gott. Sie sprechen von Gott als einem unveränderlichen Gesetz, dem man nur auf die Gefahr schlimmer Konsequenzen ungehorsam sein kann und das, wenn man ihm gehorcht, automatisch Belohnungen zur Folge hat. Gott ist aber mehr als ein Geldautomat, der Ein- und Auszahlungen erlaubt. Wir haben es hier mit einer interaktiven persönlichen Beziehung zu tun – auch Liebe genannt. Das ist der Unterschied zwischen Gott als Ego-Besitz oder Glaubensbekenntnis und Gott als dynamischer, lebendiger Beziehung, die es uns möglich macht, einander etwas zu bedeuten.

Der personale Gott, der sich in der Heiligen Schrift ebenso offenbart wie in der ewigen Tradition, zeigt eine göttliche Natur, die verführerisch, offenbar und sehr großzügig denen gegenüber ist, die daran Interesse zeigen. Diese Erfahrung von »Überfluss« lädt uns zu einer großen Freiheit ein, die mit Nähe und echter Freundschaft einhergeht. Eine solche Beziehung gibt jedem, der sich auf sie einlässt, große Kraft. Wenn eine Beziehung das übrigens nicht tut, dann ist sie weder echt noch personal. Liebe in ihrer reifen, vollkommenen Form führt immer zu einer Gleichheit von Geber und Empfänger. Das mag sich in Bezug auf Gott vollkommen unmöglich anhören, aber die Lücke hat Gott tatsächlich geschlossen, indem er Person wurde, und deshalb ist die christliche Vorstellung von Gottes großer Selbstentäußerung *(kenosis)* in der Person Jesu ein so großes Geschenk für die gesamte Menschheit. Jesus offenbart uns, dass Geben und Nehmen im menschlich-göttlichen Bereich absolut möglich ist, einfach dadurch, dass er Person wurde. Martin Buber hat das in genialer Weise als Ich-Du-Beziehung beschrieben,[200] und es ist ganz und gar nicht überraschend, dass Buber Jude war, denn gerade die Juden waren die ersten, die so zu denken wagten, angefangen mit den Urvätern bis hin zu den Propheten und Psalmdichtern.

Dieses respektvolle Geben und Nehmen macht uns so menschlich und göttlich, dass jeder, der es erlebt, weiß, das ist der Höhepunkt. Niemand wird sich davon wieder entfernen wollen. Wer eine solche Beziehung bewusst zurückweist, nachdem er sie einmal erlebt hat, der begibt sich in die Sünde, in die Selbstaufgabe und letztlich in die Hölle. Aber natürlich haben viele so etwas nicht erlebt, sie können es also nicht bewusst zurückweisen und kommen deshalb auch nicht in die Hölle. Wir können dieselbe Betonung dieses Beziehungsgeschehens bei nicht-christlichen Mystikern wie Rumi, Hafiz, Kabir, Rabia, dem Baal Shem Tov, allen jüdischen Urvätern und Propheten entdecken.

Kritiker haben recht, wenn sie sagen, dass Gott – wer auch immer er sein mag – nicht auf das unabhängige Objekt persönlichen Besitzes, von Manipulation oder Benutzung reduziert werden kann. Wer das tut, missbraucht das Persönliche, indem er es instrumentalisiert oder mechanisiert. Martin Buber spricht in Bezug darauf von einer »Ich-Es-Beziehung«. Religion auf einer frühen Stufe kennt diesen Missbrauch: Das Gebet dient dann dazu, dass Gott dem Menschen gibt, was dieser sich wünscht. Menschen versuchen Gott zu kontrollieren und zu überreden, mit unterschiedlichsten Techniken, Moralitäten, Ritualen und Gebeten. So wird tatsächlich versucht, Gott nach unserem Bild zu erschaffen, und dagegen wenden sich so viele Atheisten – mit Recht. Sie haben viel weniger Probleme mit der größeren Wahrheit, nach der wir uns ausstrecken müssen: dass Gott uns tatsächlich nach seinem Bild erschaffen hat (Genesis 1,26), als echtes Gegenüber.

Der Gott der Bibel verweigert sich jeder Ich-Es-Beziehung, sondern strebt eine Ich-Du-Begegnung an, die allein als personal bezeichnet werden kann. Ein wahrhaftiges Gebetsleben lehrt Sie, in einer solchen Ich-Du-Welt voller Vertrauen zu leben. Und diese Welt ist das, was mit Verehrung, Liebe und vollkommener Dankbarkeit gemeint ist. Jeder Versuch, eine Ich-Es-Beziehung zu Gott aufzunehmen, wie zu einem kosmischen Geldautomaten, verdirbt und zerstört die Begegnung mit dem Göttlichen. Wir lernen Gott nur auf der Ebene von Verletzlichkeit und gegenseitiger Selbstoffenbarung kennen, und dies führt immer zu einer Begegnung mit Gott als Güte. Zuerst lerne ich Gott als Teil meines Seins kennen, dann durch seine Großzügigkeit als Güte. Sehen Sie, wie genial das ist?

Diese tiefe Erkenntnis unterscheidet den Mystiker vom Sonntagskirchgänger. Schon die Form des Zugangs macht es sehr wahrscheinlich, dass Sie Gott immer als Liebenden antreffen werden, nicht als Richter. Übermäßig verteidigungsbereite, feindselige und hasserfüllte Menschen werden versuchen, den eckigen Bauklotz durch die runde Öffnung zu quetschen, aber das funktioniert nicht. Ohne Liebe von unserer Seite können wir Gott nun mal nicht erkennen (1. Johannesbrief 4,8). Nur Verletzlichkeit und Gegenseitigkeit können Gott treffen, kennenlernen und genießen. Das ist biblische Personalität, das Kernstück der Idealisierung von Armut und Demut, wie sie Franziskus und Clara entwickelt haben.

Franziskanische Trinitätslehre

Franziskus weigerte sich, die Wirklichkeit einfach zu »verbrauchen«, sie zum eigenen Vorteil zu kaufen und zu verkaufen. Da sind wir wieder bei der Ich-Es-Beziehung. Tatsächlich wandte er sich heftig dagegen und sprach Sonne, Mond, Wind, Tieren und Tod einen Subjektstatus zu, indem er sie als Bruder, Schwester, Freunde, Mutter ansprach. Vielleicht war es dieses personale und zugleich kontemplative Sehen, das ihn hinaustrieb, weg von der Ökonomie des Produzierens und Verbrauchens, in der die meisten Menschen bis heute gefangen sind. Franziskus steht zur gesamten Wirklichkeit, auch zu den Elementen und den Tieren, in einer innigen Ich-Du-Beziehung. Das könnte auch eine Definition eines kontemplativen Lebensstils sein: ein weiterer Blick auf die Wirklichkeit als es pure Nützlichkeitserwägung, Funktionalität und Eigeninteresse zulassen. Ein Blick mit innerer Freude an allem, so wie es ist. Denken Sie daran: Sobald Sie beim Geben eine Gegengabe erwarten oder sich wünschen, ziehen Sie sich bereits von der Liebe zurück. Deshalb kann sogar unsere übliche Vorstellung vom »Himmel« uns von der reinen Liebe zu Gott und dem Nächsten entfernen. Ein Handeln aus reiner Liebe trägt seine Belohnung in sich und braucht keine Gegenleistung. Liebe zeigt sich in der Bereitschaft zur Liebe. Denken Sie darüber bitte mal etwas länger nach.

Wenn Sie mit Franziskus und Clara anfangen und dann weitergehen zu Bonaventura, Antonius, Johannes Duns Scotus, Angela von Foligno und den vielen heiligen und seligen Clarissen, dann sehen Sie, dass sie alle in einem Beziehungsgeflecht leben, dass sie ganz traditionell als »Vater, Sohn und Heiliger Geist« bezeichnen. Aber ihre Gemeinschaftserfahrungen sind real, aktiv und ins Leben eingebunden, als lebten sie in einer Liebe, die über sie hinausgeht, sie aber vollkommen einschließt. Sie sind hineingezogen in die unendliche Schöpferkraft der Liebe, auf eine ganz wunderbare Weise, die die unendliche Natur Gottes spiegelt. Sie rufen ihre Dankbarkeit und ihren Jubel in alle Richtungen: aus einer tiefen inneren Befriedigung, der in ihnen wohnende Heilige Geist, heraus hinüber zum anderen, dem allgegenwärtigen

Christus, und darüber hinaus zu etwas hin, das ich weder benennen noch ganz erkennen kann, der gestaltlose Vater. Ehrlich gesagt, frage ich mich angesichts unserer trinitarischen Mystiker manchmal, ob ich das Geheimnis selbst schon erfasst habe. Vielleicht soll das aber auch genau so sein.[201]

In der Dreieinigkeit[202] findet die Liebe endlich eine verlässliche Definition und Beschreibung; sie kann nicht wieder sentimentalisiert werden. Wenn die Dreieinigkeit das Muster der gesamten Schöpfung ist, von den Atomen bis hin zu den Galaxien – und so sieht es nach dem Stand der Wissenschaft ja aus –, dann ist das Wasserrad, Bonaventuras Metapher für die Dreieinigkeit, das das Wasser immer in eine Richtung ausgießt, eine sehr schöne Metapher für Gott. Die Wirklichkeit ist ein Zusammenspiel aus Geben und hingebungsvollem Empfangen. Liebe ist viel mehr als nur Emotionen, Gefühle, Schwärmerei oder eine vorübergehende Romanze. Das geistliche Leben wird zu einem Tanz im Stehen, weil das ganze Leben zu einer ruhigen, still stehenden, gleichzeitig aber wilden Bewegung wird. Dabei fühlt es sich eher so an, als würden wir bewegt. Bereitwilligkeit ersetzt den Eigenwillen, der Sie ohnehin nie weitergebracht hat.

Mit der Trinität als erstem und letztem Muster der Wirklichkeit wird die Liebe zum ontologischen »Grund allen Seins« wie Paul Tillich sagt. Jeder wahre Mystiker entdeckt irgendwann bewusst oder unbewusst, dass sie die Luft ist, die er atmet. Sie müssen das nicht mit Worten beschreiben können, um es zu erleben. Das geht ohnehin nicht, Sie können es nur leben. Was wie einseitige Selbstentleerung daherkommt, ist kein Verlust mehr, und einseitiges Empfangen fühlt sich nicht mehr an wie eine Demütigung.

Diese beiden letzten Absätze sind eigentlich eine Zusammenfassung der gesamten franziskanischen Mystik.

Eine gesunde Religion lehrt Sie, wie reife Beziehungen aussehen, und genau deshalb ist eine gute Religion in der Lage, die Räder der menschlichen Entwicklung zu schmieren. Eine ungesunde Religion lässt den Versuch zu, Gott zu manipulieren, und es ist fast sicher, dass Sie dann auch versuchen werden, ihr eigenes Leben zu manipulieren. Wie Sie eine einzelne Sache tun, bestimmt, wie Sie alles tun. Eine gesunde Gottesvorstellung kann nicht auf unseren eigenen besitzergreifenden, bedürftigen, angstbasierten und manipulativen Beziehungen beruhen. Und doch war das während eines Großteils der Religionsgeschichte der Fall. Kein Wunder, dass ein Gott, der unserer eigenen Kleinheit nachgebildet ist, von Atheisten abgelehnt wird.

Man muss die Grundlagen der Liebe ehren, um das Spiel mitzuspielen. Deshalb hat Jesus uns geradezu befohlen, zu lieben. Die Art, wie Sie andere Menschen lieben, ist praktisch identisch mit der Art, wie Sie Gott lieben. Gott hat die Absicht, unsere menschliche Liebesfähigkeit zu erhöhen; deshalb hat Jesus gesagt, das Gebot der Nächstenliebe sei genauso wichtig wie das Gebot der Gottesliebe (Matthäus 22,39). Wie Sie lieben und wie Sie Gottes Liebe zulassen – so lieben Sie im Allgemeinen. Eine franziskanische Weltanschauung wird immer die praktische Liebe und den Dienst betonen, wenn es um den Beweis der Gottesliebe geht (1. Johannesbrief 2,9).

Zusammenfassung

Für mich läuft es am Ende auf Folgendes hinaus: Die glücklichsten und fruchtbarsten Menschen, die ich kenne, haben samt und sonders eine zutiefst persönliche, innige Gottesbeziehung, fast auf einer Art Gesprächsebene. Und gleichzeitig gestehen genau diese Menschen sofort zu, dass ihr personaler Gott auch transpersonal ist und dass wir »in ihm leben, uns bewegen und sind« (Apostelgeschichte 17,28). Er steht über allen Gottesnamen. Gott wird in aller Bescheidenheit als derjenige erkannt, der über all unseren Versuchen steht, das Geheimnis zu zähmen, zu verstehen oder zu kontrollieren. Alle Gottesnamen sind »eitel«.[203]

Ein Mensch mit lebendigem Glauben, eine fröhliche Heilige, die ihrem geliebten Jesus schöne Lieder singt, ein schlichter Diener der Armen – sie alle würden wohl meine Modeworte wie Kraftfeld, spirituelle Energie, Grund allen Seins und so weiter nicht benutzen. Aber sie tanzen das Geheimnis mit ihren Füßen, sie dienen ihm mit ihren Armen und verströmen es mit ihren Tränen, viel besser als diejenigen von uns, die nur darüber reden können. Oder um es mit Rumi ganz poetisch zu sagen: »Es gibt tausend Arten, niederzuknien und den Boden zu küssen.«[204]

Leider ist es weit verbreitet, eine ausformulierte, transpersonale und orthodoxe Theologie zu vertreten, wie ich es tue, dabei aber außerhalb des Stroms zu stehen, der sich immer persönlich, innig, verströmend anfühlt – als großes Ja. Gute Lehre dient nur dazu, Türen zu öffnen und unnötige Hindernisse aus dem Weg zu räumen. Die meisten von Ihnen müssen keine Lehrer sein und auch nichts formulieren. Sie müssen nur Teil des Stroms bleiben. Sie müssen nur den Mut haben, niederzuknien und den Boden zu küssen.

ANHANG III

Was ist Kausalität?

> Dichtung muss der Intelligenz widerstehen und dabei fast Erfolg haben.[205]
> *Wallace Stevens*

Weisheit muss ebenso wie gute Dichtung, der Intelligenz widerstehen, wie es der amerikanische Dichter Wallace Stevens so rätselhaft gesagt hat. Sie muss uns gerade so viel Wirklichkeit zeigen, dass wir unser Kreisen um uns selbst aufgeben und gern ein bisschen mehr hätten. Und natürlich brauchen wir eine spirituelle Seite, um unsere »logische« Seite auszubalancieren. Reife Spiritualität und Weisheit besteht darauf, dass wir nach Sinn suchen, statt uns mit Antworten zufrieden zu geben. Weisheit ist immer und notwendigerweise zum Teil verborgen und offenbart sich nur denen, die sie wirklich wollen und nicht versuchen, eine Handelsware aus ihr zu machen (siehe auch das Buch des Weisheit im Alten Testament, 6,12–22; 7,22–8,8). Genauso ist es mit Gott.

Ich hoffe, dieses letzte Kapitel zeigt Ihnen noch einmal viele neue Möglichkeiten, Mystik als höchste Form der Weisheit zu verstehen. Mystik leistet der Intelligenz keinen Widerstand, setzt ihr aber etwas entgegen, und dann erweitert sie Ihr Verstehen über einen reinen Buchstabenglauben oder rein physikalische Vorstellungen von Kausalität hinaus. Franz von Assisi ist ein ganz besonderer Anschlag auf alle kulturelle Logik, auf unser Verständnis von Veränderung und Wachstum.

Die korrektesten Ideen und Kirchenlehren können keine

Veränderungen der Seele hervorbringen: Die Seele braucht Vorbilder, um zu wachsen, ganz konkrete Beispiele für die expansive Kraft der Liebe. Menschen, die bereit zur Liebe sind, verändern uns in der Tiefe. Nur sie sind in der Lage, Geist und Herz gleichermaßen zu öffnen. Vielleicht sind deshalb Traugespräche so fruchtbar und wirkungsvoll. Sie stellen vielleicht die einzige Gelegenheit da, bei der Männer bereit sind, tiefschürfende Gespräche zu führen, ohne Schwierigkeiten zu machen. In diesem veränderten Zustand – denn es ist ein veränderter Zustand – sind wir offen für Anregungen und Möglichkeiten, die wir sonst nie zulassen oder uns vorstellen würden.

Ursachen

Als ich die scholastische Philosophie studierte, gab es auch ein Seminar über »Kausalität«. Wir lernten dort, dass es formale, materielle, wirksame und letzte Ursachen gibt. Jede wurde sorgfältig definiert, aber mich interessierte vor allen Dingen eine, die man »exemplarisch« nannte. Bei dieser Art der Kausalität wird ein Mensch oder ein Ereignis, einfach indem dieser oder dieses existiert, zum Beispiel oder Vorbild und damit zur Ursache, damit Dinge passieren. So wie ein kräftiger Arm dafür sorgt, dass ein Felsbrocken von einer Wiese entfernt wird – das wäre dann eine wirksame Ursache. Unser Verständnis von Kausalität muss ebenso wie die Dichtung einer »zu schnellen Intelligenz« widerstehen. Nur dann können wir Situationen in einem größeren, hilfreicheren Rahmen sehen.

Nach dem Aufkommen von Newtons Physik glaubten viele Leute, es gäbe nur wirksame Ursachen, aber wer wirklich klug ist, weiß, dass alles ganz anders ist. Dieses Buch soll

Franziskus als exemplarische Ursache für eine ganze Reihe von Dingen vorstellen, und zwar von lauter guten Dingen. »Letzte Ursachen« funktionieren ganz ähnlich, aber andersherum: indem sie uns anziehen und verführen. Sie zeigen uns Ideale, Vorbilder und Verführungen, die uns vorwärts ziehen. Schicksal und Ziel *(telos)* bestimmen den Sinn, hat Bonaventura gelehrt. Wenn Ihnen das Ziel klar ist, haben Sie einen Polarstern, nach dem Sie Ihren Lebenszweck bestimmen können. Er wird Sie vorwärts ziehen und Ihnen eine Bahn vorzeichnen, wohin auch immer. Gut oder schlecht, das ist ihre letzte Ursache.

Als ich in Afrika war, hörte ich immer wieder, dass Nelson Mandela vielen afrikanischen Männern einen Entwicklungsschritt möglich gemacht hatte, vor allem wenn sie Bilder von ihm bei der Feldarbeit sahen. Feldarbeit galt weithin als Frauensache. Mandela ist ein gutes Beispiel für eine exemplarische und eine letzte Ursache. Er hat das Denken vieler Menschen verändert. Ich bin immer noch sehr angetan von diesem Verständnis von Kausalität, und ich bin überzeugt, dass es eine sehr notwendige Befreiung von den »Ursache und Wirkung«-Modellen der Newtonschen Physik darstellt.

Die meisten fundamentalistischen Christen sind noch in einem sehr beschränkten Verständnis von Kausalität gefangen, was auch ihr theologisches Verständnis von Wundern, Gnade, Sakramenten, den Lehren der Bibel, Erlösung, Entwicklung, Vergebung und letztlich von Jesus betrifft. Einige sehr bekannte Fernsehevangelisten in den USA haben tatsächlich darüber gejubelt, dass das Sündenbabel New Orleans von Gott durch den Hurrikan Katrina gestraft wurde, obwohl Jesus doch ganz deutlich gesagt hat, dass es so nicht geht (Lukas 13,2–5). Tatsächlich kann man mit einem so mechanistischen Weltbild viele Dinge nur auf eine kindische, grausame und wirklich unwahre Weise verstehen. Hier haben wir es wieder mit dem Bewusstsein der ersten Stufe zu tun, von dem die Spiraldynamik spricht. Statt einer lebendigen, liebevollen Dreieinigkeit geht ein solches Denken von einem Furcht einflößenden »deus ex machina« aus.

Wenn Sie die unterschiedlichen Arten von Ursachen kennen, können Sie damit die Heilige Schrift, die Tradition und ihre eigene Erfahrung auf eine sehr reife Weise betrachten.[206] Unsere »Living School« (Schule des Lebens) am Center for Action and Contemplation versucht, Erfahrung verlässlich und vertrauenswürdig zu machen und wegzukommen von der »reinen Subjektivität«, die westliche Katholiken und Protestanten allzu leicht ablehnen.[207] Exemplarische und letzte Ursachen ähneln dem, was C. G. Jung als Archetyp oder archetypische Energie bezeichnet.[208]

Paulus selbst spricht von Adam und Christus als Typen *(tupoi)* oder »Präfigurationen« der universellen menschlichen Muster (Römerbrief 5,14–19). Adam, sagt Paulus, hat die Sünde verursacht, während Christus die Ursache der Gnade ist, aber es bringt nichts, diese Aussage in einer vereinfachenden, mechanischen Weise zu verstehen. Dann lenken wir uns nämlich von denselben Mustern in uns selbst ab, auf die die Archetypen uns eigentlich hinweisen sollen: der Adam in mir, der Christus in mir. Und wie immer verehren wir dann den Archetyp, statt im Hier und Jetzt an seiner Wahrheit teilzuhaben. Dann nimmt uns Christus die Kraft, statt sie uns zu geben, was eigentlich geplant ist. Genauso ist es mit den Sakramenten, wenn wir sie im Sinne wirksamer Ursachen verstehen.

Exemplarische Kausalität weiß, dass Ihre Mutter – als die Person, die sie ist – die Ursache für Sie – als die Person, die Sie sind – ist. Vielleicht ist Ihr Vater oder der Beruf Ihres Großvaters eine letzte Ursache für den Verlauf Ihres Lebens. Kausalität nimmt aber eine ganz neue Tiefe und Breite an, wenn wir erkennen, auf wie viele Weisen das eine das andere verursacht. Und wenn wir so weit einmal sind, dann können wir nie mehr zu einem fundamentalistischen Christentum zurückkehren, das eigentlich sehr wenig Glauben braucht, weil es auf so viel Gewissheit und Antworten beruht, und das eigentlich ein sehr billiger Ersatz für die große biblische Vorstellung vom Glauben ist. Buchstabenglaube ist eine gut maskierte Form von Rationalismus, eine schwere Einschränkung der Möglichkeiten und Freiheiten Gottes, schöpferisch zu handeln. Immer wenn wir einen Helden verehren, eine gute Ikone malen, jemanden heilig sprechen, lassen wir zu, dass diese Person eine letzte, exemplarische Ursache für gute Dinge in unserer Welt ist, und zwar indem wir sie zum Symbol und Ideal erhöhen. Es gibt Leute, die behaupten, Papst Franziskus hätte in wenigen Monaten mehr Veränderungen in der Haltung der Kirche zustande gebracht als alle Dokumente des Zweiten Vatikanischen Konzils.

Versuchen Sie sich Christus als exemplarische Ursache für die Erlösung vorzustellen, im Sinne eines Alphapunktes, eines »verborgenen Plans« (Epheserbrief 1,9.11) oder einer Blaupause, von der alle Schöpfung ihren Ausgang nimmt (Scotus). Dann aber auch als letzte Ursache, als Omegapunkt, auf den alle Geschichte zuläuft, wie es das Buch der Offenbarung immer wieder sagt (1,8; 21,6; 22,13). Anfang und Ende legen den Weg fest. Dann hält der inkarnierte Jesus die Geschichte auf Kurs, indem er in einem ganz konkreten Moment zum Beispiel und zur konkreten Manifestation des »neuen Menschen« (Epheserbrief 2,15), des »vollkommenen Menschen« (4,13) wird. Eine Person, ein Symbol oder eine Idee kann den Verlauf und die Bedeutung der Geschichte in eine ganz bestimmte Richtung lenken und sogar umlenken.

Wir sehen das an manchen Prominenten oder Personen des öffentlichen Lebens, die Geschichte, Kunst, Musik und Politik in eine neue, bisher unvorstellbare Richtung drehen – Nelson Mandela und Papst Franziskus sind Beispiele dafür. Picasso hat es in der Kunst getan, Michael Jackson im Tanz, Einstein in der Physik. Manche Dinge können wir weder denken noch tun – wir brauchen erst ein Bild in uns. Deshalb hat Einstein wohl gesagt, die Phantasie sei wichtiger als die Intelligenz und er hatte weiß Gott das Recht, so etwas zu behaupten.

Jesus, unsere größte exemplarische Ursache, wurde zum Vorbild für die gesamte Reise des Menschen von der göttlichen Empfängnis über ein ganz gewöhnlich aussehendes Leben hin zu Ablehnung, Kreuz, Auferstehung und Himmelfahrt. Symbolisch aber durchaus real hat er den gesamten Weg abgeschritten und damit für uns vorbereitet, sodass wir die Richtung und das Ergebnis des Lebens kennen. Er hat der Geschichte eine ontologische Grundlage der Hoffnung gegeben, was viel tiefer geht als irgendeine psychologische oder stimmungsmäßige »Hoffnung«. Jesus ist die Komplettlösung für alle, die sich so etwas wünschen. Auf diese Weise erlöst er uns. Und nur so können wir Adam und Eva, Abraham und Sarah, Mose, Melchisedek, Hiob, Maria und den kosmischen Christus verstehen: als Archetypen und Stellvertreter einer viel größeren Wirklichkeit. Erst mit diesem Verständnis können Sie verstehen, was Paulus meint, wenn er sagt, dass wir mit Adam sterben und in Christus leben. Ein Buchstabenglaube geht über solche Dinge einfach hinweg.

Wenn Sie Ihr Denken auf wirksame und formale Ursachen beschränken, dann denken Sie mythisch oder magisch, also auf der ersten Ebene, die viele mit Religion in Verbindung bringen. Und wenn Sie von dort aus nicht weitergehen, bleiben Sie in einem kleinen Stamm gefangen, außerhalb jedes aktiven, anziehenden oder mitfühlenden Glaubens. Die Aufklärung und die Newtonsche Physik haben uns spirituell zurückgeworfen, weil wir seitdem Kausalität nur noch materiell und von ihrer Wirkung her verstehen. Und dieses Verständnis entspricht nicht der Wirklichkeit, wie Feldtheorie und Systemtheorie inzwischen bewiesen haben. Die Welt als solche und das Innen- und Gebetsleben der Menschen sind ausgedörrt und mechanisch geworden. Von Saft und Kraft und Zauber keine Spur. Und so ist Gott tatsächlich gestorben, und die Seele gleich mit.

Diese beschränkte Sichtweise von Kausalität hat leider dazu geführt, dass viele gebildete Menschen die angebliche christliche Erklärung der Wirklichkeit aufgegeben haben. Sie wissen einfach, dass Gott kein kosmischer Marionettenspieler ist, obwohl unsere Begrifflichkeiten und viele Kirchenlieder genau das nahelegen. Viele Menschen, vor allem junge Menschen, die authentisch leben wollen, ziehen sich von einer so kruden und manipulativen Weltanschauung zurück, weil sie sich damit nicht mehr wohlfühlen. Ein unreifes Christentum ist verantwortlich für den weit verbreiteten Agnostizismus, den wir heute in der westlichen Welt sehen. Daran habe ich keinen Zweifel. Nach meiner Erfahrung sorgt ein subtileres, ehrlicheres Sprechen von der Art, wie Gott in aller Demut und Langsamkeit Dinge »verursacht« (*Gnade* wäre das richtige Wort), dafür, dass empfindsame Menschen wieder vom Christentum angesprochen werden, oft mit großer Begeisterung und Dankbarkeit. Gott steht nicht gern im Rampenlicht, sondern offenbart sich bei indirekter Beleuchtung. Deshalb finden nur die wirklich Suchenden Liebe, Gnade und Freiheit.

Ein Verständnis, das exemplarische und letzte Ursachen

mit einbezieht, ist wesentlich befriedigender und hilfreicher als die Erklärungsmuster, mit denen sich die meisten Christen zufrieden geben, geistliche Erklärungen, die sich anfühlen wie Gerichtsverhandlungen: Jesus musste für unsere Schuld bezahlen, um Gott umzustimmen; Sakramente teilen automatisch Gnade aus wie ein Geldautomat; Jesus hat den Tod für immer zerstört, obwohl wir doch so viel Tod um uns herum sehen. Für Außenstehende klingt das alles künstlich und konstruiert, als hätte jemand versucht, Gott passend zu machen für unsere kindischen Köpfe. Ein solcher Gott wird für ein selbstsicheres, gut ausgebildetes Erwachsenengehirn im wahrsten Sinne des Wortes »unglaublich«. Und solche Gehirne begegnen mir seit vierzig Jahren. Normalerweise haben die Menschen kein Bedürfnis, sich gegen Gott zu wenden; sie lehnen nur unsere arroganten, grausamen und billigen Gottesbilder ab. Oder um mit Christian Wiman zu sprechen: »Das Feuer des Glaubens erlischt in uns, weil die Worte getränkt sind mit Überdruss und Ungenauigkeit … sie brennen nicht mehr.«[209] Ich habe dieses Buch auch deshalb geschrieben, um die guten Worte in Ihrem Herzen wieder zum Brennen zu bringen.

Bildhafte Kausalität

In den letzten Jahren hat mir, nicht zuletzt durch die Studien von Cynthia Bourgeault zu Maria Magdalena, das Gefühl für die Bedeutung von Symbolen und gemeinsamen Persönlichkeiten geholfen zu verstehen, wie unsere Bilderwelt funktioniert und uns verändert.[210] Sie hat mir gezeigt, dass »bildhaft« nichts mit »Einbildung« zu tun hat. Unsere Bilderwelten – ein unbewusstes, aber aktives Weltbild, das auf Erfahrung aufbaut und alle Symbole, Archetypen und Erinnerungen einschließt, die darin wohnen – sind sehr real und haben ganz konkrete Auswirkungen. Juden, Katholiken, Hindus, Franziskaner und Protestanten – sie alle leben in recht unterschiedlichen Bilderwelten, und es ergibt nicht viel Sinn, die der anderen als »falsch« zu bezeichnen.

Jeder von uns versteht nur seine eigene Bilderwelt und reagiert darauf. Wenn wir das nicht erkennen, sind wir vermutlich eine narzisstische Persönlichkeit. Katholiken regen sich auf, wenn sie hören, dass einem Buddhisten der Buddha und nicht Jesus erschienen ist. Und natürlich erscheint Maria nur Katholiken, woran man deutlich sieht, dass wir den richtigen Glauben haben. Natürlich: Gott kann uns nur in den Bildern begegnen, denen wir vertrauen und glauben und die uns das Herz öffnen. So bescheiden ist Gott, möchte ich fast sagen.

Cynthia Bourgeault unterscheidet sorgfältig zwischen den vielen Frauen im Neuen Testament, die den Namen Maria tragen, und schließt dann ebenso wie andere, dass es sich auf eine sehr reale Weise um ein und dieselbe Person handelt.[211] Tatsächlich gibt es nur eine archetypische Maria, und sie ist immer empfänglich und voller Vertrauen. Sie sagt immer: »So sei es!« Vielleicht waren die Autoren des Neuen Testaments und der Heilige Geist viel schlauer, als wir gedacht haben, und ließen die Sache mit Absicht in der Schwebe, sodass sie sich im Unterbewusstsein auswirken konnte. Zu bewusst kann manchmal zur Unsicherheit und damit zur Kontrolle durch das Ego führen.

Für viele Christen ruft schon die bloße Erwähnung des Namens »Maria« eine ganze Bilderwelt in der Seele wach, die eine intensive Wirkung entfaltet. Maria, welche Maria auch immer, bewirkt eine verwandelnde »Braut-Mystik« in der menschlichen Psyche. Sie macht die spirituelle Reise weiblicher, freundlicher, verleiht ihr Eros und Pathos. Auf hundert verschiedene Weisen – je nachdem, wie, wann, warum und mit welcher Bereitschaft wir den Text lesen oder das Bild betrachten – erschafft sie eine bildhafte Kausalität. Ein Herz, das sich für gute Metaphern, das Weibliche und eine starke Innigkeit öffnet, springt darauf an. Ein Herz, das in historischem Buchstabenglauben gefangen ist oder sich der Kraft des Weiblichen verschließt, wird gelangweilt und kritisch reagieren. Die aktive Ablehnung und das Misstrauen mancher Evangelikaler gegen Maria widerspricht der Heiligen Schrift und jeder rationalen Analyse.

Archetypen können uns in der Tiefe verändern, wenn wir es zulassen, aber wir haben viel Zeit bei dem Versuch verschwendet, die verschiedenen Frauen namens Maria genau voneinander zu unterscheiden und zu erklären – und mit dem Bedürfnis, zu beweisen, dass unser Blickwinkel korrekt ist. Das ruhige Vertrauen darauf, dass »Maria rettet« wirkt zunächst allzu katholisch und wie schlechte Theologie, ist aber auf einer Ebene vollkommen gerechtfertigt, zumindest für Orthodoxe und Katholiken. Der Grund liegt jedoch nur in den unterschiedlichen Bilderwelten von Katholiken und Protestanten. Ich vermute, Maria kann Protestanten nicht so leicht »retten«, aber nur, weil sie es nicht zulassen.

Auf der Ebene der Seele gibt es nur eine ewige, symbolische Maria, die echt und archetypisch ist und die Arbeit Jesu auf der weiblichen Seite tut, als »Magna Mater« – große Mutter. So wie Jesus der Archetyp des göttlichen Geschenks an die Menschheit ist und außerdem zeigt, wie dieses Geschenk gegeben wird, so ist Maria der Archetyp des Empfangens. Und sie macht ganz deutlich, dass das Geschenk immer in »Niedrigkeit« (Lukas 1,48.52) entgegengenommen werden muss. Unser Ego gibt den eigenen »Hunger« (1,53) und die

Niedrigkeit nicht gern zu; deshalb bleibt es ja immer ein »hungriger Geist«. Diese Seele jedoch nährt sich aus dieser Tiefe und holt sich aus der Dunkelheit ihr ganz eigenes Licht. Dies ist die Sprache der meisten Mystiker.

Platon, die späteren Neoplatoniker und im 20. Jahrhundert C.G. Jung haben erkannt, dass in der gemeinsamen Bilderwelt Begegnung und tiefgreifende Veränderungen stattfinden. Am Ende ist diese Bilderwelt echter und wirksamer als alles andere. Womit auch klar ist, warum manche sagen, die gesamte Geschichte der westlichen Philosophie sei eine Aneinanderreihung von Fußnoten zu Platon. Die schöne immergrüne Pappel vor meinem Fenster ist materiell gesehen real, aber erst wenn wir sie in unsere Imagination aufnehmen, wenn wir sie ernstnehmen, uns auf sie konzentrieren, uns von ihr berühren lassen – erst dann hat sie eine dauerhafte, echte Wirkung auf unser Leben. Die Bilderwelt verändert uns und lenkt die Geschichte viel mehr als die nackte Existenz oder Nichtexistenz des materiellen Baums. Fundamentalisten und Atheisten weigern sich, das zu verstehen. Deshalb können uns gute Dichter und Mystiker viel stärker verändern als unerleuchtete Physiker oder schlechte Theologen.

So könnte Gnade funktionieren

Der Grund, warum ich am Ende dieses Buches von der bildhaften Kausalität spreche, ist folgender: Ich glaube von ganzem Herzen, dass auf diese Weise spirituelles Leben und spirituelle Wahrheit übermittelt werden. Es ergibt wenig Sinn, weiterhin darüber zu streiten, ob ein Ereignis, von dem die Bibel berichtet, ganz genau so und zu einem bestimmten historischen Zeitpunkt geschehen ist. Diese Art von Buchstabenglaube wird selten eine größere oder gar lebensverändernde Wirkung haben. Wer so denkt, verschwendet seine Zeit, obwohl ich niemals abstreiten würde, dass die Bibel historische Grundlagen hat und dass solche Dinge auch in unserer eigenen Geschichte passieren können – wenn wir sie spirituell und offen und damit transformativ betrachten. Es geht um nichts anderes als um Transformation und persönliche Begegnung; in ihnen liegen die Kraft und die Möglichkeiten der Religion, nicht in der ziemlich inhaltsleeren und nutzlosen Frage: »Ist das wirklich genau so passiert?« Stattdessen müssen wir fragen: »Auf welche Weise passiert das heute?« Eine solche Frage kann Früchte tragen, dauerhafte Früchte.

Beispielsweise ist es vollkommen egal, ob da irgendwo ein Feigenbaum stand (Markus 11,13-21), ob Jesus diesen Baum verfluchte oder ob er das nicht tat, ob der Baum verdorrte oder nicht oder worum es Jesus bei der ganzen Sache ging. Wie könnte er von uns erwarten, dass wir das wissen? Wenn wir über diese oberflächlichen Punkte hinausgehen, können wir tatsächlich eine wichtige, wenn auch harte Kritik an der Unfruchtbarkeit äußerlicher Religion hören. Der Kontext macht das ziemlich deutlich. Indem wir uns aber durch die argumentativen, rationalen Fragen ablenken ließen, haben wir über Jahrhunderte hinweg die bitter nötige Weisheit und die Möglichkeit, unser Leben und die Welt zu verändern, verloren. Heilige Geschichten und ehrliche Rituale bringen auf einer bildhaften Ebene dieselben Dinge zustande, die in der Heiligen Schrift passiert sind. Auch in unserem Leben, heute.

Wenn wir glauben können, dass Jesus sich um die hungrigen Menschen kümmert, wenn er Brot und Fische vermehrt, dann können wir daraus schließen, dass Gott sich auch heute darum kümmert, die Hungernden zu nähren, und dass wir ebenfalls Lebensmittel vermehren sollten, wie er es tat, damit es möglich wird. Wenn wir nur sagen: »Wow, dieser Jesus tut wirklich Wunder!«, oder: »Das beweist, dass er Gott ist!«, dann hilft das uns ebenso wenig wie der Welt, den Hungernden oder der verwandelnden Kraft des Evangeliums. Eigentlich müsste das selbstverständlich und offensichtlich sein.

Hindus, Buddhisten und Konfuzianer sind mit dieser Art der Interpretation besser vertraut als die drei »Buchreligionen« Judentum, Christentum und Islam. Sie alle – wir alle – sind gefangen in unseren ach so gelehrten Büchern, in denen Worte im Wesentlichen dazu dienen, Dinge zu beschreiben und voneinander zu unterscheiden. Das ist ja auch ihr angestammter Zweck. Dummerweise verfestigt das in uns aber das dualistische Denken, das eigene Erfahrungen ersetzt. Das jüdische Volk hat versucht gegenzusteuern, indem es durch rituelles Erinnern im Pessachmahl sein Gründungsereignis immer wieder in die Gegenwart holte. Katholiken tun dasselbe in der Eucharistie, Muslime auf ihren Pilgerfahrten. Wir alle versuchen, über die Worte hinauszugreifen und die unbewussten Bilderwelten der Menschen zu verändern. Dort vollzieht sich Veränderung. Wenn Ihre innere Bilderwelt reich, intelligent und nicht allzu abgeschottet ist, dann werden Sie spirituell immer weiterwachsen. Lesen Sie mehr Dichtung, Literatur und mythologische Texte, würde ich Ihnen empfehlen. Dann können wir Ihnen auch die Heilige Schrift und die Heiligen zumuten und anvertrauen.

Franziskus und Clara als bildhafte Ursachen und Beispiele für Heiligkeit

Papst Franziskus hat im Jahr 2013 eine weltweite, große Veränderung der Bilder bewirkt, die durch das Internet und die

Social Media in erstaunlicher Weise beschleunigt wurde. Etwas Entsprechendes haben Franziskus und Clara 800 Jahre zuvor in der christlichen Welt bewirkt. Mit ihrem Leben haben sie uns gezeigt, dass das Christentum freudig, einfach, gut und schön sein kann. Unsere spirituelle Intuition hat das begriffen, und viele von uns haben festgestellt, dass sich auch unsere Psyche verändert hat, wenn auch auf der unbewussten Ebene. Selbst in der Kunst gab es Veränderungen, wie wir bei Giotto sehen können. Sie mündeten irgendwann in die Renaissance, die den Menschen selbst als gut ehrte und feierte. Über ihr konkretes Reden und Tun hinaus haben Franziskus und Clara unsere Bilderwelt umgebaut. Dabei müssen wir bedenken, dass die Kraft der bildhaften Kausalität sich auf der Ebene der Seele entfaltet, wo wir nicht bewusst mitbekommen, was passiert. Deshalb können wir es auch nicht steuern, müssen es nicht verstehen – und einfach stoppen können wir es auch nicht. Wunderbar!

Wenn wir vollkommen verstehen, wie Gott uns verändert, wenn wir zu rational damit umgehen, dann kämpfen wir gegen die Gnade an, versuchen unsere Seele selbst zu lenken (gefährlich!) und ergreifen natürlich Partei, das tun wir ohnehin ständig. Gott arbeitet am besten im Untergrund, indem er unsere Annahmen, stillschweigenden Voraussetzungen und Träume verändert. Denn das tut er wirklich, und zwar wenn wir schlafen und die Dinge nicht selbst kontrollieren; der Psalmdichter hat es uns versprochen (Psalm 127,2). Wie sonst könnte Gott in unserer Ego-getriebenen Welt die Kontrolle übernehmen? Gnade und Heilung passieren im Verborgenen, nicht gerade dann, wenn wir dafür beten oder wenn irgendjemand für uns betet. Sie sind allein Gottes Verdienst, wir müssen nicht schieben, behaupten, benutzen, und aufblasen oder Dinge manipulieren.

Ich glaube, das Evangelium selbst und die franziskanische Vision vom Evangelium werden hauptsächlich durch höchst symbolische, unmittelbar anziehende Menschenleben vermittelt: durch Dinge, die sichtbar aus Liebe getan werden; durch eine gewaltfreie, demütige, einfache, aber befreite Lebensweise; durch eine positive Identifikation mit den Armen und Ausgestoßenen; durch offensichtliches Glücklichsein; und durch konkrete, sichtbare Menschen, die anderen »Grund zur geistlichen Freude geben«, wie Franziskus sagte, als er zwei Holzstücke gegeneinander rieb, um »Luftvioline« zu spielen, und wie Papst Franziskus es tat, als er Strafgefangenen, Frauen und Muslimen die Füße wusch. Wenn solche Menschen anschließend sprechen oder handeln, dann brennen ihre Worte, und ihr Handeln überzeugt.

Sicher hat Jesus das gemeint, als er uns befahl, die Botschaft von den Dächern zu rufen, ein Licht auf einem Schemel, der Sauerteig und das Salz zu sein. Er wusste, Heiligkeit wird durch Ansteckung übertragen, von innen heraus, selten durch korrekte Materie und Gestalt oder irgendwelche juristischen Kriterien der »Gültigkeit«, wie es katholische und orthodoxe Priester in ihren Vorlesungen über die Sakramente lernen.[212] Verwandelte Menschen verwandeln andere Menschen. Franziskus und Clara waren schlicht und einfach verwandelte Menschen, und sie verwandeln uns bis heute.

Ohne es zu wissen, lehrte Franziskus bildhafte Kausalität, indem er sagte: »Predigt das Evangelium ohne Unterlass, wenn nötig mit Worten.« Er wusste, glückliche und demütige Menschen verändern irgendwann die anderen, viel mehr als alle Ideen, Predigten, Theologie. Wir müssen begreifen, dass jede Begegnung mit einem großen oder schönen Leben unsere Bilderwelt unwiderruflich verändert. In Zukunft wissen wir, dass so etwas wirklich möglich ist. Und das bringt uns voran.

Wir alle wissen, wo die Liebe fehlt, da ist die Hölle. Den Ort, an dem sie ist, nennen wir Himmel. Wir alle kennen intuitiv und auf einer energetischen Ebene den Unterschied zwischen Menschen, die sich im Himmel befinden, und solchen, die jetzt in der Hölle sind. Dafür braucht es gar keinen Glauben und keine Theologie, sondern lediglich offene Augen, die Gottes ewige Bereitschaft zur Liebe spiegeln. Und die Bilderwelt, die solche Augen in uns erschaffen.

Nachwort

> Ein Mann wie der heilige Franz von Assisi, beispielsweise. Was bedeutet er wirklich? ... Einen vollständigen Bruch mit der bisherigen Geschichte ... ein Mann, der aus der Zeit gefallen ist. Eine plötzliche, unerklärliche Wiederbelebung des urchristlichen Geistes. Was er angefangen hat, geht weiter ... aber es ist nicht dasselbe. Die Revolution ist vorüber. Die Revolutionäre sind zu Konformisten geworden. Die kleinen Brüder des Kleinen Armen Mannes schütteln ihre Almosenbüchsen auf Bahnhofsvorplätzen oder wickeln Immobiliengeschäfte für den Orden ab ... Natürlich ist das nicht die ganze Geschichte. Sie lehren, sie predigen, sie tun gute Werke, so gut sie können, aber es ist keine Revolution mehr, und ich glaube, wir hätten heute eine Revolution sehr nötig.[213]
>
> *Morris West*

Ich hoffe, dieses Buch kann die franziskanische Revolution wieder zum Brennen bringen, denn genau das – eine Revolution – war es und wird es wieder sein. Es ist ein großer Segen, einen Papst zu haben, der auf wunderbare Weise verkörpert, was ich in diesem Buch zu sagen versuche – und noch viel mehr –, gerade weil es in unserer Zeit so viel schwieriger ist. Papst Franziskus zeigt uns, dass die franziskanische Vision auf jeder Ebene und zu jeder Zeit möglich ist. Er hat nicht nur den Namen Franziskus angenommen, sondern scheint mehr als bereit, sowohl die »Torheit« als auch die Weisheit des Evangeliums auf jeder gesellschaftlichen Ebene zu verkündigen. Er besitzt die Leidenschaft, die Liebe und den Drang, die auch Franz von Assisi auszeichneten, und hat »das Papsttum aus dem Palast und auf die Straße gebracht«.

Beide Männer – der Papst und der Heilige – entlarven unsere Trägheit und unseren Widerstand gegen ein Leben im Einklang mit den Seligpreisungen und der Bergpredigt im Allgemeinen. Dabei ist die ganze Welt begeistert, wenn sie jemanden sieht, der es wagt, so zu leben! Wie Papst Franziskus in seinem mutigen ersten apostolischen Schreiben »Evangelii Gaudium« (Freude am Evangelium) schrieb: »Lassen wir uns das Evangelium nicht nehmen!«[214] Wenn tatsächlich der Heilige Geist die Papstwahl geleitet hat – und davon bin ich fest überzeugt –, dann scheint es, als würde auch Gott uns zu der Fortführung der Revolution drängen, auf die Morris West im Jahr 1963, zu Beginn des Zweiten Vatikanischen Konzils, so große Hoffnungen setzte. Gott ist offenbar sehr geduldig.

In diesem Buch ging es um viele unterschiedliche Dinge, aber ich hoffe, die Überlegungen darin werden uns helfen, eine wichtige Wahrheit zu erkennen: Eine echte franziskanische Spiritualität ist universell zugänglich; sie lädt und schließt alle ein. Sie überwindet die Grenzen von Religion, Kultur, Geschlecht, ethnischer Zugehörigkeit, Zeit und Gesellschaftsschicht, »Würdigkeit«, wie auch immer man sie messen will, und Bildung. Wie die Inkarnation selbst, bringt die franziskanische Lesart des Evangeliums alles in Christus zusammen: »Alles, was im Himmel und auf Erden ist. In ihm sind wir auch zu Erben eingesetzt, die wir im Voraus auserwählt wurden nach dem Vorsatz dessen, der alles wirkt nach dem Entscheid seines Willens« (Epheserbrief 1,10 f.).

Dieser Weg ist nicht elitär, nicht separatistisch und nicht klerikal. Er führt nicht zu einer falschen Askese oder zu einem Gefühl der Überlegenheit, sondern gründet sich auf die Elemente, die allem Menschen auf der Welt zugänglich sind: die Natur, die Inkarnation, die Solidarität mit dem Kreislauf von Leben und Tod, der Demokratie der Liebe und vor allem mit einem Gott, der uns ganz nahe ist, »in deinem Mund und in deinem Herzen«. (Deuteronomium 30,14) So sieht göttliche Gnade aus, die immer ein Geschenk ist, unverhofft und unverdient und überall, aber leider so oft auch unerwünscht.

Der alternative franziskanische Weg ist gerade deshalb alternativ, weil er benennt, sammelt, erleidet und verwandelt, was bereits geschieht. Man muss sich keiner Gruppe anschließen, keine Institution ablehnen, niemanden ausschließen. Wie uns das letzte Kapitel der Bibel erinnert, treiben wir schon alle in diesem großen, großzügigen Strom des Lebens dahin, der klar ist wie ein Kristall und durch die Straßen der Stadt fließt (Offenbarung 22,1 f.).

Verstehen Sie, nur die Liebe kann Grenzen überschreiten und kulturelle Unterschiede überbrücken. Sie ist eine sehr reale Energie, eine spirituelle Lebenskraft, viel machtvoller als Ideen oder Gedanken. Die Liebe lebt ohne Ende, fließt immer nach unten und schenkt auf diese Weise allen das Leben, wie ein großer Fluss.

Wenn Sie sterben, bleibt von Ihnen nur die Fähigkeit zu lieben und Liebe zu empfangen. Diese Erkenntnis ist Ihr ganz eigenes »jüngstes Gericht«: Sie werden verantwortlich gemacht für das, was Sie sehen. Es geht weder um Schande noch um Belohnung, nur um Verantwortung.

Wenn Sie die Gabe der Liebe für andere Menschen nicht empfangen haben oder nicht weitergeben wollen, dann bleibt Ihre Seele gebunden an eine kleine, irdische, leere Welt – vermutlich meinen wir genau das, wenn wir von der Hölle sprechen. Gott kann nur denen seine Liebe geben, die sie wollen.

Wenn Sie noch in der Liebe wachsen und ihre Fähigkeit zum Vertrauen auf die Liebe vergrößern müssen, dann schafft Gott viel Platz für dieses Wachstum in der Erfahrung des Todes. Das ist wohl gemeint, wenn wir vom Fegefeuer sprechen. Die Zeit ist ein menschliches Konstrukt. Warum sollte unser Wachstum auf den irdischen Teil unseres Lebens beschränkt sein? Gott und die Seele leben in einem ewigen Jetzt.

Wenn Sie bereits in der Liebe zu Hause sind, werden Sie entspannt und schnell auf das Zuhause der Liebe zugehen – auf den Himmel, wie wir gemeinhin sagen. Dort gibt es kein Ende des Wachstums und der Wunder. Wenn unser Leben aus Veränderung und Wachstum besteht, muss das ewige Leben unendliche Möglichkeiten und unendliches Wachstum umfassen.

Wir müssen uns also um jeden Preis, an jedem einzelnen Tag und auf jede erdenkliche Weise dazu entschließen, in der Liebe zu leben – es geht tatsächlich um eine Entscheidung – und bereit sein, die immer tieferen Wege der Liebe zu entdecken. Auf ihnen finden wir die unverdiente Gnade, die dieser Entscheidung folgt.

Und so kann ich nur mit dem Aufruf und der Frage von Papst Franziskus aus seinem Schreiben »Freude am Evangelium« enden: »Worauf warten wir noch?«[215]

Dank

Für einige, die mir nahestehen und immer zur Liebe bereit waren. Und die mich manchmal gelehrt haben, es auch zu sein: Meine geliebte Lektorin Sheryl Fullerton, die mein planloses Schreiben erst lesbar macht – und manchmal sogar richtig gut. Die drei Hunde in meinem Leben: Der Zwergpudel Peanut Butter, der Alaska-Husky Gubbio und meine derzeitige Begleiterin Venus, ein schwarzer Labrador. Sie waren jeden Tag und auf jede erdenkliche Weise zur Liebe bereit. Wer behauptet, Hunde hätten keine Seele, hat entweder keine Ahnung von der Seele oder ist nie von einem Hund geliebt worden.

Anmerkungen

1 Ken Wilber: *One Taste: Daily Reflections on Integral Spirituality.* Boston 2000, S. 100

2 Das Zitat von Neale Donald Walsch findet sich u. a. auf der Website http://soulessence.com/2011/10/. Viele seiner Aussagen sind klug und hilfreich.

3 Zitiert nach Thomas of Celano: »First Life of St. Francis«, in: Marion Habig, O. F. M. (Hg.): *St. Francis of Assisi: Omnibus of Sources.* Cincinnati 2009, S. 318

4 Ebd., S. 440. Unmittelbar nachdem ich den ersten Absatz geschrieben hatte, fand ich in diesem Buch die folgende vielsagende Textpassage, die mir wie eine Bestätigung der »einen spirituellen Wahrheit« bei Franziskus erschien: »Oft meditierte er still versunken, ohne auch nur die Lippen zu bewegen. Er zog die äußeren Dinge in sich hinein und ließ seinen Geist von ihnen zu höheren Dingen tragen.«

5 Zitiert nach Bonaventura: »The Breviloquium«, in: *The Works of St. Bonaventure* (St. Bonaventure, N. Y. 2005, S. 253

6 Christian Wiman: *My Bright Abyss: Meditation of a Modern Believer.* New York 2013, S. 92

7 Die Perugia-Legende wird zitiert nach: »Legend of Perugia«, in: *St. Francis of Assisi: Omnibus of Sources,* S. 1088

8 Vgl. Regis J. Armstrong: *Francis of Assisi: Early Documents, vol. 3, The Prophet.* New York 2001, vor allem die Einleitung. Vgl. außerdem André Vauchez: *Francis of Assisi: The Life and Afterlife of a Medieval Saint.* New Haven, Conn. 2012, S. 324–336. Diese schöne Biografie ist ein Beispiel für die neueren, kritischeren Biografien, die inzwischen die frommen Franziskus-Legenden ersetzen und ihn nur noch inspirierender machen.

9 Jon M. Sweeney: *Inventing Hell: Dante, the Bible, and Eternal Torment.* New York 2014. Vor Kurzem habe ich ein sehr unterstützendes Statement zu diesem Buch geschrieben. Es hat eine lange Entstehungsgeschichte. Gründlich und gelehrt zeigt Sweeney, dass unsere heutige Vorstellung von einem strafenden Gott sehr stark von Dantes »Göttlicher Komödie« beeinflusst ist, viel mehr als von der Bibel. Diese negative Bilderwelt hat unerhörten Schaden ange-

richtet: Menschen fürchten Gott – und sie fürchten, dass er nicht tut, was er lehrt. Mit solchen Zweifeln und Ängsten im Gepäck werden die meisten Menschen die mystische Ebene des Christentums nie erreichen.

10 Zitiert nach *Concerning the Book that is the Body of the Beloved.* Port Townsend, Wash. 2012, S. 29

11 Ich bleibe bei meiner Definition von Mystik, so sehr ich die gelehrteren Definitionen von Evelyn Underhill, William James und Bernard McGinn schätze und von ihnen profitiert habe. Wer weiterlesen will, wird aus den ausführlichen Arbeiten dieser Autoren zur Mystik sehr viel lernen können.

12 Zum ersten Mal wurde ich mit der unmittelbaren und dauerhaften Wirkung der »Geisttaufe« am 8. November 1971 konfrontiert, als eine Gruppe von widerspenstigen Jungen im Teenageralter anfing, in Zungen zu singen, und die ganze Nach in der Kirche verbrachte, nachdem ich eine Predigt über das Gleichnis vom verlorenen Sohn gehalten hatte. Dieses Erlebnis veränderte nicht nur ihr Leben, sondern auch meins und die einiger anderer Menschen. Aus dieser Gruppe wurde die New Jerusalem Community in Cincinnati. Erst als meine Mutter mich später daran erinnerte, fiel mir wieder ein, dass ich in Topeka, Kansas, zum Priester geweiht worden war, genau an dem Ort, wo im Jahr 1901 die Pfingstbewegung ihren Ausgang genommen hatte. Vgl. auch Wolfgang Vondey: *Pentecostalism: A Guide for the Perplexed.* New York 2013; Larry Martin: *The Topeka Outpouring of 1901.* Joplin, Mo. 2000

13 Franz von Assisi: Testament, zitiert nach: *St. Francis of Assisi: Omnibus of Sources,* S. 68

14 Könnte dieses »Zumachen« die wichtigste Kernbedeutung von »Sünde« sein? Man hat mich gelehrt, Sünden »beleidigen Gott« – als ob wir das könnten. Heute glaube ich, die göttliche Liebe ist so vollkommen, dass wir sie nur dann »beleidigen«, wenn wir gegen unsere eigene Tiefe und unser eigenes Wohl handeln, so wie gute Eltern über die dummen Entscheidungen ihres Kindes klagen und Mitleid empfinden. Paulus könnte uns kaum erklären, dass die Liebe »sich nicht erbittern lässt und das Böse nicht nachträgt« (vgl. 1. Korintherbrief 13,5), wenn Gottes eigene Liebe am Ende weniger reif ist als unsere. Wir können Gott selbst nicht persönlich beleidigen, ebenso wenig wie unser Wahres Selbst. Wenn der Heilige Geist beobachtet, dass Gottes Schöpfung sich selbst zerstört, dann

»betrübt« ihn das (vgl. Epheserbrief 4,30). Wenn wir uns verschließen, entscheiden wir uns für den Tod und nicht für das Leben – und das wäre tatsächlich eine »Todsünde«, weil Gott, der immer noch mehr Leben für uns will, nicht mehr zu uns durchdringt.

15 Ilia Delio: *A Franciscan View of Creation: Learning to Live in a Sacramental World.* St. Bonaventure, N. Y. 2003. Wie immer, ist Ilias Meinung gut theologisch begründet.

16 Zitiert nach Larry Baumann: *The Excitement of the Spiritual Life: Fresh Vibrant, Practical Guide to Living the Faith with Joy and Humor.* Bloomington, Ind. 2014, S. 118

17 Vgl. mein Buch *Immortal Diamond: The Search for Our True Self.* San Francisco 2013 (dt. Ausgabe: *Das Wahre Selbst. Werden wer wir wirklich sind.* Freiburg 2013. Um diesen Punkt geht es in Kapitel 5: Das bist du – dieser Satz aus den hinduistischen Schriften ist in jeweils eigenen Worten von vielen echten Mystikern wiederentdeckt worden.

18 Mit dem Begriff »Wahres Selbst« meine ich unsere objektive, metaphysische und unveränderliche Identität als Kind Gottes. Deshalb schreibe ich es auch groß. Viele von uns verstehen den Begriff am besten in Abgrenzung zum »falschen Selbst«, das von psychologischen und vorübergehenden Einflüssen geschaffen wird. Trotzdem ist dieses »falsche Selbst« leider das Selbst, mit dem sich die meisten identifizieren. Aufgabe der Religion ist es, dem falschen Selbst beim »Sterben« zu helfen, damit das Wahre Selbst »gefunden« werden kann, um einen häufig von Jesus gebrauchten Ratschlag zu benutzen.

19 Eloi Leclerc, O. F. M.: *Wisdom of the Poverello.* Chicago 1961, S. 79. Eine poetisch geschriebene Meditation über die Prüfungen und das Leben von Franziskus

20 Auspicius Van Corstanje, O. F. M.: *Francis: Bible of the Poor.* Chicago 1977; ders.: *The Covenant with God's Poor.* Chicago 1966. Der niederländische Mitbruder illustriert in seinen Büchern die biblische Bedeutung und universelle Botschaft von Franziskus' Liebe zur Armut und Kleinheit.

21 Thomas of Celano: »Second Life of St. Francis«, zitiert nach: *St. Francis of Assisi: Omnibus of Sources,* Kapitel 84, S. 120

22 Zitiert nach: www.leonardcohen.com/us/music/futureten-newsongs/anthem

23 G. K. Chesterton: *Life of St. Francis*

24 Johann Baptist Metz, katholischer Theologe und Professor emeritus für Fundamentaltheologie an der Westfälischen Wilhelms-Universität, Münster, hat das kleine Buch *Armut im Geiste* geschrieben, das so etwas wie ein Klassiker geworden ist. Es war das letzte Buch, das ich las, bevor ich zurück nach Kansas ging, um dort zum Priester geweiht zu werden, und ich wusste, es würde mein Verständnis des Priestertums grundlegend beeinflussen.

25 Ich freue mich sehr, das seine Gruppe von Kardinälen um den Papst den Begriff »Autorität« genauso verwendet. Sie sagen damit, dass kirchliche Autorität die Fähigkeit ist, »Autor« des Lebens in anderen zu sein, nicht die Ausübung von Macht, wie dies im säkularen Bereich üblich ist. Wir haben lange gebraucht, um diese eindeutige Lehre Jesu wieder in den Blick zu nehmen.

26 Vgl. mein Buch *Das Wahre Selbst*

27 Vgl. St. Bernhard von Siena, Sermo 60

28 Zitiert nach Bonaventura: »Major Life of St. Francis« in: *St. Francis of Assisi: Omnibus of Sources,* S. 732

29 Lesen Sie dazu die vier erstaunlichen und klaren Prophezeiungen vom Gottesknecht, der die Befreiung der Welt offenbart: Jesaja 42,1–9; 49,1–7; 50,4–11 und 52,13–53,12. Ein Leben lang kann man über diese Passagen meditieren und bedenken, wie Gott alles auf den Kopf stellt. Sie sind vermutlich der Höhepunkt aller biblischen Prophetie.

30 Jürgen Moltmann: *Der gekreuzigte Gott.* München 1972. Diese mutige, kreative und kontemplative Arbeit über die Bedeutung des Kreuzes hat mein gesamtes Verständnis von Christentum und von Jesus zutiefst geprägt. Es wird sie viel weiter bringen als jede »Satisfaktionslehre«.

31 Van Corstanje, O. F. M.: *Francis: Bible of the Poor*

32 In meinem Buch *Das Wahre Selbst* spreche ich ausführlich über diese »Vier Spaltungen«.

33 Papst Franziskus: *Evangelii Gaudium.* In seinem ersten Sendschreiben stellt der Heilige Vater ein zentrales Prinzip vor: »Zeit ist größer als Raum«. Reife Christen sollten Prozesse anstoßen, die langfristige Früchte tragen, statt nur den eigenen Raum, die eigene Rolle und Macht zu verteidigen.

34 Regis J. Armstrong: *Francis of Assisi: Early Documents, vol. 2, The Founder.* New York 2000

[35] Albert Gelin: *The Poor of Yahweh.* Collegeville, Minn. 1964. Ein beliebtes prophetisches Thema besagt (u. a. bei Zefania 2,3; 3,12), dass nur die Demütigen, die ganz unten stehen, die Botschaft der Erlösung vollkommen begreifen. Viele Strömungen der Befreiungstheologie in den 1980er Jahren greifen diese Erkenntnis wieder auf, so z. B. Gustavo Guttiérrez, Jon Sobrino and Leonardo Boff, die alle durch die Armen Südamerikas erleuchtet wurden. Maria fasst diese Haltung in ihrem »Magnificat« (Lukas 1,46–55) zusammen.

[36] Vgl. dazu meine CD »Spiral of Violence: The World, the Flesh, and the Devil« (Albuquerque, N. M., Center for Action and Contemplation) über die klassischen Quellen des Bösen. Man kann diesen Punkt kaum abstreiten, wenn man sieht, dass fast niemand wegen der Misswirtschaft von Banken oder anderer Wirtschaftskriminalität ins Gefängnis muss und dass es nur wenige Strafverfahren wegen sexueller Übergriffe von Soldaten gibt. Dies sind heutige Beispiele patriarchaler Gewalt, die den meisten Menschen ganz normal vorkommen. Das Böse kann sich viel mehr in Systemen als in Individuen einnisten.

[37] Franz von Assisi: »Testament«, zitiert nach: *St. Francis of Assisi: Omnibus of Sources,* S. 67

[38] Thomas of Celano: »Second Life of St. Francis«, zitiert nach: *St. Francis of Assisi: Omnibus of Sources,* S. 102

[39] Vgl. mein Buch *Breathing Under Water: Spirituality and the Twelve Steps.* Cincinnati 2011 (dt. Ausgabe: *Zwölf Schritte der Heilung.* Freiburg 2013), Kapitel 5. Die äußerst wichtige Unterscheidung zwischen Gottes Rechtfertigung und der menschlichen Gerechtigkeit ist von großer Bedeutung für Kirche und Strafjustiz, wenn sie ihre besondere gesellschaftliche Rolle wiederfinden wollen.

[40] Papst Franziskus: *Evangelii Gaudium*

[41] Vgl. mein Buch *Zwölf Schritte der Heilung,* vor allem die Einleitung

[42] *Eight Core Principles.* (Albuquerque, N. M.: Center for Action and Contemplation, 2012)

[43] Richard Rohr: CD »Emotional Sobriety«. Albuquerque, N. M., Center for Action and Contemplation, 2012

[44] Zitiert nach Thomas of Celano: »First Life of St. Francis«, in: *St. Francis of Assisi: Omnibus of Sources,* S. 296

[45] Ebd., S. 494 f.

46 Zitiert nach Bonaventura: »The Journey of the Soul to God«, I, 9. New York 1978

47 Zitiert nach Thomas of Celano: »Second Life of St. Francis«, in: *St. Francis of Assisi: Omnibus of Sources,* S. 495

48 Dawn M. Nothwehr, O. S. F.: *Franciscan Theology of the Environment.* Cincinnati 2003. Dieses Buch ist die beste Einzelquelle und Zusammenfassung dessen, was ich in diesem Kapitel darzustellen versuche.

49 »Perugia-Legende« nach: »Legend of Perugia,« *St. Francis of Assisi: Omnibus of Sources,* S. 1055 f.

50 »Illuman« ist der Name einer Männergruppe, die aus meiner frühen Männerarbeit hervorging. Nähere Informationen unter: www.illuman.org

51 Roger D. Sorrell: *St. Francis of Assisi and Nature: Tradition and Innovation in Western Christian Attitudes toward the Environment.* New York 1968, S. 142 ff.

52 Ewert Cousins: *Bonaventure: The Soul's Journey to God.* New York 1978. Die Kapitel 1 und 2 nehmen ihren Ausgang in der sinnlich erfahrbaren Welt, Kapitel 3 und 4 führen uns zum Vertrauen in unsere innere Fähigkeit, die wir Seele nennen, und Kapitel 5 und 6 leiten uns ins reine Sein und in die Güte, die wir Gott nennen.

53 Cynthia Bourgeault: *The Holy Trinity and the Law of Three: Discovering the Radical Truth at the Heart of Christianity.* Boston 2013, S. 72

54 Das Seminar in Kirchengeschichte, das ich 1969 besuchte, endete mit den folgenden Worten unseres franziskanischen Geschichtsprofessors (der uns vier Jahre lang unterrichtet und in dieser Zeit gut auf die schockierende Aussage vorbereitet hatte): »Denken Sie daran, die christliche Kirche ist vermutlich viel mehr von Platon beeinflusst als von Jesus.« Wir wussten, dass das leider und tragischerweise der Wahrheit entsprach.

55 André Cirino und Josef Raischl (Hg.): *Franciscan Solitude.* St. Bonaventure, N. Y. 1995, S. 214 ff. Nahezu jede größere franziskanische Reform ging von einem Rückzug ins Eremitenleben aus, von immer neuen Entdeckungen des Gebets und seiner Tiefe. Das gilt auch für die Anfänge der Kapuziner. Es ist erstaunlich, wie viele heilige Mitbrüder als Eremiten lebten, bevor sie sich der Gemeinschaft anschlossen, oder aus der Gemeinschaft in die Einsamkeit zogen.

56 Lawrence Landini, O. F. M.: *The Causes of the Clericalization of the Order of Friars Minor.* Chicago 1968. Larry Landini war mein Lehrer, als seine bahnbrechende Doktorarbeit veröffentlicht wurde. Sie übte großen Einfluss auf viele von uns aus, als wir zu unseren Wurzeln als »Laienbrüder« zurückkehrten. Wir sind in erster Linie Brüder, einige von uns sind außerdem Priester. Das Priestertum ist für uns lediglich eine Rolle und Aufgabe, die uns den Zugang zu den Menschen erleichtert. Das macht einen großen Unterschied aus und bringt viele Gefahren mit sich. Ich glaube, dass dieser Ansatz das franziskanische Priestertum von anderen unterscheidet, obwohl einige Gemeinschaften, darunter die Marianische Kongregation, ähnlich denken.

57 G. K. Chesterton: *St. Francis of Assisi.* New York 2008, Kapitel 6

58 Zitiert nach Thomas of Celano: »Second Life of St. Francis«, in: *St. Francis of Assisi: Omnibus of Sources,* S. 211

59 *Perfectae Caritatis,* 2

60 Ein Großteil der derzeitigen Lebensschützerbewegung und der amerikanischen Tea Party repräsentieren Gruppen, die im Kern durchaus an die Wahrheit rühren, sie aber mit so viel zorniger, dualistischer, enger oder selbstgerechter Energie vorbringen, dass die ursprüngliche Botschaft überdeckt und der Zorn zur tatsächlichen Botschaft wird. Das führt dazu, dass sich bald weitere Menschen mit derselben negativen Energie dort versammeln, und so entsteht ein moralisch hochfahrender »hässlicher Moralismus«, das Gegenteil einer kontemplativen, christusförmigen Moral. Nur Menschen mit der Fähigkeit zur »Unterscheidung der Geister« (1. Korinther 12,10) können den subtilen und doch so entscheidenden Unterschied erkennen. Diese Geistesgabe entspricht letztlich dem, was wir Weisheit nennen.

61 Vgl. die Perugia-Legende

62 Mary Oliver: »Her Grave«, in: *Dog Songs.* New York 2013, S. 29

63 Vgl. mein Buch *Das Wahre Selbst.* Dies ist die Kernbotschaft des gesamten Buchs und letztlich die einzige Botschaft all meiner Bücher: Menschen erfreuen sich einer angeborenen, gottgegebenen Verbindung zu Gott, und das verändert alles. Vgl. auch Olivier Clément: *The Roots of Christian Mysticism: Texts from the Patristic Era with Commentary.* London 2002. Dieses Buch ist eine meisterhafte Sammlung von Quellen, die bisher im Westen weitgehend unbekannt waren.

64 Ich finde Ken Wilbers klare Unterscheidung zwischen Stufen und Zuständen sehr hilfreich. Man kann auf einer relativ hohen psychologischen, kulturellen, historischen Entwicklungsstufe leben, sich aber trotzdem in einem ziemlich dualistischen geistigen Zustand befinden (wie wir es bei gebildeten, aber antagonistisch eingestellten Menschen überall in der postmodernen Welt erleben). Andererseits kann man ein durchaus nicht-duales Bewusstsein haben, obwohl man auf der mythischen oder magischen Stufe lebt. Das erklärt auch, warum manche Heilige antisemitische oder kriegerische Neigungen zeigten, beispielsweise Johannes Capistrano oder Jeanne d'Arc. Sie waren persönlich durchaus liebevoll und heilig, aber in den Grenzen ihrer Herkunftskultur gefangen. Selbst Jesus zeigt solche Züge, wenn er die syrophönizische Frau als »Hund« bezeichnet (Markus 7,27). Gott sei Dank hält er dann inne und bittet sie um Verzeihung.

65 Vgl. mein Buch *Pure Präsenz.* Auf historischer, theologischer und psychologischer Ebene ist dies die Botschaft des Buches. In meinem Buch *Everything Belongs: The Gift of Contemplative Prayer* (New York 2003; dt. Ausgabe: Wer loslässt, wird gehalten: Das Geschenk des kontemplativen Gebets, München 2005 u. ö.) unterscheide ich zwischen kontemplativem und berechnendem Denken. Das berechnende Denken ist unsere übliche, egoistische Denkweise, die vom kleinen Selbst ausgeht.

66 Vgl. mein Buch *Reifes Leben,* vor allem die Einleitung

67 Bonaventura: *Itinerarium,* 3, 2; Augustinus: *De Trinitate,* 14,8, 11.

68 Vauchez: *Francis of Assisi,* S. 289, 292

69 Zitiert nach *St. Francis of Assisi: Omnibus of Sources,* S. 74

70 Landini: »The Causes of the Clericalization of the Order of Friars Minor«

71 Vauchez: *Francis of Assisi,* S. 324 ff.

72 Die Fraticelli (»Kleine Brüder«) oder »spirituellen« Franziskaner waren extreme Vertreter der Ordensregel, vor allem im Hinblick auf das Thema Armut. Sie betrachteten den Reichtum der Kirche als skandalös und gerieten so in offenen Widerspruch zu einigen kirchlichen Autoritäten. Im Jahr 1296 wurden sie von Papst Bonifaz VIII. (der selbst auch nicht gerade orthodox war) zu Ketzern erklärt.

73 Vauchez: *Francis of Assisi,* S. 200 ff.

74 Ich schreibe dies am 2. August 2013, am Fest der Portiuncula. An

diesem Tag bezahlen wir Franziskaner zum 804. Mal unsere Miete an die Benediktiner für das kleine Stück Land. Ich frage mich, was passieren würde, wenn sie es zurückforderten? Dann würden wir feststellen, ob wir es »besitzen«.

75 Cynthia Bourgeault: *The Holy Trinity and the Law of Three.* Dieses wichtige Buch wird Ihnen helfen zu erkennen, wie viele Folgen unsere Vorstellung von der Dreieinigkeit nach sich zieht und warum jede Zweiervorstellung in sich antagonistisch ist, bis wir ein versöhnendes Drittes einführen. Platon sagt in seinem triadischen Prinzip (Timäus, 31 v. Chr.) genau dasselbe. »Es ist unmöglich, dass zwei Dinge sich verbinden ohne ein drittes. Es braucht eine Verbindung zwischen den beiden.« Das klingt nach einer strengen Forderung nach dem, was wir Christen den Heiligen Geist nennen.

76 In Richard Rohr & John Feister: *Hope Against Darkness: The Transforming Vision of Saint Francis in an Age of Anxiety* (Cincinnati 2001), S. 109 ff. habe ich zum ersten Mal versucht, den dritten Weg des Franziskus zu erklären.

77 Zitiert nach Thomas of Celano: »Second Life of St. Francis«, in: *St. Francis of Assisi: Omnibus of Sources,* S. 397

78 Zitiert nach *St. Francis of Assisi: Omnibus of Sources,* Admonition 20. Bonaventura erwähnt, dass Franziskus dies ständig wiederholte.

79 Zitiert nach St. Francis of Assisi: »The Writings of St. Francis«, in: *St. Francis of Assisi: Omnibus of Sources,* S. 57–64

80 Ebd., S. 65–70

81 Vauchez: *Francis of Assisi,* S. 105

82 Nachdem Papst Gregor IX. 1230 in seiner Bulle *Quo Elongati* erklärte, Franziskus' Testament hätte keinerlei juristische Bedeutung, haben wir diesen juristischen Ansatz auf alles angewendet. Wenn der Papst etwas nicht von uns verlangt, kann es nicht so wichtig sein. Ungefähr so ging es auch mit einem Großteil der Lehre Jesu: »Wenn man es nicht messen oder erzwingen kann, ist es nicht wirklich nötig oder wichtig«, glauben wir.

83 Die scholastische Theologie des 13. Jahrhunderts ging so vor, dass sie die *question* stellte und weiter verfeinerte. Dann wurden unterschiedliche Antworten angenommen, wie wir es in Petrus Lombardus' berühmtem *Sic et Non* sehen, das bei den gelehrten drei bis vier Jahrhunderte lang im Schwange war. Auf diese Weise wurde

das Geheimnis Gottes in einer nicht-fundamentalistischen Weise diskutiert. Nach dem 16. Jahrhundert gingen alle zu einer eher verteidigungsbereiten Haltung über. Man selbst wollte absolut recht haben, die anderen mussten absolut irren – und am Ende waren alle leider ziemlich aggressiv. Vgl. dazu auch mein Buch *Pure Präsenz,* Kapitel 6.

84 In Kapitel 5 der Regel von 1221 heißt es, kein Bruder müsse gehorchen, wenn ihm ein Geistlicher etwas befiehlt, was der franziskanischen Lebensweise oder seinem eigenen Gewissen widerspreche (zitiert nach: »The Writings of St. Francis«, in: *St. Francis of Assisi: Omnibus of Sources,* S. 35). In Kapitel 10 der Regel von 1223 wird diese Bestimmung leicht variiert. Dies ist in keiner Weise typisch für das 13. Jahrhundert, sondern geradezu revolutionär.

85 *Evangelii Nuntiandi*

86 Da ich kein Forscher und kein Teil der akademischen Diskussion bin, folgen hier einige Literaturhinweise, die meine These der alternativen Orthodoxie viel besser und mit mehr Autorität darstellen können als ich. Ich hoffe, Sie erkennen daran, dass es sich nicht nur um meine eigene Idee handelt, sondern um Gedanken, die in der traditionellen franziskanischen Tradition, aber auch in der ewigen Tradition des Christentums weithin vertreten werden. Der franziskanische Weg ist in radikaler Weise traditionell, was ihn ironischerweise ziemlich radikal wirken lässt. Die hier genannten Theologen sind für die franziskanische Forschung das, was die Bibelforscher des 20. Jahrhunderts für unser kritischeres, textgetreueres Verständnis der Heiligen Schrift waren: Sie versorgen uns mit einer klaren Hermeneutik, sodass wir die Texte in einem kritischen, historischen Kontext interpretieren können: *The Franciscan Heritage Series.* St. Bonaventure, N. Y., o. J.; *The History of Franciscan Theology,* hg. von Kenan B. Osborne, O. F. M. St. Bonaventure, N. Y. 2007

87 Wiedergegeben nach »Letter to a Minister«, in: Regis J. Armstrong: *Francis of Assisi: Early Documents, Vol. 1, The Saint.* New York 2000, S. 97

88 Thomas of Celano: »Second Life of St. Francis«, in: *St. Francis of Assisi: Omnibus of Sources,* S. 481 f.

89 Ein Bibelwissenschaftler hat mir gezeigt, dass Lukas, wenn er das Wort »Menge« oder ähnliches in seinem Evangelium benutzt, immer diejenigen meint, die falsche Ansichten vertreten oder alles missverstehen.

90 Richard Rohr: *Adam's Return: The Five Promises of Male Initiation.* New York 2004, S. 92–104 (dt. Ausgabe: *Endlich Mann werden.* München 2009). Unter Initiation verstehe ich alle Phänomene, Rituale oder Fakten, die einen Menschen in die Wahrnehmung der inneren Präsenz, des göttlichen Geheimnisses oder der Transzendenz führen. Es muss sich nicht um eine Öffnung in Richtung Religion handeln, wird aber immer eine Initiation hin zum »Geist« und zur Realität der geistlichen Welt sein.

91 Michio Kaku & Jennifer Trainer Thompson: *Beyond Einstein: The Cosmic Quest for the Theory of the Universe.* New York 1995, S. 111f. Ich habe Michio bei zwei Konferenzen zum Thema Naturwissenschaft und Bewusstsein gehört – er ist ein ausgezeichnetes Beispiel dafür, wie fein die Linie zwischen mystischer Religion und guter Naturwissenschaft geworden ist. Dabei benutzt er fast keine direkt religiöse Sprache.

92 Thomas of Celano: »Second Life of St. Francis«, in: *St. Francis of Assisi: Omnibus of Sources,* S. 481f.

93 Vgl. mein Buch *Reifes Leben,* Kapitel 3

94 Spiraldynamik und Integrale Theorie sind zwei Begriffe für neuere Versuche, die Entwicklung des Bewusstseins nachzuvollziehen. Ich finde sie beide sehr hilfreich und nah an meiner begrenzten Erfahrung. Autoren wie Clare W. Graves, Ken Wilber, Don Beck, Robert Kegan und Jean Gebser greifen aus unterschiedlichen Richtungen auf diesen sehr hilfreichen Ansatz zurück.

95 Vgl. »The Writings of St. Francis«, in: *St. Francis of Assisi: Omnibus of Sources,* S. 62

96 Vgl.mein Buch *Zwölf Schritte der Heilung*

97 Zitiert nach Christian Raab & Harry Hagan (Hg.): *The Tradition of Catholic Prayer.* Collegeville, Minn. 2007, S. 121

98 Joseph F. Schmidt, F. S. C.: *Walking the Little Way of Thérèse of Lisieux: Discovering the Path of Love.* Frederick, Md. 2012), S. 135ff. Trotz aller Versuche, diese moderne Heilige zu sentimentalisieren, kann Bruder Joe Schmidt zeigen, wie rigoros und echt ihre »Wissenschaft der Liebe« wirklich ist. Thérèse ist für mich ein Archetyp des Heiligen: Sie strebt kein heldenhaftes Martyrium oder irgendeine Art von Askese an, sondern gibt sich vollkommen der Kunst der Liebe hin – zu Gott und ihrem Nächsten. Ihr »kleiner Weg« ist so nah an einer modernen Wiederentdeckung von Franziskus' »Integration des Negativen« wie er nur sein kann, vor allem weil sie

Alltagspsychologie und Innerlichkeit in die äußerlichen »Armuts«-Begriffe von Franziskus und Clara hineinbringt. Als Karmeliterin entdeckte sie den franziskanischen Impuls praktisch auf eigene Faust und nennt ihn gerade deshalb »neu«. Für die meisten von uns ist er das ja auch.

99 Zitiert nach Richard Rohr & Joseph Martos: *Why Be Catholic?: Understanding Our Experience and Our Tradition.* Cincinnati 1990, S. 127

100 Vgl. mein Buch *Reifes Leben,* Einleitung

101 Zitiert nach Thomas Gilgut: *A Spiritual Guide for Today: The Path to Real Happiness.* Indianapolis 2010, S. 15

102 Richard Rohr: »The Art of Letting Go: Living the Wisdom of Saint Francis« 6 CDs

103 Richard Rohr: »Francis: Turning the World on its Head: Subverting the Honor/Shame System« CD

104 Zitiert nach *Newsweek* 113, S. 105

105 Chris Ellery: »The Nativity of John the Baptist«: Abdruck mit freundlicher Erlaubnis des Autors

106 Zitiert nach Arthur L. Clements: *Poetry of Contemplation: John Donne, George Herbert, Henry Vaughan and the Modern Period.* Albany, N. Y. 1990, S. 51

107 Jacques Dalarun; *Francis of Assisi and the Feminine.* St. Bonaventure, N. Y. 2006, S. 127–154

108 Vauchez: *Francis of Assisi,* S. 309 ff.

109 So drücke ich es aus, aber natürlich gibt es viele bessere Möglichkeiten. Sie können mir auch komplett widersprechen und Ausnahmen zu diesen allgemeinen »Prinzipien« finden. Aber die Notwendigkeit, der Plan und die Entschlossenheit, anderen nachzuweisen, dass sie Unrecht haben, das dualistische Denken, wie ich es nenne, ist eine Übertreibung des Männlichen, die im Übrigen auch bei vielen Frauen zu finden ist, während viele Männer sie gar nicht zeigen. Mir geht es hier um innere, seelische Prinzipien, nicht um geschlechtsspezifische Identifikationen. Und es geht um die Ergänzung, das Paradox, das den Kern jeder sexuellen Anziehung und aller biologischen Reproduktion bildet – und im Übrigen auch der Sprache.

110 Karl Stern: *The Flight From Woman.* New York 1965, S. 140 ff. (dt. Ausgabe: *Die Flucht vor dem Weibe,* 1968)

111 Bill Plotkin: *Nature and the Human Soul: Cultivating Wholeness*

and Community in a Fragmented World. Novato, Cal. 2008. Ich habe gemeinsam mit Bill unterrichtet; er verkörpert eine ganz besondere, anziehende Art der inkarnatorischen Spiritualität.

112 Leonardo Boff: *Saint Francis: A Model for Human Liberation.* New York 1984, Kapitel 1

113 Zitiert nach Jordan of Giano: *Chronicle: XIII Century Testimonies.* Chicago 1961, Kapitel 8 und 24

114 Arnaldo Fortini: *Francis of Assisi.* New York 1992. Diese Biografie ist besonders hilfreich und informativ, weil Fortini uns Zugang zu der tatsächlichen sozialen, politischen, ökonomischen und religiösen Geschichte der Lebenszeit von Franziskus und Clara verschafft. Es war eine Zeit unaufhörlicher Gewalt und ständiger Klassenkämpfe. Die Aufzeichnungen zeigen, dass Franziskus' Vater tatsächlich ein ausgesprochen gieriger Mann war. Das erklärt Franziskus' radikale Reaktion, die früher immer romantisiert wurde.

115 Die heilenden Soziodramen Jesu fanden in zwei unterschiedlichen Umgebungen statt. Auf der einen Seite gibt es das Mahl aus Brot und Wein, ein Ritual der Heilung, Vergebung und Gemeinschaft auf der Grundlage des Pessachmahls. Einige sprechen in diesem Zusammenhang vom Herrenmahl. Hier ist uns seine reale Gegenwart versprochen. Das zweite, das weitgehend vergessene Mahl mit Brot und Fischen, wird in der Heiligen Schrift genauso ausführlich dargestellt wie das Mahl aus Brot und Wein. Das Essen von Brot und Fisch war ein Mahl, zu dem jeder etwas mitbrachte, eine Möglichkeit, die Armen zu versorgen und Außenstehende einzuschließen. Allerdings konnte es wohl auch missbraucht werden (vgl. 1. Korintherbrief 11,17–22). Die Ältesten, die bald darauf Priester genannt wurden, übernahmen das Mahl aus Brot und Wein, während die »bloßen Diakonen« für das zweite Mahl zuständig waren (Apostelgeschichte 6,1–4). Mit der Zeit geriet es in Vergessenheit, ebenso wie das Ritual der Fußwaschung (vgl. Johannes 13,14 f., wo es ziemlich klar als Sakrament eingesetzt wird). Ziehen Sie daraus Ihre eigenen Schlüsse. Aber es scheint doch so zu sein, als hätte sich unsere selektive Wahrnehmung auf die Sakralisierung konzentriert, auf die Einengung der »Präsenz« und auf ein deutliches Elitedenken, weg von allem Gewöhnlichen, Inklusiven, Egalitären. Alles Dinge, vor denen sich Patriarchen und aufstrebende Matriarchen fürchten.

116 Der Rest dieses Kapitels entstammt meiner unveröffentlichten

Bachelor-Arbeit, die ich 1966 schrieb. Darin geht es um die Unterscheidung des Franziskanismus von den älteren monastischen Formen des religiösen Lebens. Ich habe versucht zu zeigen, dass diese älteren Formen stärker patriarchalisch geprägt waren, sowohl strukturell als auch in ihrem Gottesbild. Sie spiegelten ihre Entstehungszeit, in der Geschichte des Christentums, während Franziskus seiner eigenen Zeit Jahrhunderte voraus war.

117 Vgl. Erich Fromm: *The Art of Loving.* New York 1956, S. 67 ff. (dt. Original: *Die Kunst des Liebens.* Frankfurt/M. 1956 u. ö.)

118 Vgl. ebd.

119 Zitiert nach »Legend of the Three Companions«, in: *St. Francis of Assisi: Omnibus of Sources,* S. 948 f.

120 Zitiert nach »The Writings of St. Francis«, in: *St. Francis of Assisi: Omnibus of Sources,* S. 40

121 Ebd., S. 72 ff.

122 Ebd., S. 37

123 Regis J. Armstrong: *Clare of Assisi, The Lady: Early Documents.* New York 2006

124 Marco Bartoli: *St. Clare: Beyond the Legend.* Cincinnati 2010. Ich habe lange auf ein solches Buch gewartet und bin nicht enttäuscht worden. Bartoli gelingt es, Clara in ihren echten historischen und kulturellen Kontext zu stellen, sodass ihr radikaler Glaube und ihre Tugend noch stärker hervortreten.

125 Ebd., Kapitel 3 und 9. Beide Kapitel zeigen, dass Franziskus und Clara absichtlich ihre gesellschaftliche Schicht verließen, auf eigene Gefahr und gegen den starken Widerstand ihrer Familien. Armut war für sie nicht nur eine private Tugend, sondern es ging um einen Wechsel der Solidarität und Loyalität mit klaren gesellschaftlichen Auswirkungen.

126 Vauchez: *St. Francis of Assisi,* S. 292–296

127 Bartoli: *St. Clare, Beyond the Legend,* S. 114

128 Armstrong: *Clare of Assisi, Early Documents,* »Third Letter to Agnes of Prague«, S. 51

129 Ebd.

130 Armstrong: *Clare of Assisi, Early Documents,* »Fourth Letter to Agnes of Prague,« S. 55

131 Ebd., S. 55 f.

132 Vgl. meine Bücher *Pure Präsenz* und *Das Wahre Ich.* Tatsächlich handelt es sich um die Kernaussage mehrerer meiner Bücher,

aber in den Aussagen von John Main, Thomas Keating, Cynthia Bourgeault und Laurence Freeman kommt sie noch viel stärker zum Ausdruck.

133 Vgl. das vierte Kapitel des Lebens von Teresa von Ávila

134 Ich bin nicht sicher, ob etwas Derartiges in einem der Evangelien erwähnt wird. Hier spielten wohl die kulturellen Rollenbilder des 13. Jahrhunderts eine Rolle. Es war so etwas wie eine christliche Form der muslimischen Burka und ließ eine ähnlich rätselhafte Aura entstehen.

135 Darleen Pryds: *Women of the Streets: Early Franciscan Women and their Mendicant Vocation.* St. Bonaventure, N. Y. 2010. Eine faszinierende Studie des gesamten Kontext, in dem Frauen während des 13./14. Jahrhunderts im katholischen Europa leben mussten.

136 Vgl. mein Buch *Reifes Leben,* Kapitel 9

137 Papst Alexander IV: »Clare Claris Praceclara« (#4 in *Franciscan Historical Archives,* #13 in Latein).

138 Wilber: *One Taste,* S. 85

139 Ingrid J. Peterson, O. S. F.: *Clare of Assisi: A Biographical Study.* Quincy, Ill. 1993, S. 347

140 Dies waren ihre letzten aufgezeichneten Worte in den ersten Quellen.

141 Thomas of Celano: »Second Life of St. Francis«, in: *St. Francis of Assisi: Omnibus of Sources,* S. 388

142 Kathleen Warren: *In the Footsteps of Francis and the Sultan: A Model for Peacemaking.* Rochester, Minn. 2013; Paul Moses: *The Saint and the Sultan: The Crusades, Islam, and Francis of Assisi's Mission of Peace.* New York 2009; George Dardess & Marvin L. Krier Mich: *In the Spirit of St. Francis and the Sultan.* Maryknoll, N. Y. 2011

143 Es stellt sich die Frage, ob es eine Verbindung zwischen den Kreuzzügen und der Spaltung zwischen Rom und Konstantinopel 1054 gibt. Die Ostkirche wurde zu unserem entfremdeten Bruder, unserem »Feind« – auf einigen Ebenen ist das bis heute so.

144 Thomas of Celano: »The Second Life of St. Francis«, in: *St. Francis of Assisi: Omnibus of Sources,* S. 389

145 Ebd., S. 388

146 Regel von 1221, zitiert nach: *St. Francis of Assisi: Omnibus of Sources,* S. 47

147 Richard Rohr & Andreas Ebert: *The Enneagram: A Christian Per-*

spective. New York 2001, S. 14ff. (dt. Ausgabe: *Das Enneagramm. Die 9 Gesichter der Seele.*) Ich bin persönlich überzeugt, dass der Selige Raymond Lull, der wohl auch Kontakt zur Sufi-Schule der geistlichen Begleitung und zur jüdischen Kabbala hatte, versuchte, eine brauchbare, gemeinsame Sprachregelung für Christen, Muslime und Juden zu finden. Ein Werkzeug vom Typ Enneagramm verschaffte ihm diese neutrale, aber spirituelle Sprache, von der er hoffte, alle drei Religionen könnten sie respektieren. Seine neun Namen Gottes und neun Tugenden sind in der Einleitung unseres Buchs aufgelistet und stimmen gut mit der Vorstellung des Enneagramms von den neun wichtigsten Tugenden und Lastern überein.

148 Thomas of Celano: »The Second Life of St. Francis«, in: *St. Francis of Assisi: Omnibus of Sources,* S. 389

149 »The Writings of St. Francis«, in: *St. Francis of Assisi: Omnibus of Sources,* S. 43f.

150 Bonaventura: Predigt zum ersten Fastensonntag

151 Étienne Gilson: *The Philosophy of St. Bonaventure.* New York 1938, S. 494

152 Zitiert nach Cousins: *The Soul's Journey to God,* 7, 6

153 Zitiert nach *The Works of St. Bonaventure, Hexaemeron,* 3, 2. Paterson, N. J. 1960

154 Denis Edwards: *The God of Evolution: A Trinitarian Theology.* New York 1999. Dies ist ein Beispiel unter vielen für die Annäherung von Physik und Theologie, in diesem Fall sogar trinitarischer Theologie. Denis Edwards ist ein australischer Priester und Forscher. Er hat diese Vorstellungen in mehreren guten Büchern ausführlich behandelt, die ich allesamt sehr empfehlen kann. Vgl. auch John Polkinghorne: *Science and the Trinity: The Christian Encounter with Reality.* New Haven, Conn. 2004, ein ähnlich wunderbares Buch.

155 Ewert Cousins: *Bonaventure and the Coincidence of Opposites.* Chicago 1978

156 Ilia Delio, O. S. F.: *Simply Bonaventure: An Introduction to His Life, Thought, and Writings.* New York 2001, S. 12 und an vielen anderen Stellen. Delio stimmt Cousins's These vom Zusammenspiel der Gegensätze als zentrales Thema zu. Auch für ihn ist das Kreuz ein »Mandala der Verwandlung«.

157 Zitiert nach Cousins: *The Soul's Journey to God,* I, 16

[158] Vgl. mein Buch *Das Wahre Selbst.* Ich versuche dort zu klären, was wir mit »Wahres Selbst« und »falsches Selbst« meinen. Wir müssen von einer »Theologie der Identität« ausgehen, bevor wir uns in die Moraltheologie oder in Erlösungstheorien stürzen. Sonst kommen wir nie zu unserer innersten Identität zurück.

[159] Vgl. Landini, vor allem S. 138–142

[160] Moses: *Francis and the Sultan,* S. 5 f., 197 ff.

[161] George H. Tavard: *From Bonaventure to the Reformers.* Milwaukee 2005

[162] Cousins: *Bonaventure and the Coincidence of Opposites,* S. 255 ff.

[163] Zachary Hayes, O. F. M.: *The History of Franciscan Theology.* St. Bonaventure, N. Y., Kapitel 2. Hayes bietet die beste zusammenfassende Monografie über Bonaventuras Denken, die ich kenne. Bonaventura lehrt und verkörpert nicht-duales Bewusstsein.

[164] Ken Wilber: *A Brief History of Everything.* Boston 1996, S. 19 ff. und öfter (dt. Ausgabe: Eine kurze Geschichte des Kosmos). Wilber geht von Arthur Koestlers Begriff aus, um etwas zu beschreiben, was gleichzeitig »ein Ganzes und ein Teil« ist. Benoit Mandelbrot hat mit seinen »Fraktalen« 1975 annähernd dasselbe getan.

[165] Mary Beth Ingham: *Scotus for Dunces: An Introduction to the Subtle Doctor.* St. Bonaventure, N. Y. 2003. Ein leicht zugänglicher, gut lesbarer Text für Menschen von heute, die sich nicht unbedingt durch den schwierigen lateinischen Scotus kämpfen wollen.

[166] Wir wissen wenig über Scotus' persönliches Leben, aber seine Hingabe an das große Ganze und das allgemeine Gute offenbart, dass er sich über Ego- und Stammesdenken in ein kosmisches Denken hinausbewegt hatte. Gleichzeitig transzendiert er auf geniale Weise das Individuum, und schließt es gleichzeitig ein. Ken Wilbers Integrale Theorie und viele andere Entwicklungstheorien gehen gemeinsam davon aus, dass wir in dieser Richtung wachsen: egozentrisch → seelenzentriert → kosmisch. Die größte Aufgabe besteht darin, Menschen über das Egodenken der ersten Stufe hinauszubringen.

[167] Wiman, S. 121

[168] Ich hatte das Privileg, am 4. August 1969 anlässlich der Indianischen Rituale in Santo Domingo Pueblo, New Mexico, den scholastischen Philosophen Josef Pieper kennenzulernen. Er erzählte mir, dass er dies in einem seiner Bücher geschrieben habe. Ich stimme ihm voll und ganz zu.

[169] Vgl. mein Buch: *Ins Herz geschrieben: Die Weisheit der Bibel als spiritueller Weg.* Freiburg 2007, Kapitel 7 bis 9. Hier beschäftige ich mich mit den biblischen Themen, die zur Satisfaktionslehre geführt haben.

[170] Vgl. mein Buch *From Wild Man to Wise Man: Reflections on Male Spirituality.* Cincinnati 2005 (dt. Ausgabe: *Vom wilden Mann zum weisen Mann.* München 2006), vor allem die Kapitel über die Vaterwunde und den Vaterhunger.

[171] Vgl. meine Ausführungen in *Zwölf Stufen der Heilung* zum Opfermythos

[172] Gerard Manley Hopkins: »Duns Scotus' Oxford«, in: *Poems and Prose.* New York 1985, S. 40

[173] Wiman, S. 23. Dies ist eines der tiefgründigsten Bücher, die ich in den letzten Jahren gelesen habe, allerdings keine leichte Kost. Ich lese immer wieder darin, weil ich seine inkarnatorische Klugheit so sehr schätze.

[174] Thomas of Celano: »The First Life of St. Francis«, *St. Francis of Assisi: Omnibus of Sources,* S. 254 ff.

[175] Zitiert nach »Little Flowers«, in: *St. Francis of Assisi: Omnibus of Sources,* S. 1322

[176] Zitiert nach Paul Tillich: *A History of Christian Thought.* New York 1967, S. 182

[177] George Weigel: *Tranquillitas Ordinis: The Present Failure and Future Promise of American Catholic Thought on War and Peace.* New York 1987

[178] Alfred North Whitehead: *Science in the Modern World.* New York 1925, S. 223

[179] Viele entwicklungspsychologische Darstellungen des 20. Jahrhunderts kommen zusammen in dem Stufenmodell von Clare Graves und Chris Cowan, das bei Ken Wilber als »Spiraldynamik« oder »Integrale Theorie« bezeichnet wird. Ich werde diesem Ansatz hier nicht auch nur ansatzweise gerecht, wende ihn aber auf ganz einfache Weise im Bereich der geistlichen Begleitung an, vgl. Anhang 1 in meinem Buch *Pure Präsenz.*

[180] Vgl. mein Buch *Reifes Leben.* In der ersten Lebenshälfte bauen wir den Behälter; um den Inhalt geht es erst später.

[181] Zitiert nach Adolf Holl: *The Last Christian.* New York 1980, S. 1 ff. (dt. Original: *Der letzte Christ.* Reinbek 1979) Diese kontroverse Franziskus-Biografie hat nach wie vor mehr Aufmerksamkeit ver-

dient, als man ihr von christlicher und franziskanischer Seite zubilligt.

182 Vgl. mein Buch *Das Wahre Selbst,* Vorwort

183 Wiman, S. 121

184 Wiman, S. 21 ff.

185 Vgl. mein Buch *Wer loslässt, wird gehalten.* Dort geht es nicht zuletzt um die Unterscheidung zwischen »berechnendem Wissen« und »kontemplativem Wissen«. Kontemplation ist eine alternative Form von Bewusstsein, die wir heute bewusst erlernen müssen, weil sie nicht mehr auf natürliche Weise zu unserer überstimulierten, von To-Do-Listen geprägten Kultur passt.

186 Nancy K. Morrison & Sally K. Severino: *Sacred Desire: Growing in Compassionate Living.* West Conshohocken, Penn. 2009. Die beiden Forscherinnen aus unserer Nachbarschaft zeigen die neuronalen Grundlagen von Liebe und Heiligkeit auf.

187 Vgl. mein Buch *Das Wahre Selbst.* Meine ursprüngliche Absicht bei diesem Buch war ein Versuch, die vielen Bibelstellen über die neue Präsenz zusammenzustellen, die die ersten Christen als den Auferstandenen Christus bezeichneten. Der Auferstandene ist die göttliche Präsenz außerhalb aller Grenzen von Raum und Zeit. Der ewige Christus ist in einer persönlichen Form erschienen, die Menschen kennen und lieben können: als Jesus. Die Auferstehung ist nicht so sehr ein Wunder und auch keine Wiederbelebung, sondern die Offenbarung von etwas, was immer wahr gewesen ist und immer wahr sein wird.

188 Richard Rohr: *Great Themes of Paul: Life as Participation,* CD. Viele Christen mögen oder verstehen Paulus nicht, und man kann ihn nicht schätzen, wenn man nicht wenigstens zum Teil seine nicht-duale Liebe zum historischen Jesus innerhalb des größeren, ewigen Christus teilt. Wenn man es einmal begriffen hat, stellt es das gesamte Denken auf den Kopf.

189 Amos Smith: *Healing the Divide: Recovering Christianity's Mystic Roots.* Eugene, Ore. 2013. Ich habe mit Freuden ein Nachwort zu dieser schönen Abhandlung geschrieben, weil ich glaube, Smith stellt darin die Dynamik wieder her, die wir brauchen, um die zwei Naturen Christi zu verstehen. Wir haben dieses Verständnis verloren und müssen es zurückgewinnen.

190 »The Dry Salvages«, V. (hier zitiert nach der dt. Ausgabe: T. S. Eliot: *Gesammelte Gedichte.* Frankfurt/M. 1988, S. 316–319)

[191] Ilia Delio: *Christ in Evolution.* Maryknoll, N. Y. 2008): *The Emergent Christ.* Maryknoll, N. Y. 2011; *The Unbearable Wholeness of Being.* Maryknoll, N. Y. 2013. Ilia Delio ist Franziskanerin und Theologin. Sie hat die Fähigkeit, eine solide Tradition in die heutige Zeit zu übersetzen und ihr revolutionäres Potenzial zu offenbaren. Genau so soll es sein. Teilhard de Chardin ist hier der große Prophet, aber nur wenige haben seine Bedeutung vorhersehen können.

[192] Vgl. mein Buch *Das Wahre Selbst,* Kapitel 6, vor allem die erste Definition von »katholisch« von St. Vincent de Lerin

[193] Clément: *The Roots of Christian Mysticism.* Dieses Meisterstück müsste viel bekannter sein. Es bringt Originalquellen und einen gründlichen Kommentar zu den frühen Kirchenvätern die die Vergöttlichung noch verstanden und lehrten, aber weitgehend im Osten lebten, sodass sie uns nach dem Schisma von 1054 verloren gingen. In den Priesterseminaren der Westkirche wurde ihre Weisheit nie gelehrt, entsprechend überraschend wirken sie auf die meisten von uns.

[194] Auf der CD »The Divine Dance« habe ich einen schwachen Versuch unternommen, die wunderbaren, Seele und Geist erweiternden Auswirkungen der Trinität zu erklären.

[195] »Die Kirche, die seit Abel existiert«: Das erste Opfer, dessen Opfer Gott wohlgefällig ist – ein sehr anziehender, sprechender Begriff, den Augustinus, Johannes Damascenus und Gregor der Große benutzt haben und der vom Zweiten Vatikanischen Konzil wieder aufgegriffen wurde, nicht zuletzt in *Lumen Gentium,* 2. Natürlich gab es die offizielle Kirche noch nicht, aber das Opfer »schreit zu Gott« (Genesis 4,10), und damit ist das ewige Mysterium der Kirche bereits begründet.

[196] Khalil Gibran: *Der Prophet.* Freiburg 2002

[197] Wenn ich von einer gestaltlosen, nicht-dualen Mystik spreche, beziehe ich mich auf Leute, die eine radikale Vereinigung mit der Realität und dem Mysterium erleben, aber nicht unbedingt den Begriff Gott dafür verwenden oder Gott persönlich anreden. Deistische Mystik ist normalerweise personal und gibt Gott einen Namen und ein Bild. Alle monotheistischen Religionen haben aber auch die Tür für eine gestaltlose Mystik geöffnet: das Judentum mit seinem Verbot, den Namen Gottes auszusprechen; das Christentum, indem Vater und Heiliger Geist gestaltlos blieben;

der Islam mit dem Bilderverbot. Trotzdem lehnen sie Gott als Person nicht ab, sondern führen diese Idee ein und bestätigen sie.

198 David Brooks: *The Social Animal: The Hidden Sources of Love, Character, and Achievement.* New York 2012. Ein sehr gut geschriebenes, fesselndes Buch von einem wahrhaften Konservativen, der uns die Hybris nimmt, wir hätten uns selbst erfunden oder seien Menschen, die zu einer vollkommenen intellektuellen Faktensicherheit in der Lage wären.

199 Dies ergibt sich notwendig aus der christlichen Trinitätslehre, die allen Dingen Gestalt gibt. Vgl. meine CD »The Divine Dance« und »The Shape of God«, gemeinsam mit Rev. Cynthia Bourgeault (beide erhältlich über das Center for Action and Contemplation, Albuquerque, N. M.). Wenn Sie die Trinität einmal verstanden haben und Ihre anti-christlichen Vorurteile überwinden, sehen Sie das große Muster der Wirklichkeit und seine Wurzeln.

200 Martin Bubers Klassiker *Ich und Du* liegt in vielen Ausgaben vor (in Deutschland am verbreitetsten ist die Reclam-Ausgabe, Stuttgart 1995 u. ö.; Anm. d. Übs.). Es ist für mich eins der wichtigsten Bücher, die ich kenne, nicht nur, um die Offenbarung der Bibel zu verstehen, sondern auch in Bezug auf menschliche Beziehungen. Dieser jüdische Philosoph und Weise spricht von der Ich-Es-Beziehung als der üblichen funktionalen, opportunistischen Beziehungsweise, die im Alltag notwendig ist. Sie ist weder gut noch schlecht, einfach notwendig. Die wesentlich höhere Ich-Du-Beziehung offenbart sich in vielen Sprachen durch die zwei Arten der Anrede in der zweiten Person. Viele Sprachen verfügen über eine Alltagsform und eine Form, mit der wir Menschen ehren, die uns nahe sind, die etwas Besonderes darstellen oder eine spezielle Würde haben. Auch im Englischen gab es diese zwei Formen: »you« und »thou«. Lange Zeit gab es das »thou« nur noch im Gebet als Anrede Gottes, und auch da ist es inzwischen ausgestorben.

201 Ich würde Ihnen gern die Litanei zum Heiligen Geist anbieten, die ich während einer langen Eremitenerfahrung im Jahr 2007 geschrieben habe. Darin werden 65 Metaphern für Gott verwendet, allesamt Einladungen zur Hingabe und Begegnung: personale, energetische, konzeptuelle, poetische, physische und theologische Bilder (vgl. *Pure Präsenz,* Anhang 3). Wenn eine davon ihren inneren Raum öffnet, so wie es mir in dieser Zeit erging, dann sollte mich das sehr freuen.

202 Catherine Mowry LaCugna: *God for Us: The Trinity and Christian Life.* San Francisco 1991. Viele halten dieses Buch für die beste systematische Untersuchung der Trinität in unserer Zeit. Ohne eine gewisse trinitarische Gottesvorstellung, die personal ist in dem Sinne, wie wir es hier definiert haben – als Innerlichkeit, die immer Liebe verströmt – kommen wir immer wieder zu den alten, müden Gottesbildern zurück und reagieren dagegen. Das lateinische Wort für Gott, »Deus«, stammt von dem griechischen Gott Zeus, der dafür bekannt war, dass er Blitze schleuderte. Viele Kulturen kehren zu solchen patriarchalischen Bildern zurück, wenn sie kein offenes Mysterium kennen wie die Trinität, die das Geheimnis gleichzeitig verhüllt und offenbart.

203 Vgl. *Pure Präsenz,* Kapitel 2. Der heilige Name Jahwe darf nicht ausgesprochen werden, er kann nur ein- und ausgeatmet werden.

204 Helen Buss Mitchell: *Roots of Wisdom: A Tapestry of Philosophical Traditions.* Stanford, Conn. 2010, S. 310

205 Zitiert nach: George S. Lensing: *Wallace Stevens and the Seasons.* Baton Rouge, La. 2004, S. 151

206 »Die Heilige Schrift, gemessen an der eigenen Erfahrung, und die Erfahrung, gemessen an der Tradition, sind gute Maßstäbe für die spirituelle Weltanschauung.« So lautet das erste methodische Prinzip der *Rohr Institute Living School* (siehe www.cac.org).

207 Wiman, S. 27. Ich stelle immer wieder fest, dass Dichter und Mystiker besonders fähig sind, ihre eigene innere Erfahrung einzuschätzen, wie Wiman hier beschreibt: »Unser Ziel sollte es sein, ein Bewusstsein zu entwickeln und zu verfeinern, dass die kleinsten Veränderungen im Empfinden, Fühlen, Glauben, im Selbst wahrnimmt. Erst wenn wir die Veränderungen wahrnehmen, die sich ständig in uns vollziehen, erst wenn wir die Erfahrung in unserem Innenleben spielen lassen wie auf einem gut gestimmten Instrument – erst dann können wir versuchen, innere Intensität aus dem Außen zu ziehen.« Ich glaube, Wiman spricht damit einen wichtigen Grund für den kulturellen Niedergang unserer Zeit an, für Suchtkrankheiten und Leere. Wir leben in einer vollkommen extrovertierten Kultur, und selbst die Introvertierten unter uns bekommen wenig Anleitung zur Interpretation ihres Innenlebens. Deshalb erleben die meisten von uns ihre eigenen Erfahrungen gar nicht richtig, geschweige denn, dass sie uns in der Tiefe verändern dürften.

[208] Ein Archetyp ist ein inneres »Leitbild«, weitgehend irrational und unterbewusst. Wir erfahren es entweder unterschwellig, oder gar nicht, aber wenn wir es erfahren, dann ist die Wirkung stark. Wenn nicht, bleibt es harmlos und wirkungslos.

[209] Wiman, S. 124

[210] Cynthia Bourgeault: *The Meaning of Mary Magdalene: Discovering the Woman at the Heart of Christianity.* Boston 2010, S. 61 ff.

[211] Ebd., S. 25 ff.

[212] Ein Bischof hat einmal in Frage gestellt, ob Jesus in der Eucharistie wirklich anwesend sei, die ich zelebrierte. Es handelte sich um eine Hochzeit, und die Mutter des Bräutigams hatte die Tortillas gebacken, die ich konsekrierte. Sie waren dem Brot, das Jesus zur Verfügung stand, sehr ähnlich, und sie waren ganz eindeutig ein Armenessen und hier in New Mexico ein heiliges Brot. »Fragen Sie sie, ob sie Salz oder Backpulver benutzt hat«, wies er mich an. Dann wäre die Messe nämlich ungültig (und damit womöglich auch die Eheschließung). Der Mann glaubte das wirklich, weil seine Bilderwelt sich komplett von der der meisten anderen Leute unterschied, auf jeden Fall aber von meiner. Und er war wirklich kein schlechter Mensch.

[213] Morris West: *The Shoes of the Fisherman.* New York 1963, S. 270 (dt. Ausgabe: *In den Schuhen des Fischers,* 1963)

[214] Papst Franziskus: *Evangelii Gaudium*

[215] Ebd.